公益的活水
臺灣社會企業的理論與實踐

須文蔚　主編

論壇流程

2013 年 10 月 20 日　13:00～15:00		
一、社會企業──專家學者諮詢會		
主持人	林耀南	輔仁大學企業管理系副教授
與談人	1. 鄭勝分 2. 陳金貴 3. 李衍儒 4. 秦琍琍 5. 陳永進	國立臺灣師範大學社會教育學系助理教授 國立臺北大學公共行政暨政策學系教授 國立空中大學公共行政學系兼任講師 世新大學口語傳播學系專任教授 朝陽科技大學通識教育中心講師

2013 年 10 月 20 日　15:00～17:00		
二、社會企業──實務工作者諮詢會		
主持人	林耀南	輔仁大學企業管理系副教授
與談人	1. 蘇國禎 2. 李取中 3. 張　正 4. 胡哲生 5. 陳一強 6. 官有垣	財團法人喜憨兒社會福利基金會執行董事 The Big Issue Taiwan 雜誌總編輯 中華外籍配偶暨勞工之聲協會秘書長 輔仁大學企業管理學系教授 活水社會企業開發共同創辦人 國立中正大學社會福利學系教授

董事長序

　　現今，在不斷追求經濟持續成長與社會發展之際，伴隨而生之種種社會公平正義議題亦絡繹浮現，例如：所得分配不均、青年就業困難、城鄉發展資源不平衡……等。這些議題往往會在各種社會活動中產生許多摩擦與衝突。然而，公部門組織之規劃與運作，往往難以更具效率、更深入的模式照顧到各個層面。在紛紛意識到這種不足後，國際間認識到民間力量之介入，經常是協助改善相關問題的重要關鍵。特別是擁有較多資源之企業團體，以其擅長之商業模式，投入社會或環境問題之經營與改善，往往更能創建更具動能與持續性改善的模式。因此，近年來，在國際間，特別是英、美、南亞諸國等地，形成新公民自覺自發之運動，蔚為風潮，模糊了社會與企業的界線，轉化了非營利組織的思維，甚至對政府的公共政策均發生了決定性的影響。

　　新台灣人文教基金會自成立伊始，即長期關注社會中相關之議題與變動，並針對相關議題與變化趨勢辦理多項知識論壇與社會活動，一方面邀請專家學者，針對議題貢獻所知所學，匯集智慧與經驗；另一方面透過多年於各地舉辦之活動，反應在地的觀點與聲音。不例外的，基金會亦關注到此波「社會企業」運動之浪潮，故由本會須文蔚執行長擔任召集人，以「社會企業」為題，於2013年10月20日分別邀請對社會企業有深入研究的專家學者，以及臺灣目前站在最前線的實務工作者，辦理兩場論壇活動，針對此一問題進行深入的探討與對話，並

以臺灣未來社會企業的發展趨勢與走向，對政府部門提出精闢的建議。期待除能對現行政府政策注入新觀念外，也希望藉由此次活動的辦理，讓國人看見政府以外的一股巨大民間力量，讓更多不同的聲音可以被聽見。

今謹以此序代表新台灣人文教基金會所有同仁，向所有參與社會企業研究之專家、學者及所有第一線奉獻付出的工作者，對他們長久以來投注於相關議題之研究及心血，致上我們最真誠的謝意與敬意。期待本書的付梓能夠提供社會與政府對臺灣的發展有更多不同的思維，並期能讓臺灣未來公共政策的內涵更豐富、推行的過程更周延。

新台灣人文教基金會董事長
張珩

執行長序

　　社會企業看似一個時髦的名詞,實則在臺灣公益組織的實踐上早已有例可循。回顧日治時期1922年的臺灣,臺北縣滬尾辨務署(今淡水區)施乾,臺北工業學校(今臺北科技大學)土木建築科畢業後,原本在臺灣總督府上班,學校畢業後竟入總督府任職,有一天奉派去艋舺地區調查貧戶,因看見乞丐的慘況,深入理解後,便立下決心去改善乞丐生活,初始不過是下了班後教乞兒們讀書寫字,到了後來,竟辭去工作,變賣家產,在臺北綠町一帶造了房舍,取名「愛愛寮」,以收容乞丐為主。他在著作《乞食撲滅論》中提出「教其生產」為主要撲滅乞丐的方案,讓乞丐學習手工業,例如臺灣笠、草屨、籐工藝品,使其不依附救濟,而能自足維生,徹底脫離乞丐這身分。施乾與施照子兩夫妻的義舉就已經實踐了公益與營生兼具的社會企業雛形,值得我們反思與效法。

　　1970年代中期的孟加拉是個貧窮至極、每天皆有許多人因饑餓而死亡的國家,剛從美國放棄大學教授一職、回到祖國工作的穆罕默德・尤努斯(Muhammad Yunus),在拜訪某一個飽受飢荒所苦的鄉村時,發現有42名婦女因為沒有錢償還高利貸借款,生活即將斷炊。這42名婦女無法償還的總金額,並不是什麼天文數目,而是美金27元。他立刻從口袋中掏出自己的錢,贈與這些婦女,讓她們不但還清借款,而且還可以製作一些小東西販賣、創造微型企業。尤努斯發現,小額貸款對貧窮的人幫助很大,不僅提高他們的生存與創業能力,也能降低他們向高利貸借款的負擔。他於1976年在孟加拉成立了提供窮人

小額貸款的格拉明銀行（Grameen Bank），至今已提供超過美金50億元的貸款給孟加拉當地人們，微型信貸的創新模式自此在全世界造成極大的影響力，尤努斯更於2006年得到諾貝爾和平獎的肯定。

尤努斯的獲獎掀起一股研究的熱潮，大家發現自民間的力量解決社會問題，往往要比依賴政府更有效率與創意，政府單位因為有無數的學者、專家與公益組織起身研究與創業，國際間才慢慢出現型態更多元的「社會企業」，因為有更多人不計辛勞與回饋地投入，臺灣的社會企業在近年有眾聲喧嘩的發展趨勢。

新台灣人文教基金會長期以來為了因應時事、反映民意，定期辦理了許多產官學政策論壇，藉由政策論壇的舉辦，除了匯集產官學界對於特定議題之政策建議供政府相關部會施政之參考外，更重要的是藉由論壇的辦理，提供社會各界一個觀念溝通與共識凝聚的平台。藉由論壇的集思廣益加上學者、專家及第一線工作者的共同討論，期望能從各個不同的觀點來省思與發掘臺灣的社會企業發展的各種問題。社會企業在臺灣仍面對法制化不足的困境，如何儘快鬆綁，讓不同類型的創意在地實踐，是本書由衷的期待。

新台灣人文教基金會執行長
須文蔚

目次

001	社會企業的概念分析／鄭勝分
057	美國、英國及香港特區政府社會企業的發展經驗對臺灣的政策啟示／李衍儒
091	社會企業組織在臺灣的發展／官有垣
137	非營利組織社會企業化經營探討／陳金貴
163	從社會企業的角度檢視公廣集團的困境與挑戰——一個整合性論點的提出／秦琍琍
221	社會企業——全球化下鄉村社區產業的出路與進程／陳永進
237	社會企業創業議題——社會創新與管理融入／胡哲生、張子揚
267	非營利組織產業化——以喜憨兒基金會為例／蘇國禎
291	四方七年，五語倫比——臺灣的東南亞語文媒體集團，《四方報》Social Enterprise: 4-Way Voices／張正

313	低調展露的勝利之光——勝利潛能中心／新台灣人文教基金會
323	改變街頭景象的力量——《大誌雜誌》／新台灣人文教基金會
333	附錄　「公益公司法」草案／陳一強等

社會企業的概念分析 *

鄭勝分
國立臺灣師範大學社會教育學系助理教授

摘要

　　近年來歐美福利國日趨嚴重，為進一步推動福利國的改革，歐美各國逐漸出現兼具非營利組織與企業混合特質的社會企業，惟此種新型態組織欠缺被廣泛接受的界定方式，故造成研究與應用上的困擾，爰本文之目的在於透過分析架構的建立，釐清社會企業的概念。本文依據歐美社會企業研究文獻，從分析指標及組織型態雙向度指標，將社會企業歸納成兩大發展途徑，包含非營利組織的師法企業途徑，及企業的非營利途徑。前者可細分成以偏經濟面的商業化，其目的在於彌補傳統財源的缺口，故核心價值在於交叉補貼理念的展現，及偏社會面的社會創新，係指師法企業精神，據以強化本身的體質，進而解決非營利組織所面臨的品質危機；而後者則包含偏向經濟面的企業社會責任，企業透過公共形象的塑造，介入非營利領域，以求企業的永續發展，及偏向社會面的社會合作

---

* 原文刊載於《政策研究學報》第 7 期 2007 年 6 月。

社,主要為解決高失業及社會疏離問題,透過非營利互助體制的設計,進而達成扶貧之效。

關鍵詞:社會企業、商業化、社會創新、企業社會責任、社會合作

壹、前言

受到全球化競爭壓力的影響,歐美各國普遍面臨政府失靈的困境,社會資本不斷流失,而出現「空洞國家」(hollow state)現象的福利國危機(Chesters, 2004: 323-325; Kettl, 2000; Milward & Provan, 2000)。例如,1970 年代歐洲因為經濟成長衰退及失業率上升,造成福利系統漸趨崩潰,政府收入明顯減少,而公共支出則快速擴張,此危機對於習慣上提供失業補助及退休金的國家衝擊更大(Borzaga & Santuari, 2003; OECD, 1999);而美國在 1970 年代末期,美國政府開始為聯邦財政赤字所苦,卡特政府在 1970 年代末期便開始限縮政府的社會福利支出的成長,而到雷根政府時期,更是大規模抨擊聯邦政府在社會福利領域中的角色(Salamon, 1995; Salamon & Anheier, 1997)。

為因應日趨嚴重的福利國危機,政府、企業與社會三大部門,皆各提出因應之道。各國政府採取師法企業(businesslike)途徑,進行政府再造運動,引發新公共管理(new public management)研究的興起。惟此種市場導向之改革策略,尚難

謂可真正解決政府失靈所引發之缺口,對此,企業部門積極介入公共事務,與政府建立夥伴關係(Frederickson & Johnston, 1999);而社會部門往往扮演殘補性角色,為更加強調社會部門的獨立性,歐美各國習將之稱為第三部門(third sector)(Gunn, 2004; Keohane & Nye, 2000; OECD, 2003; Pestoff, 1998; Salamon & Anheier, 1997)。前述政府與企業及社會三部門間的合作關係,成為公私協力夥伴關係(public-private partnership)的研究重點(江明修、鄭勝分,2004;Osborne, 2000)。然而,企業部門受制於市場運作法則,與政府協力關係中,常易產生市場失靈的困境(Hansmann, 1980, 1986, 2003),而對於私人企業不願意介入,而政府又力有未逮的領域,第三部門雖被期待作為社會價值缺口的支持性部門(Frumkin, 2002; Maiello, 1997),惟基於先天上的限制,而逐漸呈現志願失靈現象(Salamon, 1990)。

　　無論是政府部門本身的改革運動,或者與其他二部門間的合作模式,皆無法真正解決歐美各國所面臨的福利國危機,關鍵在於傳統部門概念無法因應日趨複雜的問題(OECD, 2003)。為進一步推動福利國改革,傳統部門界定方式逐漸式微,尤以企業部門與社會部門逐漸融合,產生一種新型態的混合(hybrids)組織,此種新型態的組織被稱為社會企業(social enterprise),社會企業成為歐美第三部門與變革經濟下新趨勢(丘昌泰,2000:366-367;鄭勝分,2005;Anheier, 2003; Borzaga & Santuari, 2003; Dees, Emerson, & Economy, 2001; OECD, 1999: 11; Young, 2003a)。Young(2001)認為社會企業包含兩種界定方式,其一為對於社會公益有所貢獻的企

業,另一為非營利組織透過商業化手段賺取盈收。而依據此兩種界定方式,社會企業乃是一個連續體的組織,並可區分成三種組織型態,包含:企業慈善(corporate philanthropist)、社會目的組織(social purpose organization),及兩者之間的混合組織(hybrids organization)。就第三部門而言,歐洲委員會(European Commission, EC)認為,第三部門在概念上需要重新再探索(rediscovery),並應該從第三部門朝向社會企業發展(Defourny, 2001: 1-4),Dees 與 Elias 將社會企業視為社會部門的改革運動,非營利組織透過師法企業途徑進行再造工程(Dees & Elias, 1998: 166),Victor A. Pestoff 認為在從福利國到福利社會(from the welfare state to a welfare society)發展趨勢中,社會企業扮演核心角色(Pestoff, 1998: 9-20);就企業部門而言,社會企業聯盟(Social Enterprise Alliance)則認為,社會企業係指一種全新的企業典範變革,由非營利組織所運作,並生產能夠實踐其使命的資本,乃基於永續性及企業精神的新典範(OECD, 1999)。換言之,社會企業可說是社會與企業部門的新改革運動,其目的在於更積極地介入公共事務及服務傳送,以解決福利國危機,足見社會企業研究的重要性。

社會企業主要係由經濟合作暨發展組織(Organisation for Economic Co-operation and Development, OECD)15 個會員國所發展出的新概念。OECD 所出版《社會企業》(*Social Enterprises*)報告書指出,社會企業係指任何可以產生公共利益的私人活動,具有企業精神策略,以達成特定經濟或社會目標,而非以利潤極大化為主要追求,且有助於解決社會排斥及失業問題的組織。進言之,社會企業的主要特色包含:一、採

取不同的合法組織型態（例如合作社或社團）；二、富企業精神活動的組織；三、有利益不得分配之限制，但可以重新投資以實踐企業的社會目標；四、強調利害關係人而非股東，故重視民主參與及企業化組織；五、堅持經濟及社會目標；六、主張經濟及社會創新；七、市場法則的觀察；八、經濟持續性；九、具有高度的自主財源；十、強調回應未經滿足的社會需求；及十一、勞力密集的活動（丘昌泰，2000：366；OECD, 1999: 11）。然而，社會企業的發展也遭受到許多質疑。例如，OECD 指出社會企業面臨以下六項問題：一、缺乏被廣泛接受的定義；二、無論在國家或國際層級，皆很難獲得有關社會企業的統計資料；三、社會企業仍是快速變動的領域，相關研究仍屬萌芽階段；四、此種新類型的企業，缺乏適當的合法形式；五、政府補助政策相當模糊且變動性很大，在詳細評估後，需要再重新設計一個取得公共支持的架構；六、與營利部門互動欠缺佐證資料（OECD, 1999: 11）。再者，EC 出版之《社會企業的浮現》（*The Emergence of Social Enterprises*）一書，則依據 OECD 所提出的六項質疑，研究歐盟（European Union）15 個會員國社會企業的發展經驗，歸納出三項關鍵問題，包含：一、社會企業的確實特質到底為何？二、社會企業到底有何貢獻？三、社會企業的未來發展性為何？（Borzaga & Defourny, 2001: 21）。

若仔細檢視 OECD 與 EC 所提出的質疑，其中核心的關鍵問題在於，社會企業一詞的內涵到底為何？換言之，該如何界定社會企業的定義與特質？若社會企業一詞欠缺系統性的概念分析時，遑論探索其可能貢獻與未來發展性。而造成社會企業

概念混淆的可能原因在於，因為社會企業乃是由企業與社會兩部門所融合產生的混合組織，OECD雖將此種新型態組織歸類為第三部門的一環（OECD, 2003），但因為第三部門習於被視為社會部門的範疇，故常過度偏向以社會部門角度觀察社會企業的內涵，而忽略企業部門角度的社會企業界定，致使社會企業研究欠缺整體性，因而欠缺被廣泛接受的定義，當然也無法瞭解社會企業的確實特質。

爰此，本文之目的在於透過文獻檢視，據以釐清社會企業的定義與特質。具體而言，有鑑於社會企業乃是由企業與社會兩部門所融合產生的混合組織，故首要研究問題在於，此種混合組織的操作化定義到底為何？對此問題，本文擬依據社會企業的跨國比較研究，歸納出共通的分析指標；次要問題在於，依據操作化定義，此種新型態組織具備哪些特質？對此問題，本文擬從混合組織型態的角度，分別從非營利組織及企業觀察分析指標的意涵。是以，本文擬透過文獻檢閱的方式，蒐集歐美各國社會企業發展的相關文獻，先將研究問題聚焦於混合組織的界定，復依此界定，歸納出社會企業的共同特質，透過分析架構的建立，進而釐清社會企業的概念。

貳、分析架構

社會企業的興起，造成三個部門間的界線逐漸模糊，而呈現一種混合經濟（mixed economy）的現象（陳金貴，2002：39；Ott, 2001: 355）。是以，若想要釐清社會企業的概念，首要問題在於歸納出系統性的分析指標；其次，針對社會企業的特質，則必須從混合組織參與者的角度，分別從非營利組織及企業觀察分析指標的意涵，並據以建構本文的分析架構。

一、社會企業的分析指標

對於社會企業分析指標的建立，當以「歐洲研究網絡」（EMES）[1]的研究為濫觴，其所建構分析指標，為後續 OECD 及 EC 的跨國比較研究，提供相當有力的論述基礎，以下茲加以分述。

（一）EMES 的分析指標

EMES 網絡成立於 1996 年，乃起源自歐洲委員會對歐盟（EU）7 個會員國所進行的「社會經濟研究指標」（Targeted Socio-Economic Research, TSER）方案。[2] EMES 主要目的在於研究社會企業的浮現，作為回應歐洲社會疏離的一種創新方式，其承認社會企業在許多國家有不同名稱，但其共同特質為企業的途徑及社會目的，具體而言，社會企業被視為透過生產財貨及服務以尋求特定的財政自主性，以彌補政府補貼的不足，其主要目的在於消除社會疏離感，而非為利害關係人增加收益，而任何的收益都必須再投入以達成此一目的。因此，歐洲各國社會企業的活動可以區分成兩個範疇，包含：1. 提供失業人口重新就業的機會，並透過提供社區財貨及服務，以使日漸蕭條的地區能夠重新發展；2. 回應新的需求，例如矯正教育、識字課程及房地產安全等（OECD, 1999: 9-10）。對於歐洲社會企業的內涵，EMES 網絡主要採取兩個界定方式，包含企業

---

[1] EMES 係歐洲研究第三部門的重要學術網絡，請參見 http://www.emes.net/index.php?id=2
[2] 包含：比利時、芬蘭、法國、義大利、西班牙、瑞典及英國，而 1997 年時，其他歐盟國家亦加入此一組織（Defourny, 2001: 25）。

面（entrepreneurial side）及社會指標（social indicators）。企業面係指：1. 持續性的生產財貨或銷售服務的活動；2. 高度的自主性；3. 顯著程度的經濟風險；4. 支薪員工極小化；而社會指標包含：1. 一個挹注社區利潤的明確目的；2. 由公民團體倡議的創新方案；3. 決策制定依據資本權，即一人一票，而非持股；4. 參與的特質，每一個人皆受到活動的影響；5. 有限的利益分配（OECD, 1999: 10）。EMES奠立社會企業的研究基礎，在此基礎下，後續研究大致可以區分成兩個方向，其一為依據EMES所建構指標，進行大範圍研究，例如OECD的相關研究（OECD, 1999, 2003）；其二為依據EMES所建構指標進行部分修正，例如，EMES所建構的「企業面」指標，在2001年出版之《社會企業的浮現》一書中作了部分修正。

（二）OECD的報告書

OECD依據EMES所建構企業面及社會面兩個指標，進行一系列的研究，其主要論述散見於OECD「地方經濟與就業發展」（local economic and employment development, LEED）方案所舉辦一系列研討會。例如，OECD在2001年12月13至15日於義大利特倫多（Trento）所舉辦之「社會企業：比較的觀點」（Social Enterprise: A Comparative Perspective）國際研討會，2002年5月20至24日於美國加州舊金山所舉辦之「社會創新及新經濟」（Social Innovation and the New Economy）會議，2003年10月7至8日於義大利羅馬（Rome）所舉辦之「都市貧民區企業精神與經濟發展」（Entrepreneurship and Economic Development in Distressed Urban Areas）國際研討會，2003年

12月19及20日又於義大利特倫多（Trento）舉辦「從合作社到社會企業」（From Co-Operative to Social Enterprise）國際研討會。這些研討會資料，陸續收錄於OECD之出版品，如《社會企業》（OECD, 1999）及《變革經濟中的非營利部門》（*The Non-Profit Sector in a Changing Economy*）（OECD, 2003）。

1999年OECD所出版《社會企業》一書，係研究社會企業相當重要的代表作。本書起源自1998年及1999年OECD所執行的LEED方案，並以參與此方案的OECD的15個會員國作為分析個案，包含：比利時、義大利、芬蘭、法國、西班牙、德國、葡萄牙、愛爾蘭、英國、瑞典、奧地利、美國、加拿大、紐西蘭及墨西哥，由顧問Antonella Noya及LEED方案所屬單位「社會凝聚力及經濟福祉」（Social Cohension and Economic Well-Being）首長Genevieve Lecamp兩人共同主筆。

該書首先指出，社會企業在OECD各國往往呈現出不同的意涵，因此，社會企業仍欠缺共同接受的定義，然而，過去幾年社會企業的浮現與擴張，已經證明此種新類型不可忽視的重要性。而社會企業與傳統非營利組織最主要的差異點在於，社會企業具有企業的外貌，與國家保持一定距離的自主性，並且能夠提供創新服務，以回應國家與市場的雙重失靈。第二重點在於說明社會企業的起源，其指出社會企業的浮現及發展，與社會經濟部門的快速成長息息相關，而社會企業的浮現主要在於回應市場及福利國供給不足的危機，也包含提供新的就業機會，及增加社會與社區服務的需求。第三重點在於說明社會企業的參與者，除扮演關鍵角色的管理者外，志工及贊助者亦相當重要。除成本考量外，志工參與社會企業的重要意義在於，

可確保社會企業的非營利性質,並強化政府與顧客對於社會企業的凝固關係與信任度;而對於管理者而言,則強調社會企業家需要許多訓練方案,以確保品質。第四個重點在於說明社會企業的組織類型,有鑑於作為分析個案的 15 個會員國差異性甚大,故採取個別國家論述方式,以比利時作為起頭,墨西哥為結尾。經研究 15 個會員國社會企業的共同特質,可以歸納出兩個類型,包含以財源為主的社會企業,及以公益導向的社會目的企業。結論部分則將社會企業所可能面臨的挑戰,區分成 5 大範圍,包含:1. 新的部門的活動,在開始階段往往難以獲利;2. 由於需求過度分割,且高度集中於地理的、種族的及社區的單位,而使供給難以標準化;3. 縮減公共預算使得國家從非營利方案中退縮;4. 經過行政與財政分權化後,中央政府開始從公共提供中退縮;5. 無論在地方、國家或國際層面,越來越多非營利部門與私部門合作。此外,並提出社會企業未來發展的 3 大趨勢,包含:1. 利用社會企業或社會目的企業,以改善並重構福利國;2. 在未來 10 到 20 年內,新經濟內第三部門(包含社會企業)的專業主義競爭,將會更加激烈;3. 創造一個新形式的混合經濟,以填補目前公部門及營利部門需求提供的不足,並強調地方經濟及社會凝聚力。

2003 年 OECD 所主編出版的《變革經濟中的非營利部門》一書,則是 1999 年《社會企業》一書的延伸。本書共分成三大部分,共計 11 章。第一部分主要探討非營利部門的現況,第一章說明「社會企業精神的浮現」乃是歐洲非營利部門發展的新趨勢,而第二章則探討美國非營利部門的新趨勢,檢視美國非營利部門是否朝向市場整合發展,此兩章可說是 1999 年 OECD

的15國發展經驗的重要歸納；第二部分探討如何經援非營利部門，並說明過程中可能遭遇到障礙與機會；第三部分則對於非營利部門的發展新趨勢提出評估，並說明可能遇到新挑戰。本書另一貢獻則是在書後提出詞彙，針對與非營利部門有關的名詞提出界定，其中也包含社會企業（OECD, 2003: 299）。

（三）EC 的報告書

無論是 EMES 所建構的「企業面」或「社會指標」，或《社會企業的浮現》修正提出的「經濟面」及「社會指標」，皆呈現出光譜連續體概念，以下簡述歐美社會企業的界定方式。

2001 年由 EC 出版之《社會企業的浮現》一書，可算是研究歐洲社會企業相當具有代表性的著作。該書認為社會企業起源自社會經濟（social economy）及非營利部門（non-profit sector），社會經濟一詞起源自十九世紀的法國，而近年來逐漸為安格魯‧薩克遜（Anglo-Saxon）國家所採用，除指由非營利部門提供生產財貨與服務外，若私人企業為了社會目的，而在股東同意下，也可以提供類似的活動，故社會經濟被視為社會企業的起源（OECD, 2003: 298-299）。而兩者間最大的差異在於，社會經濟之利益可以分配，而社會企業因係屬第三部門，故利益不得分配（Borzaga & Defourny, 2001: 8-10; OECD, 1999）。然而，因為這兩個名詞定義過於廣泛，本質上也較為靜態，因此並無法精確地描述社會企業的內涵，故社會企業必須重新加以定義（陳金貴，2002：42；Defourny, 2001: 16-22; OECD, 2003: 42），其認為社會企業乃是存在於第三部門中的一種新組織，而為便於瞭解歐盟國家社會企業的運作現況，故

該書中將OECD所指稱之「企業面」修正為「經濟」（economic）指標，但指標內容僅作小幅度修正（Borzaga & Defourny, 2001: 16-18）。

基於前述兩種指標，EC認為社會企業乃是合作社（co-operatives）與非營利組織（non-profit organizations）的交叉點（crossroad），其中合作社包含勞動者合作社（workers' co-ops）及使用者合作社（users' co-ops），而非營利組織包含生產型非營利組織（production oriented NPOs）及倡議型非營利組織（advocacy oriented NPOs），而社會企業偏向勞動者合作社與生產型非營利組織的混合體（如圖一）。

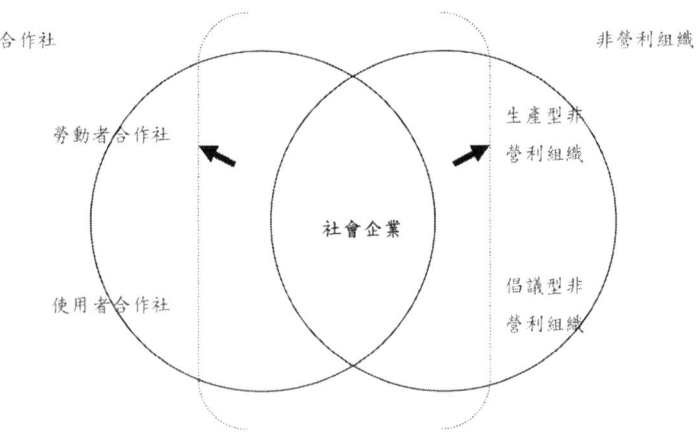

圖一　歐洲社會企業的概念圖
資料來源：Defourny（2001: 22）。

二、本文的分析架構

自 EMES 建立企業面及社會指標兩項分析指標後,經 OECD 及 EC 跨國研究的延伸及修正,對於各國社會企業的發展較為清晰的架構,其中尤對歐洲社會企業的內涵,提供更為清晰的概念化基礎。然而,前述兩項指標,無論是企業面／經濟面或社會指標,其論述重點在於描述社會企業興起的緣由,此種單向度的概念分析方式,尚難通則化詮釋歐美社會企業的發展現況,故造成社會企業概念的混淆。社會企業係具混合特質的新型態組織,一方面,其乃因應志願服務失靈的社會部門改革運動,另一方面,則為一種全新的企業典範變革。因此,故對於社會企業分析架構的建立,除前述分析指標基礎外,若能依據混合組織的特質,從組織型態角度加以觀察,如此更易釐清歐美社會企業的全貌。

首先,從非營利組織角度,社會企業乃是因應志願服務失靈的產物,那麼,造成志願服務失靈的理由為何?其主要理由在於受限於民間捐款日漸下降,而政府契約外包又日趨競爭,致使非營利組織面臨財政危機;復以因欠缺誘因機制,非營利組織無法吸引大量的專業職工,而志工運用又缺乏穩定性,致使服務品質也遭受到質疑,因而產生志願服務失靈的困境(Salamon, 1999, 2003)。換言之,為解決非營利組織所面臨的財政與品質雙重危機,歐美非營利組織開始轉型為社會企業,財政危機即為社會企業分析指標的企業面／經濟面,而品質危機則為社會指標關注的重點。Raymond Dart 將此種強調市場為基礎的社會企業稱之為「師法企業」模式(Dart, 2004a: 412),Dart 進一步指出,師法企業模式可以從動機與工具面向

加以區分,就動機面向而言,關注重點在於利潤,意指 Skloot（1987: 381）所指稱用以賺取盈收的「永續活動」（sustained activity）,此即 Dees（1998）對於社會企業所採取的界定方式,故被稱為非營利組織的商業化（commercialization）（Weisbrod, 1988, 1998）;就工具面向而言,係關注創新（innovation）,其強調學習企業的管理技巧,例如 Boschee（2001a, 2001b）及 Brinckerhoff（2000）即是採取此種方式研究社會企業,又被稱為社會創新（social innovation）（Borzaga & Defourny, 2001; Dart, 2004a: 413-415, 2004b: 291-294; OECD, 1999）。

其次,企業部門轉型為社會企業的理由又為何?若從企業面／經濟面觀察,如社會企業聯盟所指出,追求企業的永續發展實乃最核心的動機,許多企業,尤其是大型企業,在永續發展的前提下,開始倡議企業社會責任（corporate social responsibility, CSR）,唯此種企業社會責任的展現,其核心價值實為企業信譽的維持（OECD, 2001; Wymer & Samu, 2003: 5-7）;另一方面,為解決高失業問題及社會疏離問題,扶貧成為企業介入非營利領域的另一動機,歐洲社會經濟組織的非營利化,即是此一背景下的產物,很明顯地,此一變革的目的並非基於財政考量,而係透過互助合作的方式解決社會問題,故可視為社會指標的展現,而此種論述最具代表性的社會企業類型為社會合作社（social co-operatives）（Mancino & Thomas, 2005; Thomas, 2004）。

從歐洲經驗可以發現,社會企業除指社會經濟的非營利化外（Defourny, 2001; OECD, 1999, 2003）,也包含非營利組織的商業化趨勢（Borzaga & Santuari, 2003）,其中社會經濟多指

微型的合作社組織，扮演解決失業問題的社會角色（Defourny, 2001）；而從美國經驗可以發現，社會企業除指非營利組織的商業化趨勢外，也包含企業慈善（corporate philanthropy），也就是企業社會責任的展現（Young, 2001）。綜合歐美社會企業發展趨勢，社會企業可以歸納出兩個最主要的發展方向，其一為非營利組織的師法企業途徑，其類型包含基企業面／經濟面的商業化，及基於社會指標的社會創新；另一為企業的非營利途徑，其類型包含力求永續發展的企業社會責任，及透過互助合作方式解決社會問題的社會合作社。

是以，本文基於自 EMES 以降所建構的分析指標，另從組織型態加以延伸，而從分析指標及組織型態兩個面向，從雙向度面向，建構本文的分析架構。為利於名詞統一，分析指標採取 EC 的修正觀點，細分成經濟與社會兩個面向，而組織型態則界定為非營利組織及企業，並參酌 Wymer 與 Samu（2003: 17）建構非營利組織與企業關係的類型架構，[3] 據以建構本文的分析架構（如圖二）。以下並依據此分析架構，闡述非營利組織企業化及企業非營利化的內涵。

---

[3] Wymer 與 Samu（2003）發展出一分析架構，用以解釋非營利組織與企業關係的不同類型，渠等從夥伴動機（partner motives）及建立關係的期望（expectations for establishing relationships）等兩個面向，建構非營利與企業聯盟關係所形成社會企業的類型。夥伴動機係指經濟動機或偏向非營利的善因動機；而建立關係的期望則主要以控制權為區分，即由非營利組織或由企業掌控。是以，依據此兩個面向，企業與非營利組織的關係可以區分成七大類型，包含：企業慈善、企業型基金會（corporate foundations）、許可同意（licensing agreements）、贊助（sponsorships）、業務為基礎的倡導（transaction-based promotions, TBPs）、聯合議題倡導（joint issues promotions）及聯合創投（jointventures）（如圖二）（Wymer & Samu, 2003: 4-16）。

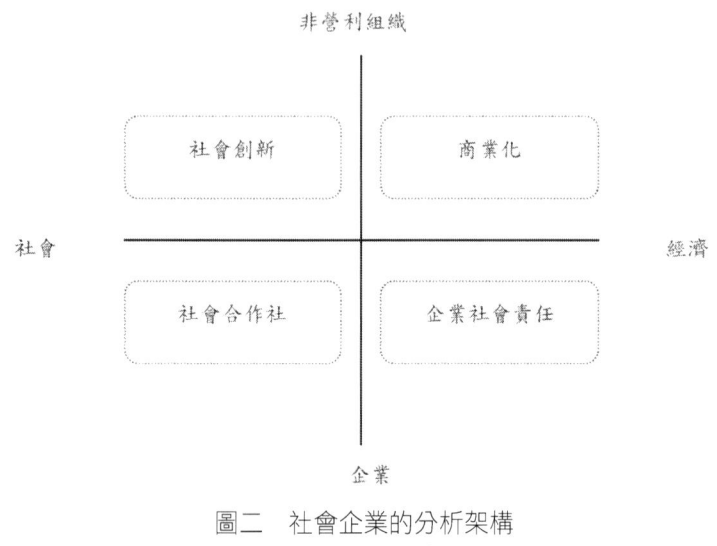

圖二 社會企業的分析架構
資料來源：作者自彙。

參、非營利組織的師法企業途徑

非營利組織的師法企業途徑包含商業化及社會創新兩大類型，以下茲從動機及型態兩個角度分述其內涵。

一、商業化

（一）商業化的驅力

非營利組織商業化興起的主要趨力在於因應日趨嚴峻的財政危機（Frumkin, 2002），Dees 與 Elias 認為，近年來許多非營利組織的財政壓力日趨增加，情況被預期會更加嚴峻，理

由之一在於許多社會部門的成本增加速度遠高於收益增加的速度；同時，政府補助及私人捐贈日趨減少，即便政府補助目前尚未減少，但因為政府面臨預算平衡的壓力，故此種風險日漸增加，因此，許多非營利組織開始尋求新的方式以控制成本、改善效能及增加收益。財政壓力造成明顯的理念改變（ideological shift），促成理念改變的理由為企業被認為較有效率及創新能力，及大眾開始質疑傳統社會部門組織的效能，因而使得商業模式的運作方式變成主要的研究議題。在此趨勢下，舊有的部門界線已經被打破，而社會部門的體質開始產生改變，許多企業開始大舉入侵社會部門的領域，非營利組織亦開始從事企業創投，因而創造一些創新的社會目的企業組織，例如營利的社區發展銀行，這種組織可說是非營利組織與企業的聯盟（Dees & Elias, 1998: 166-167）。例如，位於華府的社區資源顧問公司（Community Wealth Ventures, Inc.）所建置的全美社會企業名錄[4]（National Directory of Social Enterprises）線上資料庫，則將社會企業視為非營利組織的利潤中心，其認為社會企業乃是透過建立創投事業、發展善因行銷[5]（caused-related marketing）策略之夥伴關係，以及雙方達成許可同意的模式，營造更多元的收入來源，進而自給自主、開創工作機會，與擴展非營利組織的服務規模。

具體而言，商業化係指由非營利組織運作，以尋求商業組織的利潤，用以經援非營利組織的財政缺口，並形成許多網

---

[4] 參見 http://www.communitywealth.com
[5] 有關社會企業利用善因行銷的論述日益受到重視，《非營利及公部門行銷期刊》（*Journal of Nonprofit and Public Sector Marketing*）更曾以此製作研究專題（Wymer & Samu, 2003）。

絡，以支持社會企業精神的實現（Dart, 2004b; OECD, 1999: 40; Weisbrod, 1998）。而對於非營利組織商業化動機的研究，主要從經濟學理論加以詮釋，其中尤以 Burton A. Weisbrod 的公共財理論（public good theory），及 Henry B. Hansmann 的信賴相關理論最受矚目（Anheier, 2005; Anheier & Ben-Ner, 2003）。

首先，Weisbrod 運用公共選擇的觀點，解釋非營利組織作為公共財的私人生產者，及與政府提供集體財貨之間的關係，其認為非營利組織應當扮演公共財的私人生產者。然而，Weisbrod 的公共財理論雖可清楚闡釋非營利組織的起源，但對於非營利組織商業化興起的趨勢，在解釋上則發生一些困境。例如，Bruce R. Kingma 認為，Weisbrod 認為非營利組織乃是部分回應政府的機制，政府因為中間選民利益，而無法充分提供公共財，但 Weisbrod 的分析挫傷了制度選擇的核心，非營利組織不再是滿足消費者對公共財需求的唯一途徑（Kingma, 1997, 2003），因此，Weisbrod 的公共財理論，或許足以解釋非營利組織的起源，但對於社會企業的存在理由，則欠缺解釋力（Ben-Ner & Gui, 2003）。

其次，Hansmann 採取與 Weisbrod 不同的分析角度，其認為因為契約失靈（contract failure）及資訊不對稱（information asymmetry）導致市場失靈，故契約失靈理論又常被稱為市場失靈（market failures）理論，而在契約失靈的情境下，非營利組織因本身利益不得分配之限制，故比較不會為了追求利潤而降低服務品質，故非營利組織乃是「市場失靈」的回應者（官有垣、王仕圖，2000：50-51；Anheier, 2005: 124-126; Hansmann,

1980, 1987: 29-30）。然而，Alberto Bacchiega 與 Carlo Borzaga 認為，利益不得分配之限制使非營利組織的範圍受到限縮，而作為防弊機制，似乎亦有所不足（Bacchiega & Borzaga, 2003: 30-31），因此 Hansmann 的論點並無法充分解釋商業化行為的存在（Ben-Ner & Gui, 1993: 8, 2003）。

既然公共財理論與契約失靈理論皆無法充分解釋非營利組織的商業化行為，那麼，對於此種發展途徑，該如何加以詮釋？此點或許應回歸商業化途徑的核心價值加以觀察。就社會目的組織而言，社會企業乃是一個致力於達成某些社會目的的組織，其乃是由使命所驅使，而非為賺取利潤，而企業活動所得到收入，乃是用以支持使命的策略性手段。例如，女童軍販賣餅乾除了盈收外，尚兼具訓練及教育功能。社會目的組織被視為非營利組織，事實上，長久以來，非營利組織的收入即包含商業收益，例如 Henry B. Hansmann 在 1980 年就提出「商業的非營利」（commercial nonprofits），其係指這些組織長期依賴商業收入作為永續發展的收益，例如大學收取學費，醫院收取病患醫療費用或保險費（Hansmann, 1980, 1987）；E. Skloot 指出，近年來，非營利組織越加依賴市場收益，以支持其與使命有關的服務（Skloot, 1988），尤其是當其他收入日趨匱乏，比如慈善捐款及政府補助大幅度降低時，非營利組織同時從事與使命有關及與使命無關的商業活動（Salamon, 1999; Weisbrod, 1988, 1998）。不論何種途徑，社會目的組織堅持使命優先，並將賺取利潤視為使命達成的手段，此種優先順序與企業慈善剛好相反。社會目的組織的治理董事會必須能夠回應與使命有關

的社會利益,並有能力達成;其員工對於社會問題具有專業能力及敏感度;志工之所以參與,乃是基於此企業能夠對社會公益有所貢獻,而非增加其私人財富(Young, 2001: 152-153)。

(二)商業化的型態

對於非營利組織商業化型態的論述,當以 J. Gregory Dees 的「社會企業光譜」(social enterprise spectrum)最具代表性。社會企業光譜最早出現在 Dees 與 Backman,1994 年於哈佛商學院所提出的個案集,1996 年又出現於 Dees 在《哈佛商學院學報》(*Harvard Business School Press*)的個案中(個案編號為 9-396-343),1998 年 Dees 於《哈佛商業評論》(*Harvard Business Review*),從交叉補貼的觀點,詳細闡述美國社會企業的功能,本文並收錄於 1999 年《哈佛商業評論論非營利》(*Harvard Business Review on Nonprofits*)一書中(Dees, 1998, 1999)。

「社會企業光譜」依據主要利害關係人與非營利組織的關係,將社會企業區分成 3 個類型,包含純慈善的(purely philanthropic)、混合的(hybrids)及純商業的(purely commercial)三種類型的社會企業(表一)(陳金貴,2002:45;Dees, 1996, 1998, 1999: 147; Dees et al., 2001: 15)。具體而言,「純慈善的」係指僅接受捐贈為志工的傳統的非營利組織,而「純商業的」則是指以股東為基礎的商業組織,而位於兩者之間,強調利害關係人(stakeholders),兼含社會與經濟混合動機的類型,才是指社會企業的商業化途徑。

表一　社會企業光譜

純慈善的⟵⟶純商業的

動機、方法及目標		訴諸聲譽 使命驅使 社會價值	混合動機 使命及市場導向 社會及經濟價值	訴諸自利 市場導向 經濟價值
主要利害關係人	受益者	無報酬	補助金或混合全額支付者與無報酬	市場行情的價格
	資本	捐款和補助	低於市場的資本，或混合捐款與市場行情的資本	市場行情的資本
	人力	志工	低於市場薪資，或混合志工及全薪職工	市場行情的報酬
	提供者	非現金方式的捐款	特定的折扣，或混合非現金與全價的捐款	市場行情的價格

資料來源：Dees（1999: 147）。

對於商業化的型態，J. Gregory Dees 的「社會企業光譜」提供相當重要的論述基礎，然而，對於「社會企業光譜」的解釋力，則遭受許多質疑。例如，Peter Frumkin 認為，Young 所提社會企業家理論，若從職業生涯發展的角度，則可以部分解釋社會企業光譜的內涵。依據 Dees 的論點，其社會企業的共同特質包含：其需要資金回饋、具有社會動機的工作場域、提供消費者較低價格的財貨或服務，且皆依據使命從事治理，故社會企業家會可以據此在光譜中選擇最佳的位置。因此，若一開始便選擇光譜的「純慈善」端，也就是以社會企業作為職場，則 Young 的社會企業家理論，可以提供解釋力；但若一開始便選擇「純商業」端，也就是選擇營利企業作為職場，則 Young 的理論將不具解釋力（Frumkin, 2002: 135）。因為若將「純慈善」及「純營利」解讀為組織型態，則很明顯的「純慈善」是指傳統非營利組織，而「純營利」則是指企業組織，只有兩者

間的「混合型」，才有可能是社會企業的類型，則 Dees 的 3 種類型，有兩者非屬社會企業，如此 Dees 的分析架構對於社會企業的解釋力將甚低。

事實上，Dees 與 Elias 指出，社會企業並非二分法而是光譜的概念（Dees & Elias, 1998: 174-175）。檢視 Dees 的原著，從 1994 年開始提出「社會企業光譜」這個分析架構以來，Dees 論述的重點在於從「交叉補貼」的觀點，說明捐贈與商業盈收之間，所可能產生各種互補關係的組合，因此，對於社會企業光譜內涵的理解，應從交叉補貼角度出發，才較符合 Dees 的原意，換言之，「純慈善」代表社會功能的追求，而光譜的另一極端「純商業」，則是代表經濟功能的追尋，Dees 的社會企業光譜主要解釋非營利組織如何因應資源逐漸匱乏的困境，因此，對於「社會企業光譜」的理解，在解釋上必須更加精確。

Dees 認為，儘管非營利組織商業化面臨許多危機，許多非營利領導者依然喜好透過商業途徑，以降低對於政府補助的依賴，並同時強化與使命相關活動的績效，因此，非營利領導者必須瞭解，組織若越商業化，其對慈善的依賴就越低。事實上，甚少社會企業是純慈善的及純商業的，多數社會企業兼含商業與慈善要素，也就是混合的社會企業，而呈現交叉補貼的狀態，此種狀態可以再細分成 5 種型態，包含：完全慈善支持（full philanthropy support）、部分自給自主（partial self-sufficiency）、資金流自給自主（cash flow self-sufficiency）、運作支出自給自主（operating expense self-sufficiency），及完全的商業化（full-scale commercialization）（Dees, 1999: 154-160）。以下茲分述此 5 種型態的內涵：

1. 完全慈善支持

　　在此型態中,非營利組織的領導者必須選擇一個正確的慈善財源組合,包含現金捐贈、捐贈物資(in-kind donations)、及志工,少數組織會透過捐贈物資及志工去獲取所需的設備,對大部分組織而言,現金捐贈讓非營利組織得以雇用更多的勞工及購取所需設備。例如,在弱勢青年的師徒制方案中,包含支薪員工、志願的成年教導師傅、部分捐贈物資、及一些不同類型的現金支出,而政府補助及捐款,就足以涵蓋整個方案所需的全部成本。故在實際運用上,許多新興小型的非營利組織採取此種方式,並且忽略或者根本就不賺取盈收。

2. 部分自給自主

　　此型態非營利組織則採取賺取盈收的方式,部分承擔所需的運作支出,即使他們也考慮使用捐贈物資及志工。此類類型組織需要現金捐贈以支付所需的運作支出及草創期所需的成本與資本投資,此類型組織面臨的困難在於如何決定補助規模的程度。為此,除必須評估商業及慈善收益外,也必須考慮到這些收益與組織使命的相關程度。在實際運用上,多數的高等教育機構會採取此種方式,其學費只能負擔總成本的一部分,而補助最為重要。

3. 資金流自給自主

　　此型態社會企業所賺取盈收仍無法完全負擔成本,其優勢在於這些社會企業的成本低於市場水準,故許多社會企業採取低於市場價格機制的商業收益活動。例如,得到慈善的投資資本(基金會的贊助及低於市場價格的投資)、志工及捐贈物資,一般而言,這類型組織收支已可達到平衡,但他們依舊相當依

賴非現金（noncash）的慈善補助。在實際運用上，其希望能夠在貸款中得到部分的折扣優惠。

4. 運作支出自給自主

此型態社會企業所賺取盈收已經可以完全負擔成本，即使所有的運作支出依照市場價格計算亦如此。在草創期或許仍須部分依賴捐贈及低於市場價格的貸款，但過了草創期，就無須再依賴額外的慈善支助（如志工及捐贈物資）。此類型組織領導者最常面對的問題在於，必須決定支持投資事業的期程，雖然削減與使命相關的活動可能相當困難，但無法容許無限期的虧損，但關閉方案可能必須負擔一些政治風險，且對於組織使命也會產生一些負面影響（例如被迫退場），這是領導者必須深思熟慮的問題。

5. 完全的商業化

當一個組織完全商業化時，組織盈收已足以完全負擔成本，此類型組織即使在草創期，也是採取市場價格機制進行投資。事實上，因為非營利組織的資產很難計算，也很難完全依賴借款，故僅極少數非營利組織能夠達到完全商業化的程度。Dees 的交叉補貼概念，除可論述社會企業光譜的真正內涵外，也足以釋疑外界的誤解，以下茲將 Dees 的觀點整理如表二。

表二　Dees 社會企業的五種型態

類型	完全慈善支持	部分自給自主	資金流自給自主	運作支出自給自主	完全的商業化
盈收	×	v	v	v	v
捐贈	v	現金	非現金	非現金（草創期）	×

資料來源：作者整理。
說明：v 代表接受，× 代表不接受。

從上述交叉補貼的分析可以發現，商業化途徑乃是非營利組織師法企業行為的一種類型，其源自於利潤動機，其目的在於彌補非營利組織所面臨的財政缺口，也彰顯社會企業的混合動機內涵（James & Rose-Ackerman, 1986; Weisbrod, 1998）。就此觀點，「社會企業光譜」的交叉補貼分析，對於非營利組織商業化的描述及詮釋，其實相當具有解釋力。

二、社會創新

（一）社會創新的驅力

社會創新主要興起趨力在於因應非營利組織所面臨的品質危機，其核心概念在於透過企業創新理念的挹注，改善非營利組織的體質，進而提升非營利組織的經營管理能力（Moulaert, Martinelli, Swyngedouw, & Gonzalez, 2005; OECD, 2003: 299; Van Slyke & Newman, 2006; Young, 2003c）。Shaw（2004）研究指出，社會創新一詞起源自十九世紀英國，當時慈善的企業家開始注意透過改善工作環境、教育及文化生活等方式，以增進員工的福祉，故社會創新與社區企業及發展、教育、教會、慈善團體、非營利部門及志願服務部門息息相關，而這些組織在1990年代後，經常被視為社會經濟或第三部門，並且在英國內部急速擴展，原因在於傳統公部門及社會部門常發生問題，Mulgan 與 Landry（1995）即批評公共及社會服務的生產者過度官僚且抗拒改革，而 Leadbeater（1997）則指出，福利國因為資源限制而受到束縛。在此背景下，社會創新被認為可以解決傳統公部門、志願或社區機制所無法處理的社會問題。

對於社會創新興起的理論詮釋，最早可以追塑至 1952 年 Jose Schumpeter 的論述（Moulaert et al., 2005: 1974）。為了連結企業精神與創新，Schumpeter 強調企業建構時的創意面，其認為創新可以區分成幾種類型，包含生產創新、行銷創新、流程創新，及組織創新，而創新背後的主要驅動力在於企業家本身的企圖心，即企業家想要建立本身王國及朝代的夢想，並且也認為本身會成功（Schumpeter, 1952）。Frumkin 認為 Schumpeter 的論點主要適用於新設立的活動或組織，並非所有企業精神都適用其模式，許多員工反而受到所謂「企業內部精神」（intrapreneurship）的影響，而願意針對既存組織進行重建，尤其對於處於冬眠的非營利組織更是如此，其原因在於企業家受到企業精神的刺激，而願意投注更多的專業知識與努力（Frumkin, 2002: 131-132）。

而對於社會創新驅力的詮釋，則以 Dennis R. Young 的社會企業家理論最具代表性。社會企業家理論認為，目前非營利企業文獻過度重視需求面理論，例如公共財理論及契約失靈理論。然而，需求面理論只告訴人民需要什麼，卻不讓人民瞭解他們真正需要什麼，這種單向度觀點，無法真正解釋非營利企業為何可以存在；社會企業家理論提出另一種可能性，其認為社會企業對於企業精神有較寬廣的瞭解，換言之，社會企業應關注更多的慈善目標，而非只是商業化過程而已，故社會企業家理論不但可以彌補需求面理論的不足，且可鼓勵企業與非營利組織相互學習，而達到科際整合之效，故企業精神對於非營利組織的理論化與實務管理皆相當重要，並被視為專業化程度的重要指標（Anheier, 2005: 126-128; Badelt, 2003; Young, 1986, 2003a, 2003b）。是以，Richard Steinberg 認為，若無具企業

精神的管理者或董事,在組織演進過程扮演角色,則非營利組織的貢獻很明顯地將趨近於零,這也彰顯社會企業家的重要性(Steinberg, 2003)。

(二)社會創新的型態

社會創新的動機在於透過效率理念的引入,進而改善非營利組織的經營體質(Moulaert et al., 2005: 1973; OECD, 2003)。是以,社會創新的重點在於學習企業的創新與管理,其策略乃在於培育具備創新精神的社會企業家(social entrepreneurs)(Frumkin, 2002; Young, 1986)。對於社會企業家有許多不同的詮釋方式,社會企業家可能係指某些人將企業家導引至福利創造(Blair, 1997);也可能是指個人啟動社會創新及變革(Drucker, 1999; Leadbeater, 1997);亦可指個人在機會的激勵下,所採取一種創新途徑及資源及契約的創意使用,以滿足國家福利系統所無法提供的需求(Thompson, Alvy, & Lees, 2000)。有鑑於對社會企業家的定義尚難達成一致性,故國際慈善組織 Ashoka,則從創意(creative)、企業的(entrepreneurial)、議程設定(agenda-setting)及倫理的(ethical)等四個面向,試圖界定社會企業家的內涵(如表三)。

表三 社會企業家的特徵

面向	內涵
創意	發現社會問題快速及有效的解決之道。
企業的	發表其方案,協商其需求,要求支持其理念,並有效地獲得資源。
議程設定	當成功地執行時,要求其理念或目標必須有很大的差異。
倫理的	確保公共財被有效使用,其理念不受既得利益者所腐化,承諾能完全地在方案中被實現。

資料來源:Shaw(2004: 196)。

對於社會企業家，Young 提出 7 種「純類型」（pure types）加以詮釋（Young, 1986）。包含：1. 藝術家（artist）：係指吸引願意將本身所擁有創意能力，轉換至非營利組織內；2. 專業者（professional）：具備執行能力的理念與視野；3. 信仰者（believer）：對於善因有強烈的承諾感，並願意投入心力促進特定的道德、政治或社會善因；4. 搜尋者（searcher）：強調證明自己有能力在目前工作外，可以達成清楚的善因認同感；5. 獨立者（independent）：進入非營利部門以追求本身的自主性；6. 保守者（conserver）：關注忠誠地保護組織的資產；7. 權力追尋者（power seeker）：強調將權威施於非營利組織。Young 進一步指出，社會企業家類型可以從「篩選過程」（screening process）加以詮釋，即企業家乃是進入不同非營利活動的過濾過程，依據此種篩選過程，Young 認為社會企業家理論，可以協助幫助非營利組織建立願景，並推動許多個人願意做善事（Frumkin, 2002: 132-135; Young, 1986）。

由於美國非營利組織呈現典範移轉趨勢，非營利組織的領導者被要求必須具備社會企業精神，以更有效地掌控市場價值與方法，故非營利組織領導者必須轉型為社會企業家（Eikenberry & Kluver, 2004: 135; Shaw, 2004）。例如「分享優勢」（share our strength）組織與美國運通（American Express）合作，以幫助受飢餓者的社區福利組織；社會企業家國家中心（The National Center for Social Entrepreneurs）則係為協助設立商業型企業的非營利組織；羅伯咨基金會（The Roberts Foundation）提出「新社會企業家」（new social entrepreneur）概念，讓具有社工、社區發展或企業背景的管理者，透過社會企業的創設，為身處於主流經濟外的社會邊緣

人,提供就業與發展的機會。社會企業乃是一種產生收入的機制,其成立目的在於為低收入者,創造工作或訓練機會(陳金貴,2002:40-41;Emerson & Twersky, 1996; OECD, 1999: 40-41)。

肆、企業的非營利途徑

企業的非營利途徑包含企業社會責任及社會合作社兩大類型,以下茲從動機及型態兩個角度分述其內涵。

一、企業社會責任

(一)企業社會責任的驅力

企業社會責任係指企業願意致力於永續發展,故除將利潤回饋其股東、員工及消費者等外,也必須回應社會及環境的關注與價值(OECD, 2001: 13, 2003)。故企業社會責任也意涵企業部門與非營利部門建立合作關係(collaboration)。對於企業而言,此種合作關係將也有助於提升企業的公眾形象(public images),而對非營利部門而言,將可藉此獲得更多的企業贊助,此種合作關係即是企業社會責任的展現(Young, 2003a: 68-71)。例如,哈佛大學商學院在 1993 年成立社會企業發展中心(The Initiative on Social Enterprise),其目的即在於透過知識創造及分享,幫助個人及組織在非營利部門、私部門及公部門間,創造社會價值,有鑑於社會企業面臨更大的經濟、社會及政治上的挑戰,故需要更好的治理策略,其策略包含:1. 加強社會企業的領導、管理、治理和企業化能力;2. 透

過社會企業提升企業領袖的能力與承諾,以貢獻社會;3. 擴展社會企業的知識領域;再者,該中心進一步確認社會企業的範圍包含藝術與文化、公民與倡議、社區發展、教育、環境、基金會、健康照護、人道與社會服務、國際發展及宗教活動等,並將關注焦點集中在探討橫跨這些特定領域的管理與領導議題上(陳金貴,2002:41)。此外,哈佛大學商學院學生組織社會企業俱樂部(Social Enterprise Club),則將社會企業界定為類似企業的非營利組織,其成立宗旨在於吸引對於非營利、企業及政府之跨部門運作有興趣的學生,並認為社會企業乃是由非營利組織、公部門或政府組織及社會責任的企業所構成,其目的在於透過創造社會價值以強化社區,[6] 社會企業俱樂部並於 2004 年 5 月 6 日,與甘迺迪政府學院合辦第五屆社會企業年會（social enterprise conference),年會主軸在於強調「採取行動」(take action)的重要性。本次年會報告商請許多資深實務工作者,針對如何落實企業社會責任議題發表意見,相關建議策略包含建立企業的公民精神,非營利組織建立具草根性的創新理念,社區創投,創造高績效的社會企業文化,透過策略聯盟建立跨部門夥伴關係,挹注非營利組織的企業精神,非營利行銷的網路策略,及國際整合與發展等等,而核心關鍵在於透過擴大參與,建構良善的社會企業;而史丹福大學(Standford University)在 1997 年成立社會企業精神發展中心(The Social Entrepreneurship Initiative),即利用社會創新理念解決社會議題(陳金貴,2002:41),史丹福大學商學院則在 1998 年,舉辦如何將社會創新應用於訓練方案的研討會。

---

[6] 參見 www.hbs.edu/dept/socialenterprise

對於企業社會責任所作的研究，大多是從企業與非營利部門互動角度切入，是以，對於企業社會責任的詮釋，其內涵係善因行銷（cause-related marketing）的展現（Basil & Herr, 2003; Wymer & Samu, 2003）。而對於善因行銷內涵的詮釋，當以聯盟理論（theory of alliances）最具解釋力，聯盟理論的核心價值在於夥伴關係（partnership）的建立，此理論認為透過跨部門合作，可以減少利他及利己主義所可能產生的價值衝突，其認為企業與非營利組織合作，其績效將遠大於個別部門的成效，聯盟理論的核心價值在於克服不足及強化優勢，故透過夥伴關係的建立，將可彌補企業與非營利組織所欠缺的關鍵資源，基於雙贏策略思考，故促使企業積極投入與非營利組織合作，此種理念乃是資源依賴理論（resource dependency theory）的展現（Iyer, 2003: 42-45）。

　　基於善因行銷理念，Marx等人研究發現，企業變得更加重視社會責任，並比商業化的非營利組織，更先一步採取慈善活動，或基於企業形象而成立基金會，或基於企業社會責任而投入慈善事業（Marx, 1999; OECD, 2001; Raymond, 2004; Salamon, 1999; Steiner & Steiner, 2003; Young, 2001: 151-152）。Peter F. Drucker認為，所謂企業社會責任係指一些成功的企業家，認知到企業社會責任的重要性，並將「經營成功以行善」（To do good in order to do well）奉為規臬，而逐漸變成社會改革者。雖然Milton Friedman基於自利（self-interest）觀點，而否認企業需要擔負任何社會責任，但是目前大部分企業並不排斥社會責任這個想法，許多富商也願意變成慈善家。而企業社會責任的首要任務在於創造未來工作機會的資本，因

此，企業社會責任是一種資本形成（capital formation）的過程，就現代經濟發展而言，此種資本形成的主要來源就是企業的利潤（profits），Drucker 認為，利潤與成本並非相斥的概念，企業的利潤其實是一種未來成本，即這些利潤可以作為經濟、社會及技術變遷，及未來工作機會的成本，因此企業社會責任的首要任務在於創造足夠的利潤，以支付未來的成本，如果此首要任務無法達成，則其他社會責任更不可能達成（Drucker, 1984）。

（二）企業社會責任的型態

對於企業社會責任的實踐，主要採取兩種方式，包含扮演資金贊助者角色的企業慈善，及兼具贊助及執行者角色的企業型基金會（Wymer & Samu, 2003: 5-17）。以下茲分述其內涵。

1. 企業慈善

就企業慈善而言，社會企業乃是指營利企業使用其部分資源，用以促進社會善因，或以特定方式提升公共財。然而，C. Smith 認為，企業慈善組織在本質上，仍舊是賺取利潤的企業，其所從事的慈善活動，例如提供補助、鼓勵公司員工擔任志工，或與非營利組織共組聯合創投（joint venture）等，皆只是企業的一種策略選擇，故企業慈善乃是一種「策略性慈善」（strategic philanthropy）（Smith, 1996）。換言之，企業所從事的慈善活動，就長期而言，對於員工生產力、公司產品的行銷，及提升公司的社會形象，皆將有所助益，因此，如果企業清楚界定自己是一個企業慈善組織，則其策略選擇將會相當清晰，其將採取事業體，而以慈善活動作為促進公司生產力

的手段。而對於企業慈善活動的管理,則可以全面適用一般營利企業的規定,在此企業慈善組織中,不論員工或董事會,皆與原企業體一樣,無須另外成立另一組織,總之,企業慈善乃是依據「開明的自利」(enlightened self-interest)作為運作準則(Young, 2001: 152)。

對企業而言,企業慈善目的在於支持非營利組織及其使命,因此,企業支付其所願意支出的資金,並對協力關係維持相當高的控制權力,與其他類型比較,因為企業資源及管理技術的介入,故企業慈善所需要的承諾最低,除支持認為具有價值的善因外,企業同時希望透過此項活動,讓標的市場及員工更加認同企業本身,因此企業慈善最大的利益在於塑造企業的公共形象、強化商譽及大眾對企業的認識程度,因為消費者對於企業慈善形象的認知,其間接效應在於增加對企業產品的購買意願;而就非營利組織而言,企業慈善的主要誘因在於可以增加額外的資金,這些資金主要來自於一些有聲譽的企業,其認同某一些值的生產的善因,並且能夠改善非營利組織未來的募款能力。對於企業而言,主要的風險在於夥伴投機的態度,因而玷污其他無辜夥伴的信譽或形象,另一項可能風險來自於員工及股東的怨恨,股東不滿公司贈與將會降低公司股票的分配額度,而員工不滿來自於公司贈與將可能導致薪資凍結及解雇;而對於非營利組織而言,其所冒風險比企業更大,例如非營利組織傳統的私人捐款,可能會因為企業慈善損及其信譽而大量減少,進而威脅非營利組織的生存;其次,非營利組織無法預期合作夥伴的資金贊助何時會退縮或減少(Himmelstein, 1997; Wymer & Samu, 2003)。

2. 企業型基金會

　　企業型基金會乃是企業為管理其慈善目標所創設的實體。與企業慈善不同的是，企業型基金會強調非營利的使命或善因，企業透過代理人（企業型基金會）加以控制。企業型基金會的主要動機在於支持值得的善因，同時也能夠得到標的市場及其員工的認同。企業型基金會所面臨風險與企業慈善很接近，主要也來自股東與員工的反彈，然而，由於企業型基金會乃是透過捐贈的基金（endowment）所成立，企業可以依據景氣好壞決定捐贈的多寡，避免影響公司股價及員工的薪資或福利，因此比較容易降低股東及員工對公司的不滿；而對於非營利組織而言，主要危機來自於聲譽受損及贊助資金可能退縮，因而影響非營利組織的財源及與公共形象（Wymer & Samu, 2003: 8-10）。

二、社會合作社

（一）社會合作社的驅力

　　社會合作社的主要興起趨力在於因應歐洲日趨嚴重的失業與社會疏離問題，進而達成扶貧之效（OECD, 1999）。歐洲社會企業發展的最重要特徵在於社會經濟的非營利化，換言之，社會經濟中的合作社，開始接受營利不得分配的限制，而轉型為以解決社會目的為主軸的社會企業。傳統上，歐洲各國在法律上，即將合作社視為企業，合作社與社團一樣，主要因社會目的而存在，事實上，合作社往往是由受到市場排擠的弱勢團體所組成，其被視為具有社會目的的企業，基此理由，歐洲各國允許合作社進行有限度的利潤分配（Borzaga & Santuari, 2003:

41-42)。惟以合作社為主軸的社會經濟途徑，並無法真正解決歐洲各國所面臨的高失業與社會疏離問題，故社會經濟組織開始進行轉型，逐漸接受傳統非營利組織不得分配盈餘的特徵。對於此一發展趨勢，部分歐洲國家給予社會企業正式法律地位的認可，例如義大利的「社會合作社」（Thomas, 2004），葡萄牙的「社會團結合作社」（social solidarity co-operatives），法國的「盈收型合作社」（co-operative of general interest），比利時的社會目的企業（social-purpose enterprise），而上述社會企業法律地位的論述，顯示共同基礎為非營利化的合作社組織，而對此特徵的名詞界定，則以「社會合作社」最具學術代表性。

　　社會合作社強調朝向更生產性及企業的行為，對此現象，Bacchiega 與 Borzaga 建議採取「制度途徑」（institutional approach）加以研究。其理由有三：1. 必須放棄單一途徑的解釋方式，而應採取更貼近實際服務提供的假設；2. 對於非營利組織組織需要更一般性的界定；3. 必須從經濟理論自利及機會主義中解脫，而採取更異質性及複雜效用功能之假設。換言之，研究焦點必須從不得分配利潤限制，轉向代理人及組織擁有者的行為。Bacchiega 與 Borzaga 指出，雖然社會企業就生產功能而言，可以視為一個「廠商」（firm），然而，無論是新古典理論（neo-classical theory）的價格（price）解釋途徑，抑或其他經濟學理論，例如 Hansmann 信任相關理論或 Weisbrod 的公共財理論，皆無法真正解釋社會企業的內涵，因為前述經濟理論並無法解決因為資訊不對稱所造成之市場失靈，因此，Bacchiega 與 Borzaga 認為，唯有將社會企業視為一種誘

因結構（incentives structures），才能解釋社會企業的真正內涵（Bacchiega & Borzaga, 2003: 27）。

誘因結構包含「薪資」（wage）及「自由度」（degree of freedom）兩個面向。就薪資而言，此種誘因結構乃是由貨幣（monetary）的及非貨幣（non-monetary）的因素所混合組成，雖然社會企業的薪資一般低於營利部門及公部門的薪資水準，然而，社會企業之所以仍可吸引人員持續性地投入，主要理由在於社會企業提供企業與政府所欠缺的非貨幣誘因，也就是提供員工實踐社會目標的可能性，而社會目的性乃是社會企業最主要的特質，此種特質常成為激勵員工的重要手段；再者，透過利益不得分配之限制，除可避免貨幣誘因可能產生的投機行為外，反而讓員工有機會選擇「自我實現」（maxim in itself）的機會，因此，對於社會企業而言，利益不得分配並非限制，反而是促使社會企業得以從社會經濟轉型為第三部門的契機；其次，就自由度而言，社會企業對於工作內涵，採取「低度權威」（low-powered）的誘因結構，其允許工作人員有極高的自由度決定自己的工作內容，雖然直接參與的利害關係人相當多，但在共同社會目標的指引下，透過民主與開放管理（open management），社會企業足以整合目標衝突的不同領域利害關係人。是以，透過誘因結構的制度設計，社會企業得以平衡組織社會目標與控制權及市場特質間的歧異，進而提供生產及集體服務（Bacchiega & Borzaga, 2001: 286-291; Defourny, 2001: 23）。

（二）社會合作社的型態

社會合作社強調一個更穩定的、持續的，在某些範圍獨立生產社會服務及其他財貨，以達成整合弱勢員工進入職場的目

的。若從法律、制度及組織形式加以比較，社會合作社不採取基金會的法人形式，或其他受限於「不得分配利潤」的特質；反之，他們同時採取「社團」（associations）及「合作社」（cooperatives）兩種類型。兩者都是營利的組織，有時擁有志工，但經常依靠消費者及員工，而「不得分配利潤」通常不是其最主要的制度特質。傳統上，合作社並不從事社福服務的生產，而社團主要執行倡導功能而非生產活動。然而，1990 年代後，這兩種制度的法律狀態開始改變，許多社會合作社及「為社會及集體目的之合作社」（cooperatives for social or collective purposes）被設立；同時，具有生產本質的社團功能被強化，合作社朝向更公共化，而社團的則更加企業化及生產行為，與傳統非營利組織比較，新類型組織更加依賴利害關係人的利益。

對於社會合作社型態的內涵，以 Thomas 的論述最具代表性。Thomas 引伸 Defourny（2001）的概念指出，社會企業乃是第三部門的要素之一，並且常被稱之為非營利組織或社會經濟，社會企業發展出一種全新精神的企業樣態，而社會企業的起源代表從傳統福利系統，轉變為混合系統的過程，而義大利的社會合作社，則為社會企業所涵蓋（如圖三）（Thomas, 2004: 246-247）。故 Thomas 的論點主要目的在於釐清社會合作社、社會企業與第三部門間的關係。

對於社會合作社型態的詮釋，A. Evers 的社會資本的社會資本概念，及 J. L. Laville 與 M. Nyssens 的整合理論，相當值得參酌。

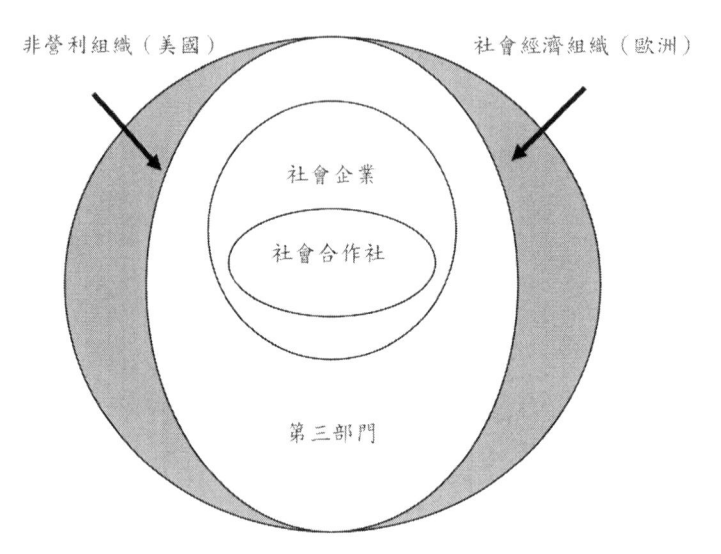

圖三　社會合作社的位置圖
資料來源：Thomas（2004: 247）。

　　首先，A. Evers 提出一個社會企業多元目標與資源結構的社會政治分析，此結構就是目前相當盛行的社會資本（social capital）概念。Evers 的論述包含三個重點：1. 先界定社會企業的內涵；2. 說明在社會企業混合資源的結構中，社會資本所扮演的關鍵角色；3. 從社會資本及公民承諾（civic commitment）的角度，釐清社會企業的政策意涵。

　　雖然有關社會資本界定的研究經驗相當多（Coleman, 1988; Putnam, 1993, 2000），Evers 則將研究重心聚焦在「公民資本」（civic capital）上，在此基礎上，強化了社會資本在政治因素上更廣闊的角色，此角色的主要功能除在於創造信任外，也可

以形塑社會中團體或社團的發展趨勢及行為，因此，社會資本被視為公民社會發展程度的指標，並作為公民承諾及審視經濟發展與治理的重要途徑；其次，除私人捐贈及志工參與外，第三部門應當建立混合的資源支持結構，如非市場的收入及政府補助，而社會資本將有助於第三部門（社會企業）同時考量貨幣及非貨幣的要素，非貨幣要素包含信任、社交（sociability）、對話的意願（readiness for dialogue），及合作（co-operation）；第三，社會企業不應該將眼光僅限縮在經濟及社會目標上，而應採取更廣闊的眼光討論提供公共財的活動，而社會資本建立（social capital-building）乃是第三部門重要的目標之一，其有助於提供公民關懷及對公共財與民主反應的透明度，因此社會資本的建立，將成為社會企業相當重要的目標，且在政策制定上，應獎勵社會企業建立社會資本（Defourny, 2001: 23; Evers, 2003: 296-309）。

其次，J. L. Laville 與 M. Nyssens 提出一個「理想型」（ideal-type）的整合理論（integrated theory），包含經濟、社會與政治三個面向。Laville 與 Nyssens（2001）首先論述擁有者的結構如何影響社會企業的目標，然而，為避免社會企業的目標過度依賴不同類型的擁有者的理念或價值，渠等因此提出三個建議：1. 第三部門屬於利害關係人而非投資者；2. 社會企業的目標在於服務社區；3. 社會企業並非單一的擁有者模式，其結構的特質傾向於反應及促進社會服務的內涵；其次，Laville 與 Nyssens 論述社會企業與社會資本的關係，其認為社會資本有助於降低交易及生產成本，且社會資本本身就是目的，而社會企業的功用在於，有助於推動作為民主化要素的社

會資本，且可以調整及重塑社會資本的特定樣態，因此，若透過社會資本降低交易成本，社會企業將可以強化集體的外部性，而管理者應強化社會企業的合法性及自主性，以回應內部及外部眾多障礙因素的挑戰，其中內部因素包含職工及志工，而外部因素包含社會、政府決策者及消費者，而歐盟許多國家則透過立法途徑，以強化社會企業的合法性（Defourny, 2001: 23-24; Laville & Nyssens, 2001: 313-328）。

伍、結語

　　為進一步推動福利國的改革，歐美各國逐漸出現兼具非營利組織與企業混合特質的社會企業，惟此種新型態組織欠缺被廣泛接受的界定方式，故造成研究與應用上的困擾，爰本文之目的在於透過分析架構的建立，釐清社會企業的概念。依據前述分析架構，本文認為社會企業在概念界定上，與傳統非營利組織或企業組織有所差異，其差異主要肇因於兩股不同的發展趨力，促使非營利組織與企業逐漸融合，進而產生兼具兩大部門特質的混合組織，其界定若採取 OECD 的定義方式，將其界定為「第三部門」範疇，係相當符合社會企業的內涵。

　　其次，本文依據歐美社會企業研究文獻，從分析指標及組織型態雙向度指標，將社會企業歸納成兩大發展途徑，包含非營利組織的師法企業途徑，及企業的非營利途徑，前者可細分成以偏經濟面的商業化，及偏社會面的社會創新，而後者則包含偏向經濟面的企業社會責任，及偏向社會面的社會合作社。商業化主要為因應非營利組織所面臨的財政危機，其目的在於彌補傳統財源的缺口，故核心價值在於交叉補貼理念的展現；

社會創新係指非營利組織師法企業精神,據以強化本身的體質,進而解決非營利組織所面臨的品質危機;而企業社會責任主要趨力為追求永續發展,故企業透過公共形象的塑造,介入非營利領域;至於社會合作社則主要為解決高失業及社會疏離問題,透過非營利互助體制的設計,進而達成扶貧之效。

再者,社會企業發展具備許多政策意涵。商業化最具代表性為喜憨兒基金會所成立的麵包屋及餐廳,其設立乃是依據身心障礙者庇護工場設立及獎助辦法,而商業化發展爭議較大者為其盈收可否比照非營利組織的地位,享有稅賦減免的優惠?對此問題,美國「國內稅法法則」(IRC)第511款有「非相關的商業所得稅」(unrelated business income tax, UBIT)的規定,若商業化活動若符合UBIT規定,則非營利商業盈收可以享有稅賦優惠(Weisbrod, 1998);而臺灣「加值型及非加值型營業稅法」並無UBIT的相關規定,基於鼓勵非營利組織的永續發展,UBIT規定相當值得臺灣參考與學習。

社會創新則以陽光基金會所設立的洗車中心及加油站最具代表性,其強調透過案主的能力建構,幫助其回歸主流就業市場;行政院青輔會亦曾依此理念,提出造橋計畫;學術單位亦介入此一領域,臺灣許多大學亦成立社會創新育成中心,大陸稱之為「孵化器」,其目的在於透過中介組織的介入,將企業精神挹注至非營利部門。實踐企業社會責任的例證相當多,知名例證為比爾蓋茲夫婦(Bill & Melinda Gates)基金會,而全球排名第二富豪巴菲特(Warren Buffett)捐出其資產的85%做公益,捐款的83%都交給蓋茲設立的慈善基金會,約370億元美金,也就是新臺幣1兆1千840多億元,其餘才捐給3個子

女和已故妻子名下的基金會，3名子女對於父親的決定都非常贊成；又如美國鋼鐵大王安德魯‧卡內基（Andrew Carnegie）強調「富死可恥」；神松下幸之助倡導成立「松下政經塾」；為日本培養二十一世紀的政治領袖；臺灣主要為企業型基金會，例如喜馬拉雅基金會及富邦文教基金會等。

至於社會合作社最具代表性例子則為尤努斯和其創立的鄉村銀行（Grameen Bank and Founder Muhammad Yunus），有「窮人的銀行家」之稱的孟加拉經濟學者尤努斯，和他創立的鄉村銀行，讓數百萬人脫離貧窮，2006年10月13日榮獲諾貝爾和平獎，為了貸放小錢給孟加拉窮人，特別是女性，讓他們不需要擔保品就可以貸款創業，66歲的穆罕默德‧尤努斯發明微額貸（microcredit）概念，並於1976年創立專門協助窮人的新型銀行，如今這種貸款方式已在全球一百多國推行，從美國到烏干達都有。微額貸款的概念是貸款給不符合一般銀行貸款資格的窮人極小額金錢，通常是50美元到100美元，供他們創業；而臺灣從事理念的組織則為彭婉如基金會所推動的婦女二度就業方案，勞委會所陸續推動之永續就業工程及多元就業方案，及儲蓄互助社等。

就未來學術研究而言，社會企業不僅受到歐美各國的重視，近年來也為兩岸四地爭相學習的成功經驗。然而，對於社會企業分析架構的適用性，仍須更多實際個案加以驗證，爰建議後續研究，可進行臺灣社會企業發展現況的調查研究，繼之進行兩岸四地社會企業發展的比較研究，如此更能深化社會企業研究的價值。

參考書目

丘昌泰（2000）。《公共管理——理論與實務手冊》。臺北，臺灣：元照。

江明修、鄭勝分（2004）。〈從政府與第三部門互動內涵的觀點析探臺灣社會資本之內涵及其發展策略〉，《理論與政策》，17（3）：37-57。

官有垣、王仕圖（2000）。〈非營利組織的相關理論〉，蕭新煌（編），《非營利部門：組織與運作》，頁43-74。臺北，臺灣：巨流。

陳金貴（2002）。〈非營利組織社會企業化經營探討〉，《新世紀智庫論壇》，19：39-51。

鄭勝分（2005）。《歐美社會企業發展及其在臺灣應用之研究》。國立政治大學公共行政學系博士論文。

Anheier, H. K. (2003). Dimensions of the nonprofit sector: Comparative perspectives on structure and change. In H. K. Anheier & A. Ben-Ner (Eds.), *The study of the nonprofit enterprise: Theories and approach* (pp. 247-275). New York, NY: Kluwer Academic/Plenum.

-- (2005). *Nonprofit organizations: Theory, management, policy.* London, UK: Routledge.

Anheier, H. K., & Ben-Ner, A. (Eds.). (2003). *The study of the nonprofit enterprise: Theories and approach.* New York, NY: Kluwer Academic/Plenum.

Bacchiega, A., & Borzaga, C. (2001). Social enterprises as incentive structure: An economic analysis. In C. Borzaga & J. Defourny (Eds.), *The emergence of social enterprise* (pp. 273-295). London, UK: Routledge.

-- (2003). The economics of the third sector: Toward a more comprehensive approach. In H. K. Anheier & A. Ben-Ner (Eds.), *The study of the nonprofit enterprise: Theories and approach* (pp. 27-48). New York, NY: Kluwer Academic/ Plenum.

Badelt, C. (2003). Entrepreneurship in nonprofit organizations: Its role in theory and in the real world nonprofit sector. In H. K. Anheier & A. Ben-Ner (Eds.), *The study of the nonprofit enterprise: Theories and approach* (pp. 139-159). New York, NY: Kluwer Academic/Plenum.

Basil, D. Z., & Herr, P. M. (2003). Dangerous donations? The effects of cause-related marketing on charity attitude. *Journal of Nonprofit and Public Sector Marketing, 11*(1), 59-76.

Ben-Ner, A., & Gui, B. (1993). *The nonprofit sector in the mixed economy*. Ann Arbor, MI: University of Michigan Press.

-- (2003). The theory of nonprofit organizations revisted. In H. K. Anheier & A. Ben-Ner (Eds.), *The study of the nonprofit enterprise: Theories and approach* (pp. 3-26). New York, NY: Kluwer Academic/Plenum.

Blair, A. (1997). *Welfare to work*. Retrieved from http://keeptonyblairforpm.wordpress.com/blair-speech-transcripts-from-1997-2007/

Borzaga, C., & Defourny, J. (2001). Social enterprises in Europe: A diversity of initatives and propospects. In C. Borzaga & J. Defourny (Eds.), *The emergence of social enterprise* (pp. 350-369). London, UK: Routledge.

Borzaga, C., & Santuari, A. (2003). New trends in the non-profit in Europe: The emergence of social entrepreneurship. In OECD (Ed.), *The non-profit sector in a changing economy* (pp. 31-59). Paris, FR: OECD.

Boschee, J. (2001a). Eight basic principles for nonprofit entrepreneurs. *Nonprofit World, 19*(4), 15-18.

-- (2001b). *The social enterprise sourcebook: Profiles of social purpose business operated by nonprofit organizations*. Minneapolis, MN: Northland Institute.

Brinckerhoff, P. C. (2000). *Social entrepreneurship: The art of mission-based venture development*. New York, NY: Wiley.

Chesters, G. (2004). Global complexity and global civil society. *Voluntas, 15*, 323-342.

Coleman, J. S. (1988). Social capital in the creation of human capital. *American Journal of Sociology, 94* (Suppl.), s95-s120.

Dart, R. (2004a). The legitimacy of social enterprise. *Nonprofit Management and Leadership, 14*, 411-424.

-- (2004b). Being business-like in a nonprofit organization: A grounded and inductive typology. *Nonprofit and Voluntary Quarterly, 33*, 290-310.

Dees, J. G. (1996). *The social enterprise spectrum: Philanthropy to commerce.* Case No. 9-396-343. Boston, MA: Harvard Business School Press.

-- (1998). Enterprising nonprofits. *Harvard Business Review*, Jan-Feb, 55-67.

-- (1999). Enterprising nonprofits. In Harvard Business School Press (Ed.), *Harvard business review on nonprofits* (pp. 135-166). Boston, MA: Harvard Business School Press.

Dees, J. G., & Elias, J. (1998). The challenges of combing social and commercial enterprise. *Business Ethics Quarterly*, *8*, 165-178.

Dees, J. G., Emerson, J., & Economy, P. (2001). *Enterprising nonprofits: A toolkit for social entrepreneurs.* New York, NY: Wiley.

Defourny, J. (2001). Introduction: From third sector to social enterprise. In C. Borzaga & J. Defourny (Eds.), *The emergence of social enterprise* (pp. 1-28). London, UK: Routledge.

Drucker, P. F. (1984). The new meaning of corporate social responsibility. *California Management Review*, *26*(2), 53-63.

-- (1999). *Innovation and entrepreneurship: Practice and principles.* Oxford, OH: Burrerworth-Heinemann.

Eikenberry, A. M., & Kluver, J. D. (2004). The marketization of the nonprofit sector: Civil society at risk? *Public Administration Review*, *64*, 132-140.

Emerson, J., & Twersky, F. (1996). *New social entrepreneurs: The success, challenge and lessons of non-profit enterprise creation.* San Francisco, CA: The Roberts Foundation.

Evers, A. (2003). The significance of social capital in the multiple goal and resource structure of social enterprises. In C. Borzaga & J. Defourny (Eds.), *The emergence of social enterprise* (pp. 296-311). London, UK: Routledge.

Frederickson, H. G., & Johnston, J. M. (1999). *Public management reform and innovation: Research, theory, and application.* London, UK: The University of Alabama Press.

Frumkin, P. (2002). *On being nonprofit: A conceptual and policy primer.* Cambridge, MA: Harvard University Press.

Gunn, C. (2004). *Third-sector development: Making up for the market.* London, UK: Cornell University Press.

Hansmann, H. B. (1980). The role of nonprofit enterprise. *Yale Law Journal, 89*, 835-901.

-- (1986). The role of nonprofit enterprise. In S. Rose-Ackerman (Ed.), *The economics of nonprofit institutions: Studies in structure and policy* (pp. 57-84). New York, NY: Oxford University Press.

-- (1987). Economics theories of nonprofit organization. In W. W. Powell (Ed.), *The nonprofit sector: A research handbook* (pp. 27-42). New Haven, CT: Yale University Press.

-- (2003). The role of trust in nonprofit enterprise. In H. K. Anheier & A. Ben-Ner (Eds.), *The study of the nonprofit enterprise: Theories and approach* (pp. 115-122). New York, NY: Kluwer Academic/Plenum.

Himmelstein, J. L. (1997). *Looking good and doing good: Corporate philanthropy and corporate power*. Indianapolis, IN: Indiana University Press.

Iyer, E. (2003). Theory of alliances: Partnership and partner characteristics. *Journal of Nonprofit and Public Sector Marketing, 11*(1), 41-57.

James, E., & Rose-Ackerman, S. (1986). *The nonprofit enterprise in market economics*. Chur, CH: Harwood.

Keohane, R. O., & Nye, J. S., Jr. (Eds.). (2000). *Governance in a globalizing world*. Washington, DC: Brookings.

Kettl, D. F. (2000). The transformation of governance: Globalization, devolution, and the role of government. *Public Administration Review, 60*, 488-497.

Kingma, B. R. (1997). Public good theories of the nonprofit sector: Weisbrod revisited. *Voluntas, 8*, 135-148.

-- (2003). Public good theories of the nonprofit sector: Weisbrod revisited. In H. K. Anheier & A. Ben-Ner (Eds.), *The study of the nonprofit enterprise: Theories and approach* (pp. 53-65). New York, NY: Kluwer Academic/Plenum.

Laville, J. L., & Nyssens, M. (2001). The social enterprise: Toward a theotetical socio-economic approach. In C. Borzaga & J. Defourny (Eds.), *The emergence of social enterprise* (pp. 312-332). London, UK: Routledge.

Leadbeater, C. (1997). *The rise of the social entrepreneur*. London, UK: Demos.

Maiello, M. (1997, December). *Female-dominated occupation in the service sector*. Paper presented at the International Conference on the Professionalisation, OECD, Paris.

Mancino, A., & Thomas, A. (2005). An Italian pattern of social enterprise: The social cooperative. *Nonprofit Management and Leadership, 15*, 357-369.

Marx, J. D. (1999). Corporate philanthrpoy: What is the strategy? *Nonprofit and Voluntary Sector Quarterly, 28*, 185-198.

Milward, H. B., & Provan, K. G. (2000). Governing the hollow state. *Journal of Public Administration Research and Theory, 10*, 359-379.

Moulaert, F., Martinelli, F., Swyngedouw, E., & Gonzalez, S. (2005). Toward alternative model of local innovation. *Urban Studies, 42*, 1969-1990.

Mulgan, G., & Landry, L. (1995). *The other invisible hand: Remarking charity for the 21st century*. London, UK: Demos.

OECD. (1999). *Social enterprises*. Paris, FR: OECD.
-- (2001). *Corporate social responsibility: Partners for progress*. Paris, FR: OECD.
-- (2003). *The non-profit sector in a changing economy*. Paris, FR: OECD.

Osborne, S. P. (Ed.). (2000). *Public-private partnerships: Theory and practice in international perspective*. London, UK: Routledge.

Ott, J. S. (2001). *The nature of the nonprofit sector*. Boulder, CO: Westview.

Pestoff, V. A. (1998). *Beyond the market and state: Social enterprise and civil democracy in a welfare society*. Aldershot, UK: Ashgate.

Putnam, R. D. (1993). *Making democracy work: Civic traditions in modern Italy*. Princeton, NJ: Princeton University Press.
-- (2000). *Bowling alone: The collapse and revival of American community*. New York, NY: Simon and Schuster.

Raymond, S. U. (2004). *The future of philanthropy: Economics, ethics, and management*. San Francisco, CA: Wiley.

Salamon, L. M. (1990). The nonprofit sector and government: The American experience in theory and practice. In H. K. Anheier & W. Seibel (Eds.), *The third sector: Comparative studies of nonprofit organizations* (pp. 219-240). New York, NY: Walter de Gruyter.
-- (1995). *Partners in public service: Government-nonprofit relations in the modern welfare state*. London, UK: The Johns Hopkins University Press.
-- (1999). *American's nonprofit sector*. New York, NY: Foundation Center.
-- (2003). Voluntary failure theory correctly viewed. In H. K. Anheier & A. Ben-Ner (Eds.), *The study of the nonprofit enterprise: Theories and approach* (pp. 183-186). New York, NY: Kluwer Academic/Plenum.

Salamon, L. M., & Anheier, H. K. (1997). Introduction: In search of the nonprofit sector. In L. M. Salamon & H. K. Anheier (Eds.), *Defining the nonprofit sector: A cross-national analysis* (pp. 1-8). New York, NY: Manchester University Press.

Schumpeter, J. (1952). *Can capitalism survive?* New York, NY: Harper and Row.

Shaw, E. (2004). Marketing in the social enterprise context: Is it entrepreneurial? *Qualitative Market Research: An International Journal, 7*, 194-205.

Skloot, E. (1987). Enterprise and commerce in nonprofit organizations. In W. W. Powell (Ed.), *The nonprofit sector: A research handbook* (pp. 380-393). New Haven, CT: Yale University Press.

-- (1988). *The nonprofit entrepreneur.* New York, NY: Foundation Center.

Smith, C. (1996). Desperately seeking data. In D. F. Burlingame & D. R. Young (Eds.), *Corporate philanthropy at the crossroads.* Bloomington, IN: Indiana University Press.

Steinberg, R. (2003). Economic theories of nonprofit organizations: An evaluation. In H. K. Anheier & A. Ben-Ner (Eds.), *The study of the nonprofit enterprise: Theories and approach* (pp. 277-309). New York, NY: Kluwer Academic/Plenum.

Steiner, G. A., & Steiner, J. F. (2003). *Business, government, and society: A managerial perspective.* Boston, MA: McGraw-Hill Irwin.

Thomas, A. (2004). The rise of social cooperatives in Italy. *Voluntas, 15*, 243-263.

Thompson, J., Alvy, G., & Lees, A. (2000). Social entrepreneurship: A new look at people and the potential. *Management Decision, 38*, 328-338.

Van Slyke, D. M., & Newman, H. K. (2006). Venture philanthropy and social entrepreneurship in community redevelopment. *Nonprofit Management and Leadership, 16*, 345-368.

Weisbrod, B. A. (1988). *The nonprofit economy*. Cambridge, MA: Harvard University Press.

-- (1998). *To profit or not to profit: The commercial transformation of the nonprofit sector*. Cambridge, UK: Cambridge University Press.

Wymer, W. W., Jr., & Samu, S. (2003). Dimensions of business and nonprofit collaborative relationships. *Journal of Nonprofit and Public Sector Marketing, 11*(1), 3-22.

Young, D. R. (1986). Entrepreneurship and the behavior of bonprofit organizations: Elements of a theory. In S. Rose-Ackerman (Ed.), *The economics of nonprofit institutions: Studies in structure and policy* (pp. 161-184). New York, NY: Oxford University Press.

-- (2001). Organizational identity in nonprofit organizations: Strategic and structural implications. *Nonprofit Management and Leadership, 12*, 139-157.

-- (2003a). New trends in the US non-profit sector: Towards market integration. In A. Noya & C. Nativel (Eds.), *The non-profit sector in a changing economy* (pp. 61-77). Paris, FR: OECD.

-- (2003b). Entrepreneurs, managers, and the nonprofit enterprise. In H. K. Anheier & A. Ben-Ner (Eds.), *The study of the nonprofit enterprise: Theories and approach* (pp. 161-168). New York, NY: Kluwer Academic/Plenum.

-- (2003c). Nonprofit management in Europe and Asia. *Nonprofit Management and Leadership, 14*, 227-232.

The Conception of Social Enterprises

Jason Sheng-Fen Cheng
Assistant Professor, Department of Adult and Continuing Education, National Taiwan Normal University

Abstract

Social enterprises are concepts that have only recently come into common or official use, however, they have no widely accepted definition. By comparing the different national literatures of each country. This paper try to outline an initial framework of social enterprises, including businesslike approach and nonprofit approach. Firstly, by taking a more businesslike approach to social problems, commercialization are focus on create commercial venture that are closely to their mission. And then, social innovation adapting entrepreneurship to create and sustain value, as well as engaging in a process of continuous innovation. Secondly, nonprofit approach are building on the notions of corporate social responsibility (CSR) and social cooperative. CSR is designed to integrating social responsibility as a part of their corporate strategy, and can significantly improve business performance. Meanwhile, social cooperative providing basic social welfare services and integrating many disadvantaged people into the active society.

Keywords: social enterprises, commercialization, social innovation, corporate social responsibility, social cooperative

美國、英國及香港特區政府社會企業的發展經驗對臺灣的政策啟示 *

李衍儒
國立臺灣大學政治學系博士候選人
國立空中大學公共行政學系兼任講師

摘要

為謀求解決全球所共同面臨的失業、教育機會的被剝奪、單親家庭、無殼蝸牛、社會失調等社會問題，本文嘗試從社會企業的理論基礎、內涵，以及美國、英國與香港社會企業的發展經驗之探討，提出對臺灣的相關政策啟示與建議。

關鍵詞：社會企業、全球化、政策建議

---

* 本文初稿曾發表於 2009 年 7 月 22-24 日，財團法人二十一世紀基金會與廈門大學臺灣研究院合辦之「2009 年二十一世紀海峽兩岸青年論壇」；今應新台灣人文教基金會推薦收錄，為符邇來各國社會企業之法令與實務變化，並酌作部分內容之增補修正，謹此申明。

壹、前言

社會企業所指涉的概念範圍極為廣泛,其可能是效法企業化效率管理的非營利組織,也可能是介入非營利領域的營利性企業,也可能是幾個非營利組織共同投資為了達成社會公益目的所創設的營利性公司,因此,在界定何者是社會企業而何者不是的爭辯,在學界的討論仍持續進行之中。然而,在已開發國家,長久以來非營利組織即有從事賺取收入業務之情形,以輔助或配合其營運。例如,在英國若干名為合作社的非營利組織早在 1844 年起便以此模式加以運作。自 1980 年代起,由於此類組織營運收入激增,而被以社會企業稱之,該類非營利組織以從事達成其社會目標(如:各類使命等)而非以商業利潤為目的之企業活動。

從社會企業發展的目標來看,與臺灣鄰近的香港特區政府視發展社會企業為一種創新模式,以解決失業問題。英國政府則更宏觀地將社會企業視為有助解決失業、歧視、低技術、低收入等社會孤立問題的政策工具,並希冀藉此推動建立一個強大、永續及社會融和的經濟體系。至於美國政府主要採取寬鬆的管理架構,以利社會企業發展;但同時美國政府對社會企業的支援則相對較少。

自二十世紀末以來,資訊科技與網際網路的蓬勃發展促發全球化風潮,Keohane 與 Nye(2000: 7)等學者認為,全球化意指強化全球主義的過程,[1] 這股風潮對全球社經及政治環境產

---

[1] 全球主義可區分成經濟全球主義(economic globalism)、軍事全球主義(military globalism)、環境全球主義(environmental globalism)、社會及文化全球主義(social and cultural globalism)等四個面向。從狹義觀點,

生了極大的變化,然而在政經制度因應無度、社會結構扭曲、資源分配不均等衝擊下,世界各國無不面臨由就業不安定、貧富不均的兩極化等所誘發出失業、教育機會的被剝奪、女性單親家庭問題、無殼蝸牛及精神疾病增加等連串「新貧」等社會現象,並喚起由政府、第三部門(the third sector)或與貧窮當事者協力積極謀求解決之道,展開相關反貧窮或滅貧行動之際,此刻臺灣政府亦意識到全球及社會發展趨勢與政策缺口,積極研處各種解決方案,因此筆者思考,發展社會企業會是一個解決問題的好方法嗎?對臺灣而言,政府對於社會企業應採取何種政策呢?因此,本研究嘗試從美國、英國及香港特區政府社會企業的現況及政策經驗,尋求臺灣社會企業政策創新發展問題之解答,從而提出發展社會企業的相關政策建議。

貳、社會企業的理論基礎

所謂社會企業的理論基礎,即在探究理論上社會企業產生的原因,以下從政治經濟面向、永續發展理念面向及國家、市場、社會三元互動面向加以說明。

全球化係指經濟全球主義,包括遠距財貨流、服務流、資本流、資訊流之市場交易,爰全球化被視為將技術及資本從高所得國家交換到低所得國家的過程,也就是世界分工體系理念的展現;軍事全球主義則指遠距的相互依賴網絡,包括利用武力、威脅或動武之承諾,例如冷戰時期之「恐怖平衡」(balance of terror),或911事件後美國對阿富汗動武,但軍事全球主義最終目的往往是經濟利益;環境全球主義係指遠距的在大氣或海洋中的物質傳送影響人類的健康,例如臭氧層、愛滋病及沙塵暴對人類健康的影響;至社會及文化全球主義往往伴隨經濟及軍事全球主義產生,包括理念、資訊、影像的傳播等等,透過「同形主義」(isomorphism)的概念,建構全球共通價值(江明修、鄭勝分,2002:476-477)。

一、政治經濟面向

　　承繼對非營利組織興起原因的探究,從政治經濟面向的觀點來看,自由主義學者認為公共問題的處理,要儘量用看不見的手(即市場機制),除非由公共財、外部效果、自然獨占、資訊不均等因素,可能造成「市場失靈」(market failure)[2]的情況,或者由於效率以外的其他非經濟因素存在,政府的政策才必須介入。而政府介入解決市場失靈所產生的各種問題,如所採取的解決方法,無法達到預定的目的時,即產生所謂「政府失靈」(government failure),換言之,政府的供給機制失效,造成政府的分配無效率,或衍生競租的現象。如:直接民主的問題[3]、代議政府的問題[4]、官僚供給的問題[5]及地方政府分權的問題[6]等,由於政府與市場在提供公共財或集體財方面有所不足,造成了政府失靈和市場失靈現象,使得非營利組織益形重要。因此,也促使非營利組織的蓬勃興起,然而非營利組織也可能產生「志願失靈」(voluntary failure)的現象,所謂志願失靈的情形包括(Salamon, 1995: 44-48):(一)慈善的不充分(philanthropic insufficiency):非營利組織往往無法獲得足

---

[2] 所謂市場失靈,意即當市場無法達成巴瑞圖效率(pareto's efficiency)時,市場價格機制不再能使社會福利最大化,而造成市場的不具效率,稱之為市場失靈。而所謂巴瑞圖效率,即在不影響任何人之社會福利情況下,能進一步改善其他人之處境。

[3] 所謂直接民主的問題,依市場機制的隱喻,需要者、供給者都將追求利益極大化,會衍生投票結果的矛盾、政策意願的強度問題、多重政策的選擇問題。

[4] 所謂代議政府的問題,其態樣如競租行為、選區利益、代表任期等。

[5] 所謂官僚供給的問題,包括:評價公共產出的困難、政府機關缺乏競爭及僵硬的文官體系等。

[6] 所謂地方政府分權的問題,包括執行問題、財政外部效果(用腳投票)。

夠充分和可依賴的資源以處理人群服務問題，且經常無法涵蓋所有的地理範圍，使得問題最嚴重的地方反而常無法取得所需的資源。（二）慈善的特殊性（philanthropic particularism）：非營利組織及其捐助者經常集中在少數特定的次級人口群體，因而忽視了其他社會次級群體，不僅留下嚴重缺口，也造成重複服務的資源浪費。（三）慈善的家長制（philanthropic paternalism）：非營利組織中掌握最多資源者對於組織的運作與決策具有最大的影響力，如主要捐助者和董事會，服務對象反而因是弱勢群體和純粹受惠者的角色而難以對資源運用擁有發言權。（四）慈善的業餘性（philanthropic amateurism）：非營利組織長期依賴未受過正式專業訓練的善心志工來從事服務，且對職工無法提供具競爭力的薪資，難以吸引專業人員的參與，因而影響組織運作的成效。因此，為了解決志願失靈的問題，從而促使社會企業的興起。

二、永續發展理念面向

在過去的數年，全球大部分國家都實現了經濟的成長，但是這種成長在很大程度上是以資源的過度消耗和環境的破壞為代價，因此，面對未來經濟如何發展的問題，很多已開發國家都開始導入「永續發展」的理念，即企業在創造利潤的同時，更要注重社會的發展和環境的承載能力。同樣地，非營利組織在提供服務的同時，亦要注重組織自身的永續與使命的延續。因此，在這個議題上 Emerson 與 Twersky（1996）提出「融合的價值理念」（the blended value proposition）。其核心的觀點是：所有的投資行為都同時發生在社會、經濟和環境領域，三者之間並非交替換位之關係（trade off），而是共同追求一個價

值取向——社會目標、經濟目標和環境目標的融合。這三者不能視為截然不同的目標而予以分離，而是一種一致的追求。此外，部分社會企業研究者提出了「雙重底線」的概念（double bottom line）或者「雙重價值創造」（double value creation）。這種理念的基本觀點是，社會企業應該是一種混合性的組織（hybrid），同時兼具「社會目標」和「經濟目標」，同時它由兩種力量所驅動。具體的說，此一變化的趨勢：即傳統非營利企業與營利企業在社會變革環境下，儘管初始的目標有所差異，但是為了其永續發展，兩種組織形式最終均向中間狀態的社會企業發展。

三、國家、市場、社會三元互動面向

社會企業如果從多元目標價值特質加以觀察，並非僅視為市場、政府或志願失靈下的殘補性部門，其目標應在於積極整合市場、第三部門及政府而成為一個混合體，將社會企業鑲嵌於公民社會之中，透過志願性的集體行動，使社會目標得以具體實現；社會企業雖仍於市場中進行交易行為，但其目的不在於追求其利益極大化，而係將利潤回饋於其社會目標之相關利害關係人，當然社會企業亦可藉由接受政府補助，作為型塑或政策實踐之功能。因此，社會企業乃係國家、市場、社會三元互動之交會，具有中介空間性質之屋脊概念（Nyssens, Adam, & Johnson, 2006）。

參、社會企業的內涵

本節旨在藉由社會企業的定義、社會企業的法律形式及社會企業的功能來闡明社會企業的內涵。

一、社會企業的定義

由於社會企業的概念仍在演化中,至使歐美社會企業內涵差異甚大,不同的國家或地區對於社會企業的定義均有所不同,而學界與官方定義亦有所不同,因此,研究此議題有必要將各種定義之異同先予釐清。

(一)學界相關界定

Young(2001)認為,社會企業是指採取企業的方案及商業活動,它以促進社會進步(social cause)或對公共財政有所貢獻為目標,若再進一步從結構決策(structural decisions)的角度分析,社會企業包含兩種界定方式,其一為營利的商業組織對於公共財政的貢獻,其二為非營利組織透過商業化手段賺取盈收。而依據此兩種界定方式,社會企業是一個連續體的組織,並可區分成3種組織型態,包含:企業慈善(corporate philanthropist)、社會目的組織(social purpose organization),及兩者之間的混合組織(hybrids)。

Dees(1996)指出,社會企業一詞並非單純為財政目標而存在,而是一種多元混合的綜合體,他提出了著名的「社會企業光譜」概念,即社會企業是在純慈善(非營利組織)與純營利(私人企業)之間的連續體,此種概念揭示出非營利組織商業化或市場化是其轉變為社會企業的途徑。

依據經濟合作暨發展組織(Organization for Economic Co-operation and Development, OECD)的界定,社會企業係指對於公共利益有貢獻的私人活動,透過企業策略,試圖解決社會疏離與失業問題,社會企業外觀雖具企業形貌,惟以其公益之本

質，OECD乃將社會企業歸類為第三部門之範疇（OECD, 1999: 11）。

臺灣學者鄭勝分則認為，基於社會目的，社會企業指的是私人企業的非營利化；基於經濟目的，社會企業指的是非營利組織的商業化（鄭勝分，2005：16）。美國學界對社會企業的討論，集中在社會企業家精神（social entrepreneurship），在歐洲，Social Enterprise London[7]使用連續光譜的概念，從所有權結構、收入來源、社會目的、發展焦點和市場焦點更詳細地描述社會企業的各種型態（鄭勝分，2005：13）。

因此，綜合歐洲與美國的研究經驗：社會企業除指社會經濟的非營利化，即社會慈善、企業社會責任的展現之外，也包含非營利組織的商業化趨勢，以及於創立初始直接以達成社會目標，並以商業手段運作而成立之組織。

（二）英國、美國及香港特區政府之官方定義

鑒於各國（或地區）政府多有將社會企業作為政策工具的情形，因此要瞭解各該國家（地區）官方對於社會企業之定義，對於渠等實務運作上之理解有其必要。

美國政府社會企業的定義頗為寬鬆，通常包括所有非營利機構、公營機構及其他社會使命主導的機構。至於美國社會企業聯盟則有以下界定，任何採用賺取收入的營運策略，以支持

---

[7] Social Enterprise London 簡稱 SEL，是設立於英國倫敦的一個非營利組織，致力於成為社會企業領域的首都。SEL是一個為社會企業部門促銷社區、培訓技能和實踐的專門機構。主要的合作夥伴包括：倫敦議會（London Councils）、倫敦發展局（London Development Agency）、英國內閣第三部門辦公室（Office of the Third Sector）與倫敦市長（Community Interest Company, 2006）。

其慈善或社會目標的企業,均可稱為社會企業。哈佛商業學院的定義亦很寬鬆,無論其法定形式為何(如非營利、私營或公營部門),若該私人或組織的貢獻是可對社會作出改善者,均可視為社會企業(CIRIEC-ESPAÑA, 2002: 17)。

歐盟認為任何將私營部門的企業管理技術與社會目標結合起來的企業,均為社會企業。英國政府把社會企業界定為「以履行社會目標為主的機構,該等機構的利潤或盈餘基本上會根據此目標再投入於其業務或社區上,而非作為股東和所有者賺取最大利潤」(Department of Trade and Industry, 2002: 13)。

香港特區政府則將社會企業的界定為:1. 同時追求商業與社會目標;2. 從事商業或貿易活動,而這些活動是企業的主要收入來源;3. 非營利性質,從商業或貿易活動所得的利潤或盈餘主要會再投放於其社會目標。以下就英國、美國及香港特區政府社會企業的官方定義,綜整如下表一。

表一 社會企業的官方定義

國別 項目	英國	美國	香港特區政府
官方定義	以履行社會目標為主的機構,該等機構的盈利基本上會根據此目標再投入於其業務或社區上,而非作為股東和所有者賺取最大利潤。	美國社會企業的定義頗為寬鬆,通常包括所有非營利機構、公營機構及其他社會使命主導的機構。	根據香港扶貧委員會*的界定,社會企業並無統一的定義。該等企業可資識別的主要特點包括:1. 同時追求商業與社會目標;2. 從事商業或貿易活動,而這些活動是企業的主要收入來源;3. 非營利性質,從商業或貿易活動所得的利潤或盈餘主要會再投放於其社會目標。

資料來源:作者自行整理。

* 香港扶貧委員會於 2005 年初由香港特區政府成立,主要負責處理關於貧窮問題的跨部門及跨領域事宜,透過加強政策的協調和整合,從而防貧紓困。該委員會由財政司司長出任主席,其他成員包括 5 名政府人員及 18 名來自政界、商界、社區和學術界的人士。惟該委員會於 2007 年 6 月 30 日任期屆滿,現行社會企業業務改由民政事務局主管,勞工及福利局則負責監察及協調各政府部門的扶貧工作。

二、社會企業的法律形式

從實務面向來看，由於社會企業強調生產及非營利的社會企業精神，並且在福利服務中扮演重要的經濟再分配功能，所以在運作過程中，必然需要法律上的規範。目前由於各個國家對社會企業的定義並不一致，許多國家並沒有針對社會企業加以立法規範。因此，對於不同國家對社會企業的法律定位有加以瞭解之必要。

（一）對社會企業設定法律規範的國家

英國對社會企業採取比較清晰的法律界定，英國的社會企業是指「社區利益企業」（the community interest company），即企業活動的宗旨是為社區成員謀福利。英國對於此種類型的社會企業專門設立了「社區利益企業法規」（The Community Interest Company Regulations 2005、The Community Interest Company [Amendment] Regulations 2009），[8] 該法規的第二章採取「社區利益檢驗」（the community interest test and excluded companies）的方式，將有關政治活動的公司，例如政黨的公司，政治競選的公司和附屬於政黨或具有政治競選目的的公司，均排除在社區利益企業之外。此外，英國政府《2004年公司（審計、調查和社區企業）法令》（Companies [Audit, Investigations and Community Enterprise] Act 2004）已增設新的

---

[8] 參見英國國會網站：《社區利益企業法規，2005》，取自 http://www.legislation.gov.uk/uksi/2005/1788/contents/made，以及英國國會網站：《社區利益企業法規，2009 修正案》（有關本文引述之社區利益檢驗與企業排除一節），取自 http://www.legislation.gov.uk/ukdsi/2009/9780111481004/contents

公司類別，名為社會公益公司（community interest companies, CIC），為社會企業提供一個獨特及易於識別的法律身分。

（二）對社會企業依據慣例管理的國家

美國社會企業通常指商業化運作兼具社會目的的企業，例如社會目的企業（social purpose business）、社區型企業（community-based business）及社區福利企業（community wealth enterprises），這些類型的社會企業具有一個共同的特點：通過傳統的非營利組織進行運作，用獲得的商業利潤來彌補非營利組織的財政缺口，並形成許多網絡，以支援社會企業精神的實現（Dart, 2004; OECD, 1999: 40）。此外，參據美國「國內稅法」（Internal Revenue Code, IRC）中與商業無關之收入（unrelated business income, UBI）之規定，僅在例外條件下才同意賦予租稅減免地位，因此，美國的社會企業，原則上，並不享有租稅特權。

至於臺灣及香港目前尚未針對社會企業訂定法律加以規範，可以歸類為因襲公司、法人或非營利組織等相關法令規範之類型，惟依據香港扶貧委員會文件第 22/2005 號[9]顯示，香港政府正考慮就社會企業訂定相關法令加以規範管理。

三、社會企業的功能

Borzaga 與 Defourny（2001）認為歐洲社會企業具有 5 項貢獻，即福利系統的轉換（transformation of the welfare

---

[9] 香港扶貧委員會文件第 22/2005 號，參見香港扶貧委員會網站：《「從受助到自強」——社會企業的發展》，頁 5，取自 http://www.legco.gov.hk/yr04-05/chinese/hc/sub_com/hs51/papers/hs510125cb2-cop22-c.pdf。

systems)、創造就業機會（employment creation）、社會凝聚力與創造社會資本（social cohesion and creation of social capital）、地方發展（local development）及第三部門的動態性（dynamics of the third sector）（Borzaga & Defourny, 2001: 357-362）；而 Borzaga 與 Santuari（2003: 47-51）則只論述福利系統的轉換、創造就業機會及地區發展等 3 項貢獻。Shaw（2004）認為「社會企業精神」對於整個社會的福利改進具有重大的意義。鄭勝分（2005）根據以上幾位學者的論述加以彙整為 6 點，論者加以綜整摘述如下。

（一）福利系統的轉換

歐洲福利系統的政策執行在過去幾年遭遇了很大的困境。1970 年代，當歐洲部分國家出現財政危機的時候，政府逐漸採取公共服務外包的形式，以此來緩解政府的財政壓力，但是私有化造成的一個後果就是服務質量急劇下降。而這些負面的結果，起因於政府過度依賴市場機制及營利企業。在此情況下，社會企業可以透過許多方式改革歐洲的福利系統，達成再分配的功能（redistribution function），讓由市場所提供的資源與收入分配，能夠更加合理化，社會企業也可以透過免費的活動（例如捐贈及志願者）及較低成本的資源提供一些被公共政策所遺忘或者無法由政府所提供的服務與產品，社區則可從再分配過程中獲利，而社會企業可以在社區建立聲譽，並產生信任關係。

（二）創造就業機會

社會企業可以在既有的市場外創造額外的就業機會，此項功能在提供工作整合機制類型的社會企業之中最為明顯。近年

來，歐洲各國的高失業問題，使得勞動市場與生產市場產生巨變，尤其對於社區照顧服務的衝擊最大，由於就業問題無法僅由增加公共支出來解決，許多國家在就業率仍舊偏低的社區照顧服務領域開始引進社會企業。社會企業在此一領域的優點，主要體現在以下 4 個方面：1. 社會企業並非以利潤極大化為目標；2. 在擁有捐贈及志願者的前提下，社會企業可以在低利潤的情境，持續提供產品；3. 社會企業可以降低成本，尤其在剛成立的階段，而此項優勢也可以吸引許多有志於在非營利部門任職的員工及管理者；4. 對於社區的消費者而言，由於信任社會企業的供給，故可以大量降低消費者對於服務質量的監督成本，顯示社會企業可以生產更貼近社區使用者需求的產品。此外，如果得到政府全部或部分的資金補助，社會企業可以創造更多的工作機會，然而，政府補助並非社會企業的主要考慮，許多社會企業一開始並未得到政府任何補助，在許多時候，社會企業所從事工作被認為應是政府該做的事。

（三）社會凝聚力與創造社會資本

社會問題越來越複雜，造成社會疏離感的原因也越來越難以梳理，所以很難論證失業與貧窮或社會疏離間的相關性，也很難以金錢或標準化服務解決社會疏離感的問題；相反地，更迫切的需要在於，必須能夠真正瞭解社區內相對弱勢團體的需求。自 1980 年代以來，許多歐洲國家開始實行分權化政策，以降低社會經濟的問題，但此項政策並未獲得良好的效果，而社會企業的興起，則給與社區中正面臨危機的群體更廣泛的支持。在部分歐洲國家，社會企業成立的目的就是為了解決弱勢群體的就業問題和解決社區服務供給的問題。因此，在社會企

業的運作過程中,即會在某種程度上提升使用者的組織參與程度。總之,社會企業將有助於創造社會資本,透過鼓勵志願者及使用者的參與,擴大公民參與社區問題解決與信任,以利於社區成員建立團結與互助。

(四)地方發展

社會企業主要是地區型組織,雖然規模較小,但他們參與地方發展的程度卻很高,社會企業與地方社區常緊密連結共同運作,對社會企業而言,若具備發展與效能等能力,則有助於他們更加瞭解地方的需求,創造及開發社會資本,並且可以逐漸脫離原有的資源組合(包含政府補助、捐贈及志願者)。全球化與資訊科技的發展,讓製造業的生產越來越蓬勃發展,但同時也增加失業的可能性,也弱化了企業與地區的連結性,此種情境對於競爭力不高的地區而言,更造成失業率上升的惡行迴旋。對於這個問題,地方所提供的傳統誘因機制往往是無效的,而社會企業則可以使供需得到平衡,並創造更穩定的勞動市場,因此,社會企業對於地方發展的主要貢獻在於,可以創造新的就業機會;再者,如果社會企業跨足社會服務以外的領域,例如環保、文化服務、交通等,則可以讓社區的未來更有希望,許多歐洲國家開始從事「希望工程」,尤其是提供工作整合機制的社會企業活動更為積極。

(五)第三部門的動態性

社會企業與社會經濟、非營利部門及第三部門皆有所差異,事實上,社會企業是上述三種概念的一部分,社會企業與非營利部門及社會經濟(例如合作社)的主要差異在於:以創新行為建立新的組織類型、服務或需求陳述,社會企業更

有能力依賴複雜的資源組合，並且在創設階段，更願意投入具有風險的事務。再者，社會企業可以視為第三部門的一種突破，因為社會企業強調生產及非營利部門的「企業精神」（entrepreneurial），並且在福利服務中扮演經濟重分配的功能。社會企業無論在經濟或社會創新方面，既不排斥市場機制，也不拒絕公共資源的分配，相反地，社會企業兼具市場及政府法則，此特點讓社會企業有別於傳統的非營利部門，而更傾向成為政府與市場之外的「第三者」角色，它可以代表私人組織直接、主動地處理社區問題。

（六）「社會企業精神」的力量

除了 Borzaga 與 Defourny 所歸納的 5 項涉及經濟層面的貢獻之外，社會企業本身所塑造的一種社會文化也是社會企業在整個社會中的重要貢獻，而這種文化被詮釋為一種「社會企業精神」。在美國，由於非營利組織呈現出楷模效仿的趨勢，非營利組織的領導者被要求必須具備社會企業精神，以更有效地掌握市場規律與方法，所以非營利組織領導者必須轉型為社會企業家（social entrepreneur）（Eikenberry & Kluver, 2004: 135; Shaw, 2004）。社會企業精神是在對以經濟發展為核心的理念提出一種新的要求，它強調價值創造、創新與社會責任，對未來社會的永續發展具有非常重要的意義。

肆、美國、英國及香港特區政府發展社會企業的現況及政策經驗

本節旨在探討美國、英國及香港特區政府發展社會企業的現況及政策經驗之概況。

一、美國

在美國，社會企業的定義頗為寬鬆，通常包括所有非營利機構、公營機構及其他社會使命主導的機構。美國政府主要是設立管理架構，以利於非營利機構的發展，直接的支援則較少，但社會上龐大的支持則提供了不少支援。由於缺乏政府的直接支援，不少美國的非營利機構採取了商業營運模式，約65%的非營利機構已採用或有意願採用收費經營的模式。美國非營利機構的收入，主要是來自產品與服務的銷售收入、基金的募集，及社會企業資本家的資金等。美國非營利機構的商業運作亦較為專業化，部分會成立子公司獨立運作，或聘用顧問公司，甚至吸引到有豐富商業經驗的社會企業資本家的參與，以及獲得大學的支援等。約12%的非營利機構年淨收入來自收費服務，其中35%表示有盈餘，19%表示可達到收支平衡，35%表示仍需資助。

美國政府於1995年修訂「社區再投資法」（Community Reinvestment Act），其中563E社區再投資（community reinvestment）規定，涉及保證社區發展財務機構的貸款與投資被視為社區再投資。[10] 嗣於2003年推出相關稅務優惠計畫，為扶助弱勢社群的私企業提供稅務優惠。根據美國國稅局（Internal Revenue Service）資料顯示，2008年免稅類別組織（exempt entities）登記有案者計有1,500萬個，此外美國國家公益統計中心（National Center for Charitable Statistics, NCCS）

---

[10] 美國政府出版局網站：《社區再投資法，563E社區再投資（community reinvestment）規定》，取自 http://www.ecfr.gov/cgi-bin/retrieveECFR?gp=1&SID=b8e2e3df22fc56505cac23c67b45710b&ty=HTML&h=L&n=12y6.0.1.1.37&r=PART

資料亦顯示，2008 年非營利組織年收入達 2 兆美元，而非營利機構，雇用職工（受有報酬者）2005 年約 1,290 萬人，占全體勞動人口（9.7%），但自稱為社會企業者，則為數不多。根據社會企業聯盟[11]的統計，美國約有 5,000 家社會企業。鑑於非營利機構在社會及經濟上日益重要，與商業的相互關係亦逐漸緊密，因此，美國政府實施一系列措施，包括培訓社會企業家、提供獎學金及推動研究等，以協助非營利機構進一步發展。

在實務上，美國的社會企業主要係強調「社會企業精神」，社會企業精神主要體現為社會企業光譜中的組織在實踐社會企業精神時的活動。鄭勝分（2005）認為主要涉及兩個方面，包括：（一）非營利組織在財政日趨窘迫的情況下與企業聯合，各自發揮自身的優勢獲得政府的契約外包項目；以及（二）非營利組織自身參與企業創投活動。

二、英國

在英國，社會企業的先驅可追溯至 1840 年代，在羅奇代爾（Rochdale）地區（被喻為合作社運動的發源地）即有工人合作社的成立，向工廠工人提供價錢相對便宜的食物。自 1990 年代起，這類為達成社會目標而設的業務被歸類為「社會企業」。英國政府一直支持社會企業的發展，因為政府認為社會企業有助解決因失業、歧視、低技術、低收入、居住環境惡劣、高犯罪率、患病及家庭破裂等英國許多弱勢社區所面對的問題

---

[11] 社會企業聯盟是以美國為總部、北美地區的社會企業組織，成員包括美國及加拿大的社會企業。該聯盟透過網絡，聯絡社會企業家、社會企業管理層及工作人員，提供培訓、技術支援等，促進社會企業的發展。美國不少著名大學如哈佛大學均有提供社會企業管理課程及學位課程，培育社會企業家及推廣社會企業精神。

而引致的社會孤立,並推動建立一個強大、永續及社會融和的經濟體系(Department of Trade and Industry, 2002: 23)。

2001 年英國貿易及工業部(Department of Trade and Industry)成立社會企業組(social enterprise unit),負責協調社會企業領域參與者與政府官員,以探求社會企業所面對的主要問題,並建議如何改善有利於社會企業建立和永續經營的環境。2002 年,在社會企業領域參與下,政府推行為期 3 年的社會企業策略,以推廣社會企業。英國政府自 2002 年起推行社會企業策略(Department of Trade and Industry, 2002),以解決社會企業所面對的問題。該策略旨在達成以下 3 項成果:(一)為社會企業營造有利的環境;例如:成立跨部門人員小組,負責監察社會企業策略的推行;為社會企業訂立特定管理架構,以及鼓勵社會企業參與提供公共服務等。(二)使社會企業成為更有作為的商業運作;英國政府為與志願及社區團體界別建立更好的工作關係於 1988 年簽訂《政府與志願及社區團體界別關係協定》及 2000 年的《撥款與採購實務守則》。政府並推動發展多項融資方式,特別是社區發展財務機構,為社會企業提供資金。(三)建立社會企業的價值。政府藉發展社會企業資料庫和提高公眾對社會企業的認識,以建立社會企業的價值。2005 年,政府委託顧問開展社會企業狀況調查,以勾劃英國社會企業的概況(GEM UK, 2006)。此外,為提高公眾對社會企業的認識,政府支持成立企業解決方案獎,以提升成功社會企業的地位。相關策略並臚列於「社會企業:成功策略」(Social Enterprise: A Strategy for Success)的政府文件中(Department of Trade and Industry, 2002)。

自 2006 年 5 月內閣改組後，社會企業組改為隸屬內閣辦事處[12]（Cabinet Office）於下設第三部門辦公室，該辦事處是負責制訂政府的社會企業政策。社會企業組的職權包括：（一）協調和統籌各項影響社會企業的決策；（二）推動和倡導社會企業的發展；（三）採取行動以消除社會企業發展的障礙；（四）尋求並提倡相關的優良運作模式。繼 2005 年檢討社會企業策略後，英國政府在 2006 年 11 月發表《社會企業行動計畫：勇攀高峰》（*Social Enterprise Action Plan: Scaling New Heights*）（HM Government, 2006）。該行動計畫闡明政府不創造社會企業，但可與社會企業和代表社會企業的團體合作，創造使社會企業蓬勃發展的條件，並解決市場失靈問題。具體而言，該行動計畫在以下 4 方面加強社會企業發展之政策方向：（一）培育社會企業文化；（二）改善社會企業從市場和政府計畫獲得的支援；（三）使社會企業順利取得適當融資；（四）促進社會企業與政府合作。

　　從英國內閣辦事處所出版的公共機構 2012 報告書所示，為配合公共機構改革方案，該國政府於 2009 年將掌理社會企業之第三部門辦公室予以裁撤，[13] 相關權責回歸非營利組織主管機關慈善委員會辦理，目前英國政府將社會企業設立的態樣區分為：（一）有限責任公司（limited company）；（二）慈善機構（charitable incorporated organization, CIO；是 2013 起新法律型態的慈善事業）；（三）合產（co-operative）；（四）工

---

[12] 內閣辦事處位於英國政府的權力核心，負責支援首相和內閣及加強公務員服務，其下設第三部門辦公室綜理社會企業相關業務。
[13] 參見 http://resources.civilservice.gov.uk/wp-content/uploads/2011/09/PB12.pdf

商業會社（industrial and provident society）及（五）社區利益公司（CIC）。[14]

在英國的實務上，英國大部分的社會企業係由社會企業聯合會[15]（social enterprise UK）代表。該聯合會代表超過240個擁有社會企業所屬會員的全國性組織和全國的社會企業網絡，以及逾萬間在英國跨區域運作的社會企業。該聯盟提供全國性的平台，讓社會企業表達需要，並與政府商討社會企業的相關事宜。同時，該聯盟亦透過媒體、競賽和重要事件論壇（events）等方式加強公眾和商業界對社會企業的認識。目前英國有著名之社會企業包括：Social Enterprise London、Bonny Downs Community Association[16] 及 CO3[17] 等。此外，社會企業學校（school for social entrepreneurs）自1997年創校以來，現已擴展至全英國，以傳授經營社會企業的經驗。

---

[14] 參見 https://www.gov.uk/set-up-a-social-enterprise

[15] 社會企業聯合會，係一全國性組織，其願景為發展成功的業務模式及能廣為人知並接受的社會企業，並履行社會目的。其使命為促進社會企業進步發展，並替社會企業向政府發聲。取自 http://www.socialenterprise.org.uk/pages/campaigns.html

[16] Bonny Downs Community Association 邦尼唐斯社區協會，係邦尼唐斯教會的成員，為了回應並滿足社區的需要而創立於1998年。其目標在於：(1) 創設及支持一般有關促進福利與健康生活之活動與事件。(2) 提供建議和諮商服務。(3) 創設及支持改善年長者及其照護者的健康與福利供給等相關活動與事件。(4) 透過廣泛的教育、訓練和志工經驗，以提高期望、能力和信心的水平。(5) 支持提升兒童、青年、家庭福利與發展的活動與事件。相關資料詳見邦尼唐斯社區協會網站，取自 http://www.bonnydowns.org/

[17] CO3 是設立於英國倫敦的一個社會企業，其宗旨在於提供董（理）事會層次的策略諮詢、發展政策、技術報告支援，以及利害關係人溝通之建議等，並聚焦於 (1) 倡議企業社會責任（CSR）的重要性。(2) 強化公司治理的實踐。(3) 企業成果的報告與溝通。其服務的對象從跨國企業到小公司，以及非營利組織等，主要提供有關公共關係與溝通的專業服務。相關資料詳見 CO3 網站，取自 http://www.co3.coop/

三、香港特區政府

香港因認同社會企業對社會的貢獻,極力推動社會企業的發展,故以社會企業作為政策研議當局,以及相關部門之重要工作項目,例如:2005 年初至 2007 年中之扶貧委員會(commission on poverty)、衛生福利及食物局、民政事務局、經濟發展及勞工局、教育統籌局、社會福利署和民政事務總署等。

香港特區政府自 2000 年開始陸續設立相關基金及實施支援措施,以及舉辦相關學術研討會等,藉此協助及加強社會企業的發展。在稅務優惠方面,香港公共性質的慈善機構或信託團體經營任何行業或業務,若從該行業或業務所得利潤只作慈善用途,以及所得利潤大部分不是在香港以外地方使用,即可豁免繳付所得稅。[18] 在支援社會企業經營方面,香港特區政府除與相關機構聯合舉辦營運社會企業之培訓課程,並透過多項計畫,向社會企業提供資助或融資渠道;為社會企業家及準企業家提供營運訓練,例如香港社會服務聯會舉辦的社會企業經營證書課程,以及香港中文大學為大學生舉辦的社會企業業務計畫比賽等;此外並將現行提供中小企業之支援項目,擴展至社會企業,以支援社會企業的發展。同時,香港特區政府現正考慮有何種措施以利於聘用健全失業人士的社會企業參與公共採購;審視是否需要改善現行的法令及管理架構,例如修訂《合作社條例》及建立一種新的公司模式,以照顧社會企業的特別

---

[18] 具體稅務優惠規定,請參見香港特別行政區政府稅務局(2013)。〈慈善捐款及獲豁免繳稅的慈善團體〉。取自 http://www.ird.gov.hk/chi/tax/ach.htm

需要；確立社會企業的價值並爭取公眾對社會企業的接納與認同等。

此外，香港社會服務聯會於 2006 年 2 月成立社會企業資源中心，向社會企業及有意願成立社會企業的人士提供連貫式的服務，包括培訓、經營社會企業等顧問服務，成為社會企業經驗交流，以及向社會大眾推廣社會企業價值的平台。

伍、美國、英國及香港特區政府社會企業的發展經驗之研究發現及對臺灣之政策啟示

一、美國、英國及香港特區政府社會企業的發展經驗之研究發現

（一）從歐（英國及香港特區政府）、美社會企業發展現況來看，社會企業在型態上所呈現非營利組織師法企業，以及企業師法非營利組織等兩種發展趨勢。

（二）歐（英國及香港特區政府）、美各國社會企業的組織類型與法律地位差異性甚大，社會企業內涵仍相當模糊，缺乏一致性概念。

（三）有關英國及香港特區政府強調社會企業可以挹注非營利組織財源，解決高失業等社會問題，但對於社會企業所採取的商業行為，如使命偏移、課責等「合法性困境」之挑戰，均未加以關注。

（四）英國及香港特區政府均設有專責單位負責推動社會企業展策略，並認為發展社會企業有助於促進就業及消除貧

窮和社會排斥。美國則採較為寬鬆的態度，仍依循原有非營利組織規範管理架構及慣例法，惟美國社會及學界則提供了大量的支援。

（五）社會企業可用以回應當代的社會危機，從英國及香港特區政府社會企業的政策目標來看，均有促進就業、滅貧的政策功能。因此，英國及香港特區政府實務上亦均訂有促進社會企業的政策和措施。

（六）從英國及香港特區政府社會企業發展的經驗來看，非營利組織之成分較少，較偏重社會經濟功能的達成；與美國偏向非營利組織，強調社會企業家精神之途徑不同。

（七）無論從美國、英國及香港特區政府社會企業發展的經驗來看，均有利於社會資本之累積與公民社會之發展。

二、對臺灣的政策啟示

本節旨在說明臺灣社會企業的發展現況，並期藉由美國、英國及香港特區政府社會企業的發展經驗，探討相關通則性的政策建議，以及政府政策應如何具體實踐。

（一）臺灣社會企業發展現況

根據筆者對臺灣社會企業的觀察，非營利組織商業化與企業社會責任個案，已相當豐富，臺灣非營利組織社會商業化的案例，如：喜憨兒基金會、育成基金會、陽光基金會、心路基金會、伊甸基金會等（Pelchat, 2005）；企業社會責任之例，則有：台積電、台達電、合勤科技、裕隆汽車、信義房屋、臺灣

花旗等。[19] 至於創立初始即以社會企業型態成立者，主要以若水國際股份有限公司、光原社會企業等為代表，因目前尚屬初步發展階段，爰有再加以進一步說明之必要。茲分述如下：

1. 若水國際股份有限公司成立於 2007 年 6 月，是臺灣第一個直接以社會企業型態所成立之公司，該公司是由趨勢科技創辦人張明正和作家王文華所共同創辦的「社會企業創投公司」，其投資社會企業，也贊助創新的公益計畫。為了鼓勵志工風潮，該公司亦著手建置「公益平台」，媒合非營利組織和志工，希望結合企業和大眾之力，協助社會福利團體。若水國際的願景（vision）是：「動員有創新精神的人才，在亞洲創造社會公益」（Mobilize innovators to make social impacts for Asia）。希望在亞洲各國創造「社會企業」產業，進一步激發政府、營利企業、非營利組織、社會企業和個人，發揮並交流為善的資源（包括金錢與能力），然後藉由這些資源的整合，消弭各國社會在教育、就業、財富、醫療等各方面機會不平等的現象。因此，其具體使命（mission）為在亞洲各國：(1) 創辦、經營社會企業，建立成功的實例。(2) 投資社會企業的創業計畫。(3) 建構政府、營利企業、非營利組織、社會企業和個人之間交流慈善資源的實體及虛擬平台。至於該公司之營運模式則恪守社會企業運作之規則，在商業規則、市場機制下做公益，其營收來源則有自營的社會企業的獲利，以及投資的社會企業的獲利，且不分配盈餘給股東。

---

[19] 前述臺灣企業社會責任之案例，請參見臺灣企業社會責任協會網站主頁，案例列表項下，取自 http://csr.moea.gov.tw/cases/cases.aspx

其與一般公司不同之處在於：在提供產品、雇用員工、或顧客服務的過程中，即解決了社會問題，創造了社會公益。[20]

2. 光原社會企業則是臺灣第一個以「社會企業」為名的公司，成立於 2008 年 9 月，該公司是由輔仁大學為原住民服務的「曙光計畫」團隊和一群願意為環境生態盡一分心力的原住民，所推動創立的社會企業。該公司希望透過建立部落小農計畫生產價值網絡，從肥料製作到生產完全有機操作，不但可以創造原住民部落在地的就業機會，以脫離貧窮，並吸引年輕原住民回流，俾利文化傳承，同時也能夠提供消費大眾平價且健康的有機蔬菜，該企業並與瑪納有機文化生活促進會合作，對於 2009 年 8 月莫拉克風災對阿里山地區受災之樂野、達邦、特富野、新美、山美、來吉及里佳等原住民部落，持續投入災後農業重建工作，並希冀藉由其運作推廣，能為臺灣的社會企業走出一條康莊大道。

綜上，臺灣於非營利組織商業化、企業社會責任個案，及創立初始即以社會企業型態成立者三種路徑發展，均有適例，也顯示臺灣公民社會之活力。

（二）通則性的政策建議

1. 提升對社會企業的基本認知與其重要性的討論

社會企業的研究已成為當代歐美學術與實務領域的標竿，其研究主題和範疇更是涵蓋社會問題的各個層面。當全球面臨

---

[20] 若水國際股份有限公司網址，請參見 http://www.flow.org.tw/

政府失靈、市場失靈及志願失靈的狀況，歐美學界試圖以社會企業矯正三者之失的同時，於全球化系絡下的臺灣，除學術界的努力外，政府實有必要帶動全民對社會企業擴大認知的議題。

2. 鼓勵學術界進行更多的社會企業基礎研究與本土調查

在社會企業發展的歷史脈絡中，知識份子一直扮演著關心社會發展的建言者，無論是當代研究落後國家貧窮問題的國際組織的研究人員、投入非營利組織運動不遺餘力的社會工作者，抑或企業中反思其社會責任者，均致力於對社會企業的研究，參照臺灣內外社會企業研究文獻的質與量，顯然臺灣對相關研究的投入仍有再向上提升的空間，相較於國外不僅國際組織投入大筆資源進行相關主題之研究，英、美及香港等國（地區）更是以政府力量支持相關政策實務與學術研究，因此，為了快速提升臺灣相關研究與本土實証調查之品質，謹提供以下可行之建議：

(1) 翻譯或編著社會企業基礎研究的相關著作，奠定研究根基，俾提高社會大眾對社會企業得支持與認識。

(2) 召開各種相關議題的座談會或研討會在學術界帶動研究之風氣。

(3) 鼓勵學術界投入社會企業的基礎研究或本土調查。

(4) 獎助或提供相關研究計畫，鼓勵學界進行社會企業實證資料統計及蒐集，以建構臺灣社會企業測量與發展指標。

(5) 參與國際性相關研究組織或團體，並以本土研究調查與世界

接軌，俾期藉由社會企業解決全球金融風暴下所產生如失業等社會排除問題，提升國家競爭力。

3. 重建公民權利義務關係營造公民社會，以作為有利社會企業發展之環境

　　社會企業的發展與公民社會建構的成熟度息息相關，因此，如何重建具有權利義務對等的「公民意識」之個體，使其在自利與利他的均衡行動中，自然產生社會成員的良性互動與互惠行為，使整體國家之社會資本得以產生與積累，公民社會的呈現更加成熟，繼而創造有利社會企業發展的環境，提供各項參考建議如下：

(1) 宣導「公民意識」理念，形塑當代的新的公民精神。

(2) 從學校教育、社會教育等面向，積極鼓勵自願性社會工作的參與。

(3) 研擬或修訂相關法制規範，建立有利於社會企業運作、成長的社會條件，俾利社會企業良性成長。

(4) 倡導社會企業理念，融入商業活動基本精神。

(5) 鼓勵與國際接軌，串連全球性第三部門與社會企業之聯繫網絡。

4. 政府政策宜考量社會企業的功能，以建立民主治理的典範

　　近年來，社會企業的研究或實務的推動，在歐美分別自不同的議題、層次作多元性的探索。事實上社會企業對貧窮問題、民主問題和社會問題的解決均有重大的助益；事實上，許多國家都在研究以社會企業作為解決全球化下各類新貧問題、社會排除、社會孤立與永續發展問題的重要政策領域，包括英、美

及鄰近的香港特區政府,均投入許多的學術資源進行社會企業的相關研究,並逐漸朝向將社會企業之理念,落實為政策之實際作為而努力。因此,政府於社會企業創造與發展,必須扮演關鍵火車頭角色,以下謹提供建議如下:

(1) 建立社會企業的社會論述,倡導與發展社會企業的理念。

(2) 政府宜有系統地投入進行社會企業實證資料統計及蒐集,以建構臺灣社會企業測量與發展指標。

(3) 政府宜研議相關法制規範,提供租稅、融資及參與公共採購等優惠,以利社會企業之良性成長。

(4) 政府當局宜瞭解社會企業的重要性,並作為施政方向的依據。

(5) 政府宜提供補助,鼓勵企業吸納弱勢勞工與失業人士,尤其應向聘用長期失業人士、單親人士、殘疾人士等弱勢社群之社會企業提供特別資助。

(6) 政府首長宜掌握社會企業精神,降低施政阻力促進社會融合。

(三)具體的政策實踐

1. 國家發展委員會可研議成立「制訂社會企業發展策略」的政策研究小組,以研擬相關政策研究與實務議題。

2. 主計總處、科技部或內政部可成立「社會企業調查資料庫」,進行社會企業實證資料統計及蒐集,以建構臺灣社會企業測量與發展指標。

3. 財政部或經濟部可協助社會企業融資及提供更多資助,以利社會企業之發展。

4. 勞動部可研議提供補助,鼓勵企業吸納弱勢勞工與失業人士,尤其應向聘用長期失業人士、單親人士、殘疾人士等弱勢社群的社會企業提供特別資助。

5. 內政部、法務部、經濟部應針對社團法人、公益財團法人及公司(特別財團法人)朝向社會企業發展的現況,研議相關法制規範,以利社會企業之良性成長。

6. 公共工程委員會應研議優待社會企業參與公共採購,以培育更多社會企業。

7. 科技部、教育部可針對社會企業的研究方向,鼓勵學者參與本土性的社會企業基礎與實證研究。

8. 財政部可研議提供租稅優惠,鼓勵企業與個人向社會企業提供資金或捐獻。

9. 勞動部、內政部、經濟部及教育部等部會可研議成立社會企業培育與營運中心,提供相關諮詢顧問服務。

10. 政府透過捐資或補助方式成立社會企業協會,以推動社會企業之間、社會企業與傳統企業之間的聯繫協調,並加強與政府的溝通。

11. 於教育部成立社會企業編譯及推動小組,有計畫翻譯及出版社會企業相關著作,提高社會大眾對社會企業的認識與支持。

12. 經濟部、教育部或外交部可與臺灣內外學術團體合作，研究如何藉由社會企業解決全球金融風暴下所產生如失業等社會排除問題，提升國家競爭力。

陸、結論

　　海峽兩岸自 1949 年以來，政治、經濟、社會及文化關係的發展可謂蜿蜒曲折，多有從各自不同的視框、價值或典範概念等加以詮釋，實則因基本立場、出發點與希望達成目標互異，而多流於各自表述。雖然中國大陸現今的經濟發展突飛猛進，但其社會的發展仍處於強勢政府和弱勢公民社會的結構，緣此，本文試圖擺脫既有窠臼之枷鎖，以人性中最珍貴的慈善、互助及公益行為等利他情操，由全球化下滅貧問題的關懷為初衷，創新的社會企業理論架構為基礎，希望經由本研究對於美國、英國及香港特區政府相關學術、實務之發展經驗及對臺灣的政策啟發，能作為中國大陸發展社會企業之參據，如此當可為兩岸三地創造共榮的願景，一同為實現永續發展等普世價值來共同努力，俾達到兩岸三地中華民族互利三贏的目標。

參考書目

江明修、鄭勝分（2002）。〈非營利管理之發展趨勢〉，江明修（編），《非營利管理》，頁 475-496。臺北，臺灣：智勝文化。

陳金貴(2002)。〈非營利組織社會企業化經營探討〉,《新世紀智庫論壇》,19:39-51。

鄭勝分(2005)。《歐美社會企業發展及其在臺灣應用之研究》。國立政治大學公共行政學系博士論文。

Borzaga, C., & Defourny, J. (2001). Conclusions: Social enterprises in Europe: A diversity of initiatives and prospects. In C. Borzaga & J. Defourny (Eds.), *The emergence of social enterprise* (pp. 350-369). London, UK: Routledge.

Borzaga, C., & Santuari, A. (2003). New trends in the non-profit in Europe: The emergence of social entrepreneurship. In OECD (Ed.), *The non-profit sector in a changing economy* (pp. 31-59). Paris, FR: OECD.

CIRIEC-ESPAÑA. (2002). *Summary of the report on the social economy in Spain in the year 2000*. Retrieved from http://www.ciriec.es/ES_2000_eng.pdf

Community Interest Company. (2006). *Social enterprise London: An outstanding development organization that supports the social enterprise community in London*. Retrieved from http://www.cicregulator.gov.uk/cicregulator/case-studies/social-enterprise-london

Dart, R. (2004). Being business-like in a nonprofit organization: A grounded and inductive typology. *Nonprofit and Voluntary Quarterly, 33*, 290-310.

Dees, J. G. (1996). *Social enterprise spectrum: Philanthropy to commerce.* Case no. 9-396-343. Boston, MA: Harvard Business School Press.

Department of Trade and Industry. (2002). *Social enterprise: A strategy for success.* Retrieved from http://www.uk.coop/sites/storage/public/downloads/se_strategy_2002.pdf

Eikenberry, A. M., & Kluver, J. D. (2004). The marketization of the nonprofit sector: Civil society at risk? *Public Administration Review, 64,* 132-140.

Emerson, J., & Twersky, F. (1996). *New social entrepreneurs: The success, challenge and lessons of non-profit enterprise creation.* San Francisco, CA: The Roberts Foundation.

GEM UK. (2006). *Social entrepreneurship monitor.* Retrieved from http://socialinnovationexchange.org/sites/default/files/event/attachments/Gem_Soc_Ent_web.pdf

HM Government. (2006). *Social enterprise action plan scaling new heights.* Retrieved from http://www.uk.coop/sites/storage/public/downloads/se_action_plan_2006_0.pdf

Keohane, R. O., & Nye, J. S., Jr. (2000). Introduction. In J. S. Nye, Jr. & J. D. Donahue (Eds.), *Governance in a globalizing world* (pp. 1-44). Washington, DC: Brookings.

McCully, G. (2000). Is this a paradigm shift? *Foundation News and Commentary*, *March/April*, 20-22.

Nyssens, M., Adam, S., & Johnson, T. (2006). *Social enterprise: At the crossroads of market, public policies and civil society*. New York, NY: Routledge.

OECD. (1999). *Social enterprises*. Paris, FR: OECD.

Pelchat, M. C. (2005, November). *Social entrepreneurship in Taiwan: Possibilities and challenges for empowerment*. Paper presented at the Fourth ISTR Asia and Pacific Conference, Himalaya Foundation, Taipei, Taiwan.

Salamon, L. M. (1995). *Partners in public service: Government-nonprofit relations in the modern welfare state*. Baltimore, MD: Johns Hopkins University Press.

Shaw, E. (2004). Marketing in the social enterprise context: Is it entrepreneurial? *Qualitative Market Research: An International Journal*, *7*, 194-205.

Young, D. R. (2001). Organizational identity in nonprofit organizations: Strategic and structural implications. *Nonprofit Management and Leadership*, *12*, 139-157.

The Development and Policy Recommendations of Social-Enterprises: A Comparative Perspective

Yen-Ju Lee

Ph.D. Candidate, Department of Political Science, National Taiwan University
Adjunct Instructor, Department of Public Administration, National Open University

Abstract

In order to solve the public issues, including unemployment, elimination of education opportunity, the single-parent family, no innate housing, and the increase of mental illness, this article discusses the developmental experience of social-enterprise and then suggests some policy recommendations, based on the theorems and contents of social enterprise as well as the related policy of USA, UK and HK.

Keywords: social enterprise, globalization, policy recommendation

社會企業組織在臺灣的發展 *

官有垣
國立中正大學社會福利學系教授

摘要

本文論述的主題是「社會企業組織在臺灣的發展」，橫跨的時間範圍是從 1980 年代末期迄今約莫 20 年，這段時間是臺灣社會變動最迅速的時期，各式各樣的志願性非營利組織是在這種環境之下日趨增多與成長。臺灣的 Nonprofit Organization（NPO）中有著相當數量的組織在實踐其社會公益目標之際，也不斷朝向市場化與產業化的方向發展，因此所謂的「社會企業」（social enterprises），在臺灣不但在概念上有可對應之處，在實體的操作面上也有具體的物像存在。

本論文分為 3 部分，首先對於臺灣社會企業的發展做出綜覽，這部分，作者討論的是：社會企業在臺灣究竟指涉為何與如何定義、臺灣 NPO 部門在近 20 年來的發展，以及說明 NPO 社會企業在臺灣興起的

---

* 原文刊載於《中國非營利評論》第 1 卷 2007 年 12 月並經刪減與修訂部分內容後，收錄於官有垣、陳錦棠、陸宛蘋、王仕圖（2012）（編著），《社會企業：臺灣與香港的比較》，頁 61-94。臺北，臺灣：巨流。

主要因素。第二部分,作者認為臺灣的社會企業大致上可分為 5 種類型,分別就各類型社會企業的特徵、作用,以及組織實例加以說明。第三部分是本文的焦點,即政府在社會企業的發展上扮演了哪些角色,產生了哪些功能。最後,本文的結論強調,NPO 要經營社會企業,不只是在經費上能夠獲得外界的奧援,其實相關的知識技術之引進、專業人力的維繫與產品品質的堅持,以及管理能力的養成,皆是社會企業成功的重要因素。

關鍵詞:社會企業、非營利部門、積極性就業促進的社會事業、工作整合

壹、前言

本文論述的主題是「臺灣社會企業的發展」,橫跨的時間範圍是從 1980 年代末期迄今約莫 20 年,這段時間是臺灣社會變動最迅速的時期,無論是政治、經濟、人口結構、社會需求都面臨快速的轉變。各式各樣的志願性非營利組織是在這種環境之下日趨增多與成長,由於組織間資源的競逐日趨明顯,以及政府為解決嚴重的失業問題及其他紛雜的社會問題而亟欲將 NPO 納入為協助者所產生的各式政策誘導,因而近 10 年來,臺灣的 NPO 中有著相當數量的組織在實踐其社會公益目標之際,也不斷地朝著市場化與產業化的方向發展,因此所謂的「社會企業」(social enterprises),在臺灣不但在概念上有可對應之處,在實體的操作面上也有具體的物像存在。

本文論述的視角兼顧了「巨觀」（macro）與「微觀」（micro），大量的書籍期刊文獻、政府的研究報告，以及 NPO 主管的深度訪談等資料是本文分析引用的依據。全文分為 3 部分，首先對於臺灣社會企業的發展做出綜覽，這部分，作者討論的是：社會企業在臺灣究竟指涉為何與如何定義、臺灣 NPO 部門在近 20 年來的發展，以及說明 NPO 社會企業在臺灣興起的 5 項主要因素。第二部分，作者認為臺灣的社會企業大致上可分為 5 種類型，分別就各類型社會企業的特徵、作用及組織實例加以說明。第三部分是本文的焦點，即政府在社會企業的發展上扮演了哪些角色，產生了哪些功能。作者強調在臺灣，政府對 NPO 社會企業既帶來了「助力」（advantages）：一、人力的支援；二、物品與服務銷售的協助；三、政府給予 NPO 承租土地與建物的特許權；四、政治人物帶頭促銷社會企業產品；也伴隨了一些「阻力」（disadvantages）：一、經費的依賴；二、NPO 需給付相關費用給政府而形成負擔；三、政府法令對於社會企業的庇護工場定位並不清楚。

　　以目前臺灣的現況觀之，政府的政策誘導力量給予 NPO 社會企業的影響，似乎應該是助力多於阻力。作者之所以特別關注政府在 NPO 社會企業發展上的角色，因為觀察到華人社會裡，香港特區政府近年來對於社會企業是否能在舒緩貧窮問題上起到一定的作用，十分關切，在政策與方案層面也有一些具體的作為。因此，本文對於臺灣社會企業發展之論述，其中特別突顯政府的角色與功能，目的是希望拋磚引玉，引發與會學者專家對於在華人社會中，不同地區的社會企業與政府的互動關係究竟有何相似與差異之處有更多的比較與對話。

貳、臺灣社會企業發展的綜覽

一、社會企業的界定

社會企業的定義至今並沒有一個定論，不論是在歐洲或美洲，社會企業以許多不同的組織形式存在著，譬如非營利組織（NPO）主動採取商業手段以獲取所需資源、或者在政府的政策鼓勵下，NPO 以達成社會使命為目標而採用商業策略來獲得資源；也有營利的企業組織在「企業社會責任」（corporate social responsibility）的驅使下，從事實踐社會目的之事業（Johnson, 2000: 5）。若從 NPO 的組織角度界定社會企業，則「社會企業」基本上是指一個私人性質非以營利為目的之組織致力於提供「社會財」（social goods），除了有 NPO 的傳統經費（如捐款與志願服務的參與）來源外，其還有相當部分包括商業的營利收入（從政府部門撥款者與私人營利部門的消費者獲得經費），以及商業上的活動。（Borzaga & Solari, 2004; Kingma, 1997）總之，Dees（1998）強調社會企業組織是變遷的代理人，其運作模式具有提高財務的穩定性、提高服務品質、提供工作機會給弱勢族群，以及促進組織的專業化等優點。

臺灣從 1990 年代初期即已開始出現一些採行商業手段或創設事業單位經營的 NPO，如喜憨兒社會福利基金會的烘焙坊與餐廳、財團法人伊甸社會福利基金會[1]的輪椅事業、陽光社會福利基金會的洗車中心與加油站、或荒野保護協會的販售保護荒地書籍、卡片，以及付費的生態之旅……等諸多實例。另外，從 1990 年末迄今，政府部門為舒緩失業率帶給社會的衝擊，因

---

[1] 請參見財團法人伊甸社會福利基金會網站，網址 http://www.eden.org.tw/

而陸續推出「福利產業化」政策、勞委會的「多元就業服務方案」與經建會、衛生署與社政單位推動的「照顧服務產業」等，許多NPOs開始在例行性營運計畫加入營利的商業行為，基本上即類似歐陸國家推動的「社會經濟」（social economy）或「社會企業」的類似作法。因此，以下將對臺灣近20年來，非營利部門（nonprofit sector）或第三部門（third sector）的發展過程作一簡要的敘述。

二、臺灣非營利部門近 20 年來的發展

臺灣由公益團體發起的慈善活動最早可追塑自十九世紀初期，但如西方社會所定義的第三部門及非營利組織型態的發展，其歷史仍相當短暫。若我們將1987年戒嚴法的解除，尤其是對人民集會結社限制的解除，視為臺灣非營利組織發展的重大轉捩點，那麼，它的蓬勃發展至今不過將近20年的光景。然而，這20年中，整個非營利部門不僅在數量和組織規模上大幅成長，也啟動了更多的社會公益資源，提升社會整體對社會議題的認知與關注，建立起為民眾發聲的管道，更致力協助與提供服務給許多弱勢團體。

在臺灣社會裡，所指稱的非營利組織可概分為兩大類，一者為以會員為基礎的協會或社團組織（associations），另一則是以基金組合，以此基金財富運用於公益慈善事業的基金會（foundations）；以法律定位而言，前者係稱為「社團法人」，後者則是「財團法人」。因此，所謂臺灣的非營利組織是指，依民法、人民團體法、各種特別法規及相關宗教法規所設立的「非營利性社團法人」、「一般性財團法人基金會」、「依各

種特別法規所設立的財團法人」（但不包括政府捐資成立的財團法人）、「宗教社團法人」、「宗教財團法人」，且向法院辦理登記完成，享有稅法上優惠的組織稱之，另外也包括依據「寺廟監督條例」規定登記為寺廟者（官有垣，2000）。

由於臺灣社會發展的特殊歷史背景，即長時期的戒嚴與相關管制政策的箝制，使得民間社會的結社活力受到抑制。此一現象直到1987年政府宣布解除戒嚴令後，自此民間團體在數量上的成長才有大幅的增加。根據臺灣內政部統計處截至2005年6月底的人民團體統計資料顯示，經各級政府核准立案之人民團體總數計34,832個。其中，社會團體於1996年底至2005年6月期間，團體數目從11,788個增加至25,136個，成長幅度達113%，顯示出近10年來，臺灣民間社會團體的自由結社風氣蓬勃展現（內政部統計處，2005）。且社會團體的發展呈現多元樣貌，其中，社會服務及慈善團體的成長極為顯著，說明了臺灣政府在90年代無論是在社會福利的經費編列、方案數量的擴充，以及社福相關法令的制定與修訂，都有實質的成長，且在臺灣民眾的社會福利需求亦跟著增加下，一種以人民自我意識而發起組織「非營利性質」的團體來因應社會的實際需要，並且與政府福利機構合作一起遞送福利服務等的現象已愈來愈普遍。此外，其他像體育團體、學術文化團體、經濟業務團體、大陸事務團體等組織的成長，也顯示了臺灣社會團體的多元性樣貌的發展（官有垣，2000）。

然而，根據官有垣、杜承嶸（2005年10月）的研究發現，儘管臺灣近10年來有諸多型態的民間社會團體紛紛成立，但在個人與團體會員的匯聚與招募上，似乎無法與新成立的團體速度並駕齊驅。從經費收入與支出規模來看，臺灣民間社會團體

的運作基本上是小本經營，大的組織當然也存在，但占整體團體數目的比例仍小。以行政管理資源而論，首先在經費的來源方面，社會團體主要依靠會費收入與捐款收入，其次是政府資助與活動收入；其次，在機構的專、兼職人力的配置上，專職基本上以 3 人以下居多，而兼職人力也是以 5 人以下居多，顯示出社會團體在聘僱專兼職人員上是相當精簡的。至於聘有專任人員者，通常是專業化程度比較高或是有常態性提供產品與服務的組織，由於有實際的會務活動，並可因此為機構帶來收入，因此可以有財源聘請專職人員。

除了社會團體蓬勃創生之外，另一種形式的非營利組織——財團法人基金會，發展也極為迅速與蓬勃。根據蕭新煌等人（2002）的《二〇〇一年臺灣的基金會調查研究計畫成果報告》資料，扣除財團法人醫療院所、私立學校的家數，在 2001 年，全臺灣約有 3,000 家基金會。這些基金會多數屬文化教育類，次之為社會福利類。文教基金會數量最為龐大的原因，可能是「文化教育」的定義和業務範圍極為廣泛，具有彈性，任何社會上的事務都可以與「文教」扯上關聯。文教的公益範圍極具彈性，再者現行法令並沒有規定文教基金會不得從事社福慈善工作。早期臺灣的基金會所關注的議題多半集中在慈善、獎助學金的頒發，目前基金會的服務型態則是多元的，如專業社會服務、消費者保護、生態保護、文化資產的保護，以及社會運動及政策倡導等（蕭新煌，2003：16）。

就基金會的運作性質而言，在臺灣有相當數量的基金會是屬於「運作型」的基金會，而非全然是「贊助型」或「捐贈型」的基金會，因而運作型的基金會與公益社團的區別只是在法律

上的規範不同而已,在組織的實際運作上並無太大的區別。在基金會的經費收入方面,以社會福利慈善基金會為例,其 2004 年的經費收入來源中,「捐助收入」排名第一,「政府補助」其次,「業務收入」占第三,顯示這類基金會的運作幾乎已不靠孳息收入來運作,而必須積極向外籌款,此包括大眾捐款、政府的補助款與方案委託款,以及服務與產品販售的業務收入。這種現象顯示基金會的自主性會因為逐漸向公部門靠攏而降低,此外基金會運作與產出的「營利化」(commercialization)也日趨明顯(官有垣,2005 年 10 月)。

由以上的分析,可歸納出臺灣非營利部門近 20 年來的發展有如下幾點特徵:

第一、NPO 的數量成長迅速,政府在民間組織申請立案的法令鬆綁,社會力勃興,民眾自主、志願成立 NPO 的情形湧現。

第二、雖然 NPO 的數量快速增長,但普遍規模甚小,大型 NPO 也有增加的趨勢,如慈濟、家扶、世展會、伊甸等,但數量與前者不成比例。

第三、NPO 的服務日趨多樣化,以因應社會快速變遷的需求。

第四、不論社會團體或基金會,其經費來源均普遍依賴捐款、會費與政府補助,在資源的獲取上,NPO 彼此之間形成競爭的態勢非常明顯。

在此發展環境下,臺灣一部分 NPO 的組織經營日益靠向社會企業模式自不難理解,以下我們進一步去瞭解促使 NPO 社會企業在臺灣興起的幾個重要因素。

三、NPO 社會企業在臺灣興起的因素

近年來臺灣 NPO 社會企業興起的因素可歸納為：（一）因應社會的需求；（二）尋求財務的穩定與自主；（三）社會福利民營化與購買式服務的促使；（四）政府的政策誘發與經費補助；（五）企業日漸重視社會責任的實踐。茲分別論述如下。

（一）因應社會的需求

臺灣提供社會福利服務的 NPOs，其所服務的案主群通常是所謂的「社會排除」（social exclusion）的弱勢者，例如各類身心障礙者、低收入家庭主婦、中高齡失業者，以及原住民勞工等，他們在尋求工作機會時，往往不易被主流社會接納，加上部分這類案主群需要特殊的復健與治療處遇，福利服務 NPOs 起而以社會企業的模式因應，如設置符合案主群需要的各類庇護職場安置之，即是一個有效的方式。

舉例來說，喜憨兒社會福利基金會的創辦人蘇國禎先生與蕭淑珍女士在十幾年前成立該團體時，看到臺灣社會的環境中，有作工作職種訓練的心智障礙者的孩子大概只能作洗車、清潔等非技術性的工作，但這些勞務需要在戶外、比較日晒雨淋。家長除了心疼孩子已經活得比較辛苦了，為什麼只能作這些工作，是否可以教會他們一種技術，所以到日本考察，發現日本社區有一社區麵包店是雇用心智障礙者，麵包製作流程中是有一些過程可分解一些動作讓心智障礙者來參與的。基於這樣的想法，就突破各種困難成立一間烘焙屋（喜憨兒基金會訪談稿，2006 年 2 月 24 日）。

同樣地，陽光社會福利基金會當初之所以成立洗車中心

即是因為要延續其服務案主群的就業服務、復健服務及社會接納,希望服務的個案顏損燒傷者在回到社會與別人競爭之前,有一個可以調適體能跟技能的地方。因為洗車需要用到大量的手部及肢體運動,有助於燒傷者的復健,同時透過洗車,顧客與員工會有互動、接觸的特性,這種互動模式有助於社會大眾更自然容易接納顏損燒傷者。綜合以上原因,陽光就選擇洗車這項業別,僅單純想要給這些顏損傷者一個就業與復健結合的機會(陽光基金會訪談稿,2006年2月24日)。

(二)尋求財務的穩定與自主

前段論述曾指出,在臺灣,不論是社會團體或基金會,「大眾捐款」皆是其最為依賴的經費來源,其次才是尋求政府的補助款與方案委託款,且因為NPOs數量逐年的攀升,彼此在經費資源的競爭方面亦日趨白熱化。然而,大眾捐款有其不穩定性,隨著經濟景氣的變遷,人們捐款的能力與意願亦會升升降降,921大地震後的一、二年內,由於民眾慷慨解囊於少數的大型NPOs及政府單位,以因應救災所需,多數中小型NPOs在那段期間就面臨捐款斷炊的窘境,即為一顯例。

另一方面,雖然政府的補助經費是非營利機構的一個很重要的經費來源,但政府經費也給予NPOs帶來許多管理上的困擾,譬如政府單位預算科目之間的競爭與妥協,以及政策方案優先順序的排列,使得政府給予NPOs的補助經費呈現不穩定的狀態;其次,政府的補助經費通常需要機構分擔成本,以及肩負成本控制的責任,因而限制了機構在有限的收入中採用其他選項;最後,在「責信」的考量下,接受政府經費補助的NPOs必須符合政府對方案執行過程與結果的各類程序性的要

求,如此不免會限制 NPOs 內部管理的自由裁量權。

根據一份針對臺灣 15 家 NPOs 社會企業所做的調查研究顯示,NPO 為何要從接受補助與捐款為主的經營型態,轉變為尋求經費的自立自足,受訪的 NPOs 坦言,最主要是受到「資金取得不易」的因素影響(梁玲菁、池祥麟,2003:44)。凡此種種原因皆促成 NPO 積極思考開創自營收入的來源,而設立具有營收利潤的營利事業單位或推動使用者付費的方案,就成為 NPOs 的一個重要的途徑與選擇。

(三)社會福利民營化與購買式服務的促使

臺灣的政府早在 1980 年代初期就已開始推動社會福利民營化政策,尤其兩個都會區政府——臺北市與高雄市,推行福利民營化各項措施最為積極。節省成本與彌補政府在社會行政與社工人力的不足,是兩個重要的考量因素。而向民間福利機構簽約購買服務,以及興建硬體房舍但由民間得標經營各項福利服務,是政府福利民營化政策執行的核心途徑。購買式服務不但使受委託執行的 NPOs 有政府經費的持續挹注,服務委託單位指定的案主群之外,也趁便開拓福利使用者付費的服務方案,例如長期照護的居家服務、寄養家庭、老人日間照顧等方案,因而形成福利產業的模式。

(四)政府的政策誘發與經費補助

近年來臺灣社會企業組織的興起,政府的政策誘導扮演了一個非常重要的角色。2000 年以來,臺灣的失業率居高不下,2002 年失業率曾達 5.17(行政院主計總處,2004),臺灣政府仿效歐盟提出的「第三系統、就業與地方發展計畫」(The third system, employment, local development program），透過各種 NPOs 開發工作機會，招募失業人口就業，也藉此帶動地方產業的開發。勞委會於 2001 年開始先後推出「永續就業希望工程」，以及「多元就業開發方案」，實施至今。此計畫至目前為止，已創造 5 萬多個工作機會，而接受補助人事經費的 NPO 數量在 2004 年時即達約 600 家，尤其該計畫中的「經濟型計畫」要求 NPO 藉著政府資助的短期人力支援，拓展地方產業，對 NPO 發展社會企業的影響甚大（林正全，2006）。此外，如勞委會職訓局於 2002 年制訂的「身心障礙者庇護工場設立及獎助辦法」、各縣市政府設立的身心障礙者基金專戶等，皆對 NPO 在聘僱身心障礙者就業與輔導帶來許多補助的資源。再者，文建會、農委會、衛生署、內政部、經濟部在社區營造政策的推動上為鼓勵地方草根 NPO 致力於結合地方文化與地方產業，振興地方經濟，因而有各式各樣的補助資源，這些政府的施政作為皆直接間接促成了 NPO 從事產業盈收的發展。

（五）企業日漸重視社會責任的實踐

觀察 1999 年發生於臺灣中部的「921 大地震」後的救災與復原工作，許多企業慷慨解囊，不落人後，雖然依舊以捐款或捐贈實物為多，但也有少部分企業有系統地與災區地方政府或是民間公益組織合作，從事長期性的復原工作。尤其近年來審視臺灣社會中政府、營利，以及第三部門互動行為的演變，可發現一個相當值得關注的現象，即除了第三部門的組織在數量與活動方面相當活躍之外，營利部門裡有日漸增加的企業機構在公益活動的參與方面，逐漸朝向系統性、長期性，以及樂於與其他兩個部門的機構建立夥伴關係，一起推動公益活動，而

不只是短暫性地捐款或捐贈企業的產品而已。這種體認企業應參與解決社會問題、改善社區生活品質,並將企業的營利行為與本身應盡的社會責任做一連結,謂之為「企業的社會責任」,或「企業的公益慈善行為」(corporate philanthropy)(官有垣、涂瑞德,2000)。而近年來,跨國企業與本土的企業財團,在實踐其企業的社會責任時,強調企業應用組織整體的力量來支持慈善公益活動。除了經費的捐助外,企業可提供民間非營利機構內部管理的資訊與技術,亦可鼓勵公司的全職員工直接投入公益事業的志工活動。此外,在推動企業公益活動的過程中,企業體適時與 NPO 組成策略性聯盟,使二者成為穩固且長期性的夥伴關係。這種現象的發展有助於 NPO 開創社會企業時,因得到企業組織的經費與其他管理相關知識技術的支持而能站穩腳步。喜憨兒基金會的發展得到花旗銀行的支持即是一個顯例,喜憨兒的執行長指出:

> 發展的過程中,其實企業給了很大的幫助。1997 年底,花旗銀行想對臺灣本土社會團體作一些公益的贊助,花旗的總裁親自到訪,我們的基金會當時還是高雄的一個小麵包店,不過走訪時看到我們的心智障礙孩子、腦性麻痺的孩子在那邊學作麵包、奶油花捲,作簡報時孩子就送上剛剛烤好的餅乾,如此就感動了他們,覺得說這是一個剛起步資源不大但很值得被鼓勵的單位,所以就捐了 10 萬美金給我們在高雄的新光三越百貨公司成立了烘焙屋。
>
> 美國花旗他們又認為這樣的事情應該要到臺北

來，對我們基金會來說，要到臺北來是一個未來的願景，人沒有、錢也沒有，並無想到臺北發展。花旗銀行就是經過那次贊助後，銀行的公關部決定想要發行認同卡，公關部想延續贊助以對他們企業形象有幫助且真正能夠作一些公益的實際效果。花旗很幫忙，除了應允500萬元無息貸款（且是隔年開始分好幾年還），且他們還出人出力，如我們臺北第一間光復南路店就是花旗銀行人力資源部、總務部幫我們去找點、初期沒有人力作開幕等活動都是花旗公關部的人在做，然後初期我們作很多事情，例如趕訂單沒有人，花旗銀行也投入不少志工幫忙，所以企業的力量是在其中的（喜憨兒基金會訪談稿，2006年2月24日）。

相關的例子還有像陽光基金會的汽車美容中心與匯豐汽車的關係企業 SUM 技術合作，由 SUM 免費幫陽光訓練汽車美容技師及美容助理；以及陽光與美商安麗傳銷公司（Amway Taiwan）合作的希望工廠計畫，成立家庭式、社區式的手工代工場，此係協助案主就業的另一種方式，該專案陽光與安麗已持續合作六年（陽光基金會訪談稿，2006年2月24日）。

參、社會企業的類型

臺灣的社會企業組織類型頗為多樣，大致可區分為5種類型：一、積極性就業促進型（work integration or affirmative business）；二、地方社區發展型（local community development organizations）；三、服務提供與產品銷售型（social enterprises providing social services and products）；四、公益創投的獨立企業型（venture capital business created for the benefits of NPOs）；五、社會合作社（social cooperatives）。這 5 種類型的社會企業雖各有其獨特的組織特質與關懷的對象，例如類型二著重的是協助地方社區的人文與產業經濟發展，而類型一特別關照被社會排除的弱勢者之就業問題，至於類型四則強調以營利公司的創設及盈餘來支持 NPO 的公益活動；然而這 5 種類型社會企業的特質與構成要素也非彼此完全互斥，一種類型的社會企業可能同時兼具其他類型組織的特色。以下分別就這 5 類社會企業的組織特質及實際的例子作一敘述。

一、積極性就業促進型社會企業

在臺灣，第一種最常見與盛行的社會企業組織即是以「工作整合」（work integration）為特色，或另稱之為「積極性就業促進的社會事業」（affirmative businesses）。此類社會企業極為關切那些被社會排除的弱勢團體（尤其是身心障礙者），因此藉由提供工作給這些人們，使之整合入勞動力市場（Boschee & McClurg, 2003; O'Hara, 2004）。多數這一類型的社會企業是由身心障礙者領域的志願性、非營利組織所經營，他們設立工作坊或庇護工場以提供職業訓練與就業機會。雖然這類組織在社會事業的經營手法上已具備相當的商業取向，然而他們依舊相當程度依賴政府的直接或間接的支持。經營這類社會事業的 NPOs，其年度經費是結合了政府的補助款、社會大眾捐贈，以及營業利潤。

這種就業促進模式強調為智障者、肢障者、女性、原住民，以及經濟或教育方面的弱勢者提供職業訓練、工作機會、提供一般市場水平的工資，以及輔導創業，已逐漸被愈來愈多的 NPOs 所仿效，而臺灣政府在舒緩失業率帶給社會衝擊上的各種因應策略中，此模式也被積極運用，其目的即在期盼對那些長期失業者與弱勢者，嘗試將他們重新整合入勞動力市場。在這類社會企業組織中，以雇用智能障礙者及肢體障礙者為主的庇護工廠之數量增長快速，根據臺灣陽光社會福利基金會一位主管的推估，在臺灣目前至少有 200 多個協會組織都在推展庇護職場事業（陽光基金會訪談稿，2006 年 2 月 24 日）。然而，這類設有庇護職場的社會企業普遍都面臨經營不善的困境。

　　在臺灣，此類積極性就業促進的社會企業組織，例子甚多，譬如喜憨兒社會福利基金會雇用心智障礙者在麵包坊與餐廳工作、陽光社會福利基金會經營的洗車中心、捷運站的販賣店、加油站；財團法人心路社會福利基金會[2]的洗衣坊、加油站、洗車中心、清潔隊；財團法人育成社會福利基金會[3]的資源回收部、清潔隊及洗車中心；第一社會福利基金會的清潔隊與烘焙屋；以及伊甸基金會的打字排版、資料輸入站及生產輪椅的庇護工廠等。在功能上，這類社會企業組織給予身心障礙者與其他弱勢者職業訓練與工作機會，一方面有助於其身體復健，另一方面也使其精神上得到鼓舞，藉著不斷鼓勵他們融入工作環境裡，亦消除了他們與外界的隔離與被排斥感。陽光基金會的副執行長對此情形有深刻的描述：

---

[2] 請參見財團法人心路社會福利基金會網站，網址 http://web.syinlu.org.tw/
[3] 請參見財團法人育成社會福利基金會網站，網址 http://www.ycswf.org.tw/

>　　陽光基金會當初成立洗車中心是因為我們要延續我們的就業服務、復健服務及社會接納，希望我們服務的個案顏損燒傷者在回到社會跟他人競爭之前，有一個可以調適體能與技能的地方。有些個案他們本身受傷前就從事洗車這個行業，因為洗車需要用到大量的手部及肢體運動，此有助於燒傷者的復健，同時透過洗車，顧客與員工會有互動、接觸的特性，這種互動模式有助於社會大眾更自然與容易接納顏損燒傷者（陽光基金會訪談稿，2006年2月24日）。

　　此類社會企業組織的數量在近幾年有日漸增多的趨勢，因素甚多，惟政府的政策與獎勵輔導措施之介入是一個相當重要的元素，譬如由臺灣勞委會職訓局在2002年12月提出的「身心障礙者庇護工場設立及獎助辦法」，對於NPO設置庇護工廠雇用與訓練身心障礙者就有經費的補助與其他方面的協助。例如該辦法第十四條規定，直轄市、縣（市）主管機關對於依本辦法籌設及設立之庇護工場得獎（補）助以下項目：（一）設施設備：依庇護工場功能獎（補）助辦公室、休閒育樂、消防設施、無障礙環境、營運機具等設施設備；（二）房屋租金及修繕費用；（三）人事費，以及（四）行政費。[4] 尤其是人事費的補助對於該類組織的挹注最具實質的效益，例如陽光、喜憨兒、伊甸等社福基金會的專業輔導人員（就業服務員）的薪

---

[4] 「身心障礙者庇護工場設立及獎助辦法」的條文內容，請參見勞工委員會職訓局（2006b），取自 http://www.evta.gov.tw/english/lawevta.files/lawevta23.htm.

資即是向勞委會申請補助的。此外，政府尚有強制雇用、獎勵雇用身心障礙者的法規，這些 NPOs 可申請使用「身心障礙就業基金專戶」的補助款，顯然這些措施至少可以部分降低此類 NPO 的人事負擔。

二、地方社區發展型社會企業

在臺灣，第二類盛行的社會企業組織即是以社區發展運動所帶動出來的社區草根性 NPOs，近年來這類組織在地方社區層次展現了豐沛的社會與經濟發展成果。從 1970 年代以來約莫 30 幾年的時間裡，臺灣歷經了快速的都市化與工業化過程，結果使都市與鄉村在發展上有了甚大差距。隨著全球化的腳步加速，臺灣的鄉村社區目前面臨更嚴峻的社會、人文、經濟發展的挑戰。過去，臺灣政府回應社區發展問題的方式即是將經費注入到硬體建設上面，如興建老人活動中心、基礎的交通設施等，但這種由上而下的模式並沒有產生很好的效果。到了 1990 年代初期，臺灣政府也覺察到社區在公民社會的型塑上所能扮演的角色，因而展開一系列的相關方案與計畫，試圖由底層社區著手，鼓勵社區居民參與社區各項事務，而以經濟、教育、文化、福利等不同的推動方式出發，試圖由共同生活之最基層單位——社區開始，透過對居民的啟發與教育，激發居民為自己與家園打拼的熱情與共識，進而提升社區整體生活品質與環境（文化環境基金會，1999）。

在這波社區發展或目前流行的稱謂「社區營造」風潮中，相當多的社區 NPOs 先後投身社區營造的行列，甚至是扮演開路先鋒的角色。尤其自 1987 年解嚴以來，臺灣的社區與公民社

會之生命力逐漸展現,各種形式的志願結社與非營利組織紛立於地方社區之中,透過其在地方社區的深耕與引領,社區意識正逐漸甦醒與凝聚,這對臺灣未來的社會脈動與發展具有深遠影響(官有垣、謝祿宜、李宜興,2001;黃煌雄、郭石吉、林時機,2001)。

地方社區 NPOs 在改善地方經濟發展的努力上,有些是自行設立社會企業單位,有些卻沒有創設他們自己的社會企業,而是扮演起觸媒、催化、促成,以及資源整合的角色,藉由與地方居民或外來的專業人士一起努力,來協助當地居民發展地方產業、產品與服務(譬如手工藝品、文化或觀光旅遊產業等),進而開發市場行銷管道、提供居民與地方特色結合的工作訓練等。換句話說,地方 NPOs 的社會企業作為是要去協助社區居民親近與瞭解市場運作。一方面,這類草根 NPOs 瞭解當地社區的狀況,有能力動員社區居民,與其一起規劃與執行產業計畫。另一方面,這類 NPOs 也要有能力爭取並整合必要的外界資源,例如政府與企業的補助款與捐款、專業知識與技術、產品流通與行銷管道。這類 NPOs 最終的目標是要協助振興地方經濟、改善地方的生活環境、充實居民的工作能力,提升居民公共參與的意願,以及強化居民對地方文化產業的認識(官有垣、邱連枝,2005 年 5 月;Pelchat, 2004, 2005)。以下即以臺灣南投縣中寮鄉的「龍眼林福利協會」為例,[5] 說明其在帶動社區產業與社區發展上亮眼的成績:

南投縣中寮鄉「龍眼林福利協會」在 921 大地震之後,為協助該鄉災後重建,鄉內部分熱心團體與人士於 2001 年結合

---

[5] 中寮鄉龍眼林福利協會的個案說明,參酌以下的資料:龍眼林福利協會廖執行長訪談稿,2006 年 2 月 13 日;何貞青(2006);禹海(2004)。

中寮鄉 10 個村落 300 多位地方人士共同成立，主要從事的服務項目包含老人送餐、老人日托、清寒學童獎助學金發放、弱勢戶照顧、急難救助及社會福利工作等。除了地區性福利服務的提供之外，社區地方人士有鑑於災後對於重建相關工作的重要性，建立「龍眼林社區學園」，課程著重藝能性、實用性，並和產業經濟結合。此社區學園提供了社區人士許多成長的機會，同時社區人士在經歷重大災害之後，心路歷程也有極大的轉變，因此社區學園適時提供學習與成長的平台，此有利往後福利協會各項服務及產業經濟的推動。

龍眼林地區屬於傳統農業社區，居民 80% 以農業生產為主，然而面臨全球化的競爭問題，確實不利於原有的農業家庭，故農業原本即面臨轉型的壓力與衝擊，921 地震可說是一個轉型契機，社區學園所提供的課程結合了當地特有的產業，包含開設的民宿課程、休閒農業課程、手工藝班、農產品加工班、電腦班等，在重建過程中，這些知識的傳遞為社區重建帶來社區各類產業的發展，包含民宿、農產品加工等，對社區經濟具有活化與轉型的作用。在社區產業經濟中，目前最具有特色者為龍眼，龍眼為該地區主要的經濟作物，但是龍眼的價格時好時壞，而且在中元節（農曆 7 月 15 日）過後，龍眼的需求量即大幅下滑，導致農家放任龍眼成熟散落一地。921 地震之後，龍眼林福利協會於 2002 年開始每年定期舉辦「龍眼季」活動，該活動一方面展現社區重建的成果，另一方面也是為社區農產品進行促銷工作。福利協會除了舉辦龍眼季活動，創造龍眼的附加價值以外，協會本身也進行龍眼的收購，經過加工製成龍眼乾等農產品。為了保障種植龍眼之農戶的收入，福利協會均

以高於市場價格進行收購，經由加工製造成龍眼乾進行販售，如此增加了農民的收入，同時協會促銷農產、設計包裝等，也讓農產加工品的收入多出許多。

從南投中寮鄉龍眼林福利協會推展農產品的發展過程，可以印證的是社區的人士能夠真正的覺醒，關懷自己所居住的土地，所謂「自助而人助」，社區居民能夠自己動起為自己的生活、福利而努力，才能吸引更多的外部資源的投入。而在這中間的過程，我們發現「社區學園」提供社區居民成長的機會，社區領導人士找到產業發展的著力點，同時也在帶有創意、風險的過程中，為社區產業經濟帶來未來可能的希望，此正是社會企業的重要精神之一。

三、服務提供與產品銷售型社會企業

所謂服務提供與產品銷售型社會企業組織，基本上可以切成兩部分，第一部分是 NPO 提供付費的服務，第二部分是販售 NPO 所生產或代售的產品，但不管是前者或後者，這些服務或產品均與 NPO 本身的宗旨使命有密切的關聯性。NPO 提供服務給使用者，通常是由使用者自己付費，或是由第三者繳付費用。在臺灣，這類以提供付費服務的社會企業 NPOs 數目亦日趨成長，譬如崔媽媽基金會提供民眾房屋租賃的資訊，以及搬家服務；第一社會福利基金會提供的清潔隊、臨時代工等服務；以及在自然生態維護的倡導工作極富盛名之「荒野保護協會」推出參加活動者付費的自然觀察旅遊活動。

至於產品銷售的社會企業 NPO，強調的是產品應或多或少與 NPO 的工作有關，同時在促成組織使命的實踐上能夠扮演重

要的角色。譬如荒野保護協會生產販售的自然生態卡、日曆及書籍；勵馨基金會販售的布娃娃與書籍；陽光社會福利基金會生產販售的壓力衣；第一社會福利基金會生產的心智障礙者輔助器具、特殊教育叢書、烘培屋等，這些產品一方面對於 NPO 的案主群有直接或間接的好處，另一方面這些產品可以被設計來促進組織使命的達成，同時也可以透過這些產品來推廣組織的形象。當然，也可能發生一種情形，即有些產品與 NPO 的使命並沒有直接關聯，但卻能幫助組織有盈收，譬如伊甸社福基金會的礦泉水、陶瓷，以及賀卡文具的販售。

在付費服務提供的社會企業發展方面，值得注意的是，臺灣政府近 5 年來在長期照護體系的規劃與推動中，積極鼓勵民間非營利組織承接老人居家式的服務（home-based services）。[6] 此項政策措施推動的環境因素是由於臺灣在 2000 年始，經濟環境遭受全球化影響，失業率攀升，產生數十萬失業人口，政府為解決失業問題，構思將社會福利服務產業化，將失業人口與福利服務所需人力互相結合，因此在 2002 年推出照顧服務福利及產業發展方案。內政部因而開辦「失能老人及身心障礙者補助使用居家服務補助計畫」，該計畫強調民間 NPOs 是主要的受委託執行者，以提供居家服務，且逐步建立使用者部分負擔制度，換言之，政府按民眾的失能程度，每個月給予 8 至 32 小時免費服務外，並設計部分時數由政府提供 50% 至 70% 補助，其餘則民眾需自行負擔 50% 至 30%。這項政策施為促使不少原本即已存在的社會服務 NPO 或是因應此政

---

[6] 居家式的服務內容包括：居家服務、送餐服務、緊急救援通報系統、住宅設施設備改善、到宅評估輔助器具及復健訓練服務、居家護理等。

策而新設的 NPO 加入居家服務提供的行列。根據一份行政院社會福利推動委員會長期照顧制度規劃小組（2006）所做的研究報告，目前全臺灣有 124 個組織實際提供居家服務，其中約有 80% 是 NPOs，而這些 NPOs 總共雇用了約 5,000 名照顧服務員及督導員（行政院社會福利推動委員會長期照顧制度規劃小組，2006：129），每名居家服務員的每月薪資約在新臺幣 25,000 元至 35,000 元之間（陳正芬、王正，2006）。

四、公益創投的獨立企業型社會企業

第四類社會企業組織謂之為「公益創投的獨立企業型社會企業」，在臺灣，雖然此類組織在數量上遠不及前面三類社會企業組織，然而也逐漸受到人們的重視，其所能發揮的公益功能也與前三類組織有頗明顯的差異。陽光社會福利基金會前任執行長陳淑蘭（2006 年 1 月：31-32）認為，所謂公益創投企業組織，是指由一家或數家企業組織，甚至是 NPO（如贊助型基金會），投資設立具有發展潛力，以及快速成長的公司。創投組織除了出資協助成立新公司之外，也提供必要的管理支援，並監督新公司的發展，直到其穩定成長時才放手讓其自立。這種社會企業的營運獲利結果，出資者與企業組織以雙方約定的回饋金、利潤分配、公積金等貨幣或非貨幣方式回饋出資者指定的公益社團。

換言之，Pelchat（2004: 20-21）認為這類社會企業即是一種營利公司，創設的特定目的是為了使某一家或數家 NPOs 有利潤可圖。這種企業組織的營運目標就是要產生利潤，使之能夠重新分配給一家或數家 NPOs；此外，它與一般 NPOs 附設

的庇護工廠亦不同，此營利公司從法律觀點而言，絕非是某一家 NPO 的組織架構裡的一部分。它對社會使命的影響是間接的，因為這類公司的主要目的就是要以其獲利而能提供資金給 NPOs。以下舉兩個例子說明：

第一個例子是勵馨社會福利基金會於 2003 年創辦的「愛馨公益店」。由於長年以來，臺灣的社會福利 NPO 一直依靠社會大眾的愛心捐款與政府及企業協助在維持，因此一旦經濟景氣變差，很多捐款也會跟著縮水。有鑑於此，勵馨的執行長紀惠容女士開始構思如何建立自籌經費來源的方法，於是她和 4 名基金會董事各拿出 10 萬元，以新臺幣 50 萬元資本成立愛馨股份公司，並與臺鹽合作，販售國營事業「臺鹽」的生技產品。紀惠容並與出資董事約定，股東不拿一毛錢利潤，資本無息給公司生財，再將利潤回饋給基金會，支持各項服務方案。愛馨公益店專賣臺鹽產品，短短一年下來，不到 4 坪大的店面創造出百萬元盈餘。勵馨加盟臺鹽，藉由臺鹽的人員訓練、行銷系統，可學習如何經營社會企業；再者，可幫助弱勢婦女有收入，造就婦女更多的就業機會。相對來說，「愛馨公益店」也為臺鹽帶來公益形象（梁欣怡，2004 年 8 月 18 日；智邦公益館，2004 年 8 月 17 日；黃筱佩，2004 年 8 月 18 日）。

第二個例子是今年年初剛開始經營的「網軟股份有限公司」（Intersoft Corp.），這是一家由「喜瑪拉雅研究發展基金會」（Himalaya Foundation）規劃創立的社會企業。網軟公司目前的運作相當程度需要喜瑪拉雅基金會的扶持，但法律上是獨立的公司法人，本身強調營利行為，以推動未來有更多社會事業發展的可能，惟過程中注入關心社會大眾利益的精神。至於公司的盈餘分配，一部分做員工的紅利，一部分則回饋喜瑪拉雅

基金會，或是捐贈其他公益團體。因此，網軟公司在創造經濟價值的同時，也創造社會價值。

網軟公司將陸續設立以下各事業中心：（一）科技網路服務中心──協助公益組織縮減數位落差；（二）社會事業中心──協助公益組織、企業或個人育成社會企業，並協助企業規劃與推動社會責任；（三）企業社會責任資訊中心──建構 www.csr.tw 網站，提供全球 CSR 最新資訊，並全方位協助企業推動社會責任：包括 CSR 知識和人才培訓，協助建構企業 CSR 網頁及季報、年報等各項服務；（四）網路教學中心──提供財務金融、公益和企業社會責任課程網路教學；（五）公益組織服務中心──接受公益組織的委拖規劃與舉辦各項公益活動；（六）公益募款服務中心──為臺灣公益團體規劃與執行募款專案。網軟公司自 2006 年 1 月開始運作以來，1 至 3 月的營業收入即達新臺幣 208 萬元，大部分是公益組織、營利公司、公部門組織委託其製作與維護網站（網軟股份有限公司，2006）。

五、社會合作社

以合作社形式成立的社會企業在歐洲已有長久的發展歷史，從十九世紀中期開始，此種社會企業的概念與運作特質逐漸傳播於國際上，至今可以在全球各地發現此類社會企業組織，例如農民合作社、儲蓄互助合作社、消費者合作社、住宅合作社等（Defourny, 2004: 4）。合作社的主要特性在於強調組織內部的利益關係人透過組織共同追求集體利益，利益關係人被鼓勵積極參與組織事務，因而從中可以獲得利益，是故合作社式社會企業發展的好壞，對於利益關係人的權益有頗大的影響。

在義大利，社會合作社包括 A 型和 B 型兩種（Borzaga & Santuari, 2004: 171）：A 型社會合作社（A-type social co-operative）強調提供社會、健康、教育等方面的服務為主；B 型社會合作社（B-type social co-operative）則重視如何將弱勢族群整合入勞動力市場的任務，強調本身的中介媒合弱勢者工作的，包括輔導就業和創業。臺灣在日據時期即有社會合作社的存在，到了二次大戰結束之後，西方傳教士更是積極在臺灣的山地與偏遠鄉村推動「儲蓄互助合作社運動」（官有垣，2004：166-186）。在過往的一世紀，合作社的發展，類似義大利社會合作社概念的組織也真實存在，最為顯著的例子即是「主婦聯盟生活消費合作社」與「原住民勞動合作社」。

主婦聯盟生活消費合作社是由主婦聯盟環境保護基金會於 2001 年創設的社會企業，透過共同購買的方式，目的在於結合社員的購買力，讓生產者願意生產健康安全的消費品，另一方面也讓參與共同購買的社員，實地瞭解產品的產地和製造來源，給予他們環境保護的概念。該組織不僅藉由合作社的機制進行生產運銷的工作，同時也不定時舉辦講座等，將環境保護和生活品質等概念，透過合作社的網絡傳達給參與其中的生產者和消費者知悉。主婦聯盟生活消費合作推行合作運動已有很長的一段時間，至今合作社已在全臺各地都會區設有許多取貨站，不論組織規模或會員人數都相當大，目前有會員 1 萬 7 千餘人，供應的產品也達 6 百餘種。[7]

臺灣的原住民勞動合作社係指依平等原則，在互助合作的組織基礎上共同經營的團體。原住民勞動合作社設立的目的在

---

[7] 請參見財團法人主婦聯盟環境保護基金會網站，網址 http://forum.yam.org.tw/women/backinfo/recreation/actives/buyindex.htm

於希望以合作組織方式提升原住民技術層次,減少工程轉包剝削。同時合作社由原住民自行經營、共同監督,也有助於促進原住民文化發展與改善生活水準。原住民勞動合作社的主要功能包含經濟和社會兩種功能:經濟功能包括合作社可直接承攬勞務,並將其提供給社員工作,消除中間的不當剝削,如此可提高原住民的勞務所得,改善經濟生活。此外,合作社也會為社員的工作環境把關,有利於改善原住民的工作環境;再者,合作社年終結算若有盈餘,合作社得依據社員參加勞動量的多寡,分配報酬給社員。因此,原住民勞動合作社對於原住民的所得保障,具有相當大的影響。由於原住民在臺灣,有許多是經濟地位較低、失業卻找不到工作的人口群,因此透過該類合作社的設立,社員從中獲得就業機會,一方面利用原住民的人力,增加企業勞動力之供給,進而謀求勞動者之福利,另一方面也可以減少因失業所衍生的社會問題(忻祖德,1996;黃坤祥、曾素娟,2003)。

原住民勞動合作社的發展相當分歧,目前臺灣計有111家原住民勞動合作社,不僅各縣市合作社獨立發展,不同的工作性質諸如清潔、搬運、勞動力援助、景觀綠化等也產生不同的勞動合作社,彼此獨立運作。營業種類分別為清潔、搬運、土木建築、營建營造、園藝、消防、水電、照護服務、文化、手工藝品等10類。其中土木建築、營建營造類之家數占了總家數的1/2。臺灣勞委會職訓局已在推動「原住民勞動合作社營運輔導計畫」,以協助原住民勞動合作社營運發展,方式為補助合作社機具設備、房租、水電、通訊費、經營人員及業務行銷人員薪資津貼等(勞工委員會職訓局,2006a)。

肆、政府的角色

由前述兩節分析「NPO 社會企業在臺灣興起的因素」與「社會企業的類型」，明顯可見，近 10 年來，臺灣社會企業的發展深受政府公共政策介入的影響。整個 1990 年代可謂是臺灣社會福利發展的「黃金十年」，在該年代，臺灣政府的社會福利支出為 80 年代的好幾倍，全民健康保險也毅然在 1995 年開辦，而不少重要的社會福利立法在 90 年代制訂或修訂完成（官有垣，2004 年 11 月；林萬億，2004 年 9 月）。臺灣 NPO 的發展也受惠於此大環境，一些福利法規在條文中明訂政府的福利服務推展應與民間 NPOs 結合而為夥伴關係，譬如兒少福利法、老人福利法、身心障礙福利法等，在條文中皆或多或少對於政府應扮演資源提供者角色而與 NPO 結合一起推行福利方案有所陳述，譬如「身心障礙者保護法」第 62 條明訂「身心障礙福利機構所生產之物品及其可提供之服務，於合理價格及一定金額以下者，各級政府機關、公、私立學校、團體、公營事業機構及接受政府補助之機構或團體應優先採購。」內政部因而根據此法制訂「優先採購身心障礙福利機構或團體生產物品及服務辦法」，要求政府機關、公立學校、公營事業機構等在採購物品與服務項目時，得邀請身心障礙福利機構與身心障礙福利團體辦理優先採購（見表一）。此種政策施為必然鼓勵某些 NPOs 往事業體制發展，或是對原本就已是社會企業的 NPOs 帶來經營上的助力。

從表一顯示，不論是社區營造的相關政策措施、針對中年失業人口輔導其進入 NPOs 就業的「多元就業開發方案」，或針對失能老人及身障者的「使用居家服務補助計畫」，以及原

表一　臺灣的政府部門訂定與社會企業發展有關的政策措施

制訂（修訂）年度	政策措施制訂的機構	政策措施
1990s迄今	文建會、農委會、衛生署、內政部、經濟部	社區營造政策相關措施
2001	立法院	身心障礙者保護法
2001	勞委會職訓局	永續就業希望工程
2002	勞委會職訓局	多元就業開發方案
2002	勞委會職訓局	身心障礙者庇護工場設立及獎助辦法
2002	內政部	失能老人及身心障礙者補助使用居家服務補助計畫
2003	勞委會職訓局	原住民勞動合作社營運輔導計畫
2006	內政部	優先採購身心障礙福利機構或團體生產物品及服務辦法

住民勞動合作社的經營輔導計畫等，對於NPO發展社會企業皆有各種各樣的經費補助，尤其是人事費的補助，帶給NPO最實惠的幫助。然而政府在NPO社會企業發展過程中所扮演的皆是正面助力的角色嗎？亦不盡然，也有負面的阻力使NPO經營造成困難。底下我們即從「助力」與「阻力」兩方面來分析：

一、對NPO社會企業的助力

（一）人力的支援

根據勞委會所訂的「身心障礙者庇護工場設立及獎助辦法」，NPO社會企業（尤其是提供身障者服務的NPO）可以就其庇護職場的專業輔導人員的聘用，即就業服務員，向政府申請人事費的補助；另外，從強制雇用、獎勵雇用身心障礙者法律的就業基金專戶部分，NPO可申請使用身心障礙就業基金專戶的資金來聘僱人員。這兩類補助措施可以有效降低部分NPO社會企業的人事的負擔。

另外，就「多元就業開發方案」對於 NPO 社會企業的人力支援所產生的效力觀之，根據一份剛完成不久的勞委會委託研究的成效評估報告顯示，多元就業開發方案在 2004 年共補助就業的人數是 3,619 人，金額是新臺幣 11 億零 203 萬元（相當於港幣 2 億 7,550 萬元）。其成效可歸納為以下 3 點：第一，大多數 NPOs 透過多元開發方案提供短期人力（最多 3 年）的支援，使過去受限於人力而無法推展的業務得以推展，且由於有 3 年的機會，讓組織有機會培養長期人力資源。第二，對許多經濟型計畫之 NPO 來說，多元就業開發方案提供事業經營前置準備的人力，為 NPO 事業發展奠定基礎。第三，由於有多元就業開發方案提供之人力資源及諮詢輔導，以及對機構考核之要求，因此協助原本組織較為薄弱的 NPO 能健全機構組織，提升經營能力，部分 NPO 因此建立工作流程、工作督導及財務管理制度（林正全，2006：13）。

舉南投中寮鄉龍眼林福利協會為例，該社區 NPO 每年向勞委會申請補助 5 位工作人員的薪資，大約獲得將近 170 萬元的補助，這 5 位工作人員主要在從事農產品的行銷包裝設計的工作，每年可為該 NPO 帶來成本扣除之外的 300 多萬元淨利（中寮鄉龍眼林福利協會訪談稿，2006 年 2 月 13 日）。

（二）物品與服務銷售的協助

NPO 社會事業縱使生產出好的物品與服務，若沒有好的行銷管道，產品也不易銷售出去，而產品賣不出去則沒有收入，服務的案主群繼之則沒有好的報酬。因此，臺灣的政府在今年年初推出「優先採購身心障礙福利機構或團體生產物品及服務

辦法」,以法令要求公部門的業務產品採購單位有義務在年度預算當中至少用 5% 或一定金額的預算來採購身心障礙 NPO 的產品。所以現在各公部門的採購人員必須要有一份臺灣從事物品與服務生產的身心障礙團體清單,這些採購單位若今年有預算,且是相關產品,他們就有義務要跟這些 NPO 採購。喜憨兒基金會的武執行長強調,政府訂了這個辦法,我們機構當然很高興,也希望政府部門能真正落實;不過她瞭解政府也面臨其他民間單位的反彈,尤其是營利組織會覺得受到不公平的對待;而在政府部門之間,對於 5% 物品採購金額的限制也有不少的抱怨。不過,身障類的 NPO 社會企業會因此辦法的執行而在產品與服務的販售上獲得某種程度的保障,則是肯定的(喜憨兒基金會訪談稿,2006 年 2 月 24 日)。

(三)政府給予 NPO 承租土地與建物的特許權

政府為鼓勵 NPO 接納身心障礙者等弱勢群體的就業與庇護職場的復健與訓練,對於 NPO 社會企業的經營若有需要租用到公有土地或建物房舍作為營業的場所,往往使用政策工具中的「特許權」,限定只有某種資格的團體,例如非營利性質的身心障礙 NPO 才能申請承租使用,而把營利組織或其他類別的團體排除在外。例如,位在臺北市精華地段的陽光基金會所設的汽車美容中心,其土地即是向臺北市政府承租的,5 年一租。臺北市政府認為這樣的精華地段不能僅由陽光基金會來經營,為了公平起見所以開放競標,陽光必須依照「公有土地租用辦法」繳納租金。此外,陽光所設立的加油站的土地也是向市政府承租的,而國營事業中油公司在陽光建地時也給予不少協助,例如整地建地、提供加油機及週邊設備,但是這些財產

皆不屬於陽光基金會，而是屬於臺北市政府勞工局（陽光基金會訪談稿，2006年2月24日）。

再如，喜憨兒基金會設於臺北市政府大樓裡的 Enjoy 餐廳也是市政府釋出的空間，規定只可以給身心障礙者經營。市政府在招標的規範中鼓勵可跟企業合作的 NPO，而這個標每3年就換一次約。市政府這種作法是基於使用者付費的原則來推動，有租金上的優惠（公告地價的六成），喜憨兒基金會每個月約付新臺幣3萬5千元租金，跟外面商店的租金比起來便宜多了，譬如喜憨兒光復店空間比市府店小多，但一個月租金就要十幾萬元。且市政府每天大約有5、6千人在這裡上班，等於客源是穩定的，所以這個空間每到了招標時，各個符合資格的 NPO 都會來競爭。現在政府部門釋出部分辦公空間給身心障礙團體經營餐飲與物品販售，這種風氣在臺灣已逐漸普遍（喜憨兒基金會訪談稿，2006年2月24日）。

（四）政治人物協助促銷社會企業產品

在臺灣，有名氣的政治人物往往喜歡與公益慈善活動有所連結。譬如，臺灣聯合勸募在呼籲人們捐款給聯勸以便其轉分配給公益慈善機構時，高知名度、形象良好的影視明星就會受邀參加拍攝此公益廣告，而具有同樣條件的政治人物也樂於參與。此外，政府機關的首長在開會時或特定的節日，指定購買 NPO 社會企業的餐飲產品與服務，對於 NPO 的營業收入也具有甚大的幫助。

舉例而言，喜憨兒基金會設在臺北市政府的 Enjoy 餐廳即是此中的受惠者，基金會的武執行長指出，馬市長的辦公室會定期向 Enjoy 餐廳購買餐飲點心等產品，在例行的情況下，每

星期五的下午,市長辦公室與新聞媒體作簡報時,餐廳的服務生(憨兒)就會推餐車上去提供服務。餐廳開幕或在一些特殊的節慶時,馬市長親自來主持,當天餐廳的營業額就會比平常日衝高許多倍。武執行長開玩笑說,這家餐廳取名為 Enjoy,果然有「英九效應」(enjoy effect)。除了獲得臺北市政府的協助,喜憨兒餐廳也連續幾年獲得政府其他部會的青睞,在中秋、耶誕等節日向其訂購喜憨兒西點禮盒。不過,這也為喜憨兒基金會帶來些許困擾,武執行長坦言,「對我們來說,我們也會怕被貼標籤。像阿扁上任時他官邸請的第一批客人就是喜憨兒。有時我們基金會被人定位很綠、有時卻又被定位很藍,我們需要很小心經營才行!」(喜憨兒基金會訪談稿,2006年2月24日)。

二、對 NPO 社會企業的阻力

(一)經費的依賴

臺灣 NPO 社會企業可以向政府申請各類相關的經費補助,例如人事費、管理費、身障者的輔導費、方案委託費,以及政府機關被要求每年要有一定的預算額度向特定類別的 NPO 採購產品與服務等。長久以往,這種情形會不會使 NPO 社會企業習慣於依賴政府經費的資助,而阻礙了其在市場上與其他團體的競爭能力呢?另外,政府的補助款對 NPO 來說絕非「免費的午餐」,隨著政府的經費資助,NPO 也被要求從事政府指定的事項或活動,這些不免使 NPO 的自主性褪色。我們固然不易有一個尺度來衡量 NPO 來自政府的補助款究竟應占其總收入的多少比例才算恰當,不過一個年度經費有超過五成是來自政府補助

款的 NPO，一旦政府經費大幅縮水，其帶給機構的衝擊絕對是不可輕忽的。

此外，勞委會推動的「多元就業開發方案」固然對大多數 NPOs 可提供短期人力的支援，使他們得以推展業務，但勞委會委託研究的成效評估報告也指出一個值得注意的現象，即從永續就業到多元就業開發方案，部分 NPOs 已經形成資源依賴的現象，甚至將政府提供的補助使 NPO 有能力推展服務，視為理所當然；但該方案的政策目標卻非如是，而是希望透過人事費用資助 NPO 以創造更多就業機會與提升失業者的就業能力（林正全，2006：29）。

（二）NPO 需給付相關費用給政府，形成負擔

在臺灣，NPO 社會企業向政府承租公有土地或建物房舍需付租金、回饋金，以及相關的銷售稅金，從市場運作的法則來看，這本是天經地義之事，且有助於激發 NPO 管理者努力經營的動力，應是助力而非阻力；然而，問題出在政府向承租 NPO 要求的租金與回饋金的金額高低，若金額過高，則不免對 NPO 的經營成本形成負擔。不過，金額的高低與否並沒有一個客觀的定論，有時屬於 NPO 經營者的主觀認知。舉例來說，喜憨兒基金會的 Enjoy 餐廳每個月約繳付 3 萬 5 千元租金給臺北市政府，與外面商店的租金比起來便宜甚多，此外，雖然也要繳年度的回饋金，但僅是該餐廳年度收入結算後盈餘的 1%～2%（喜憨兒基金會訪談稿，2006 年 2 月 24 日）。比較起來，另一個著名的社會企業——陽光基金會認為自己在這方面的負擔著實不輕。

陽光基金會的行政主管指出他們向臺北市政府承租的洗車

中心,由於位於臺北市大安區的高級住宅區內,地理位置及動線非常好,市政府要求的租金曾高達每月 32 萬元,經過一段時間的爭取而有調降,目前大約是每月 14 萬到 15 萬元之間,從 2003 年至 2005 年期間,年度的租金支出約占年度營業支出的 12%。陽光基金會另一個事業是經營加油站,土地與地上物也是臺北市政府的,因此陽光除了每個月要付租金之外,每年還要給付市政府「回饋金」,金額是按照加油站營業額的 1.5% 計算,估算起來,以 2005 年為例,該年陽光必須繳付給市政府的租金與回饋金合計達營業支出的 17%。陽光的主管認為這些林林總總要繳付給政府的經費,其實對該機構形成一股不小的壓力與負擔,好處是這激使他們必須要好好經營,必須要有盈收,不然是沒法繳付這筆高額的費用(陽光社會福利基金會,2006;陽光基金會訪談稿,2006 年 2 月 24 日)。

(三)政府法令對於社會企業的庇護工場定位並不清楚

在臺灣,提供身心障礙者服務與就業的社會企業 NPO 設置庇護工場(商店)是十分普遍的現象,但是有關身障者在庇護工場就業的相關規範,例如工資給付的標準、勞保與健保的納保、勞動條件與一般勞工有無差異,還是比照一般勞工?以及庇護工場(商店)到底是歸屬於社會行政部門管理,還是屬於勞動行政單位管理等,政府的法令都沒有一個很清楚的規範,使得經營社會事業的 NPO 難以適從。喜憨兒基金會在 2005 年底曾發生庇護工場的憨兒員工時薪 66 元的爭議事件,該基金會的執行長解釋說:

到底時薪66元是合法還是不合法？在身心障礙者保護法有明文規定，身心障礙者因產能較低，薪資不得低於勞基法最低基本工資的70%（15,840 × 0.7），所以基金會是從66元起薪，而且基金會是接受勞工局委託，一定要符合勞基法的相關規定。事件發生後，沒有一個政府主管單位把這件事講清楚說明白，我們給大眾的印象好像在違法又好像沒違法，就是法令並不清楚。此外，基金會的庇護工廠一開始是社政管的，是照顧型的，慢慢這幾年因為開設商店，較偏勞政方面。到底哪些庇護商店是歸勞政、哪些是歸社政，而不同歸屬的庇護工廠應有怎樣的不同規範，有沒有最低薪資的要求、勞健保、勞動條件是否比照一般勞工等？都令我們相當困惑（喜憨兒基金會訪談稿，2006年2月24日）。

因此，上述的爭議可以說是臺灣NPO社會企業在發展過程中面臨的一項嚴肅挑戰，此即是整個社會尚未型塑出一個充分支持社會企業的法律與規範環境。雖然如前所述，政府不同的單位陸續推動一些有利於NPO社會企業經營的計畫方案，但片段零碎，整體而言，政府對於該類兼具營利與社會性質的組織尚未建立起一個清楚的支持性法律架構。

伍、結論

本論文由於採取巨視途徑來觀察臺灣近20年來的社會企業發展，因此對於社會企業的組織內部的行為，如公益慈善與企

業利潤兩種不同文化上的調適、管理層面遭遇到的挑戰與如何克服、社會目的與營利手段如何平衡，以及如何從傳統的 NPO 演變為社會企業的成功因素等並未探討。Marie-Claude Pelchat 在 2004 與 2005 年的 CAFO 及 ISTR 亞洲年會上有兩篇專文在論述臺灣社會企業的這些議題，十分詳盡且有深刻的見解，值得一讀；官有垣（2005 年 11 月，2006 年 2 月）則在 2005 與 2006 年分別對喜憨兒與陽光兩家基金會的管理議題有兩篇個案研究之分析。

本文可說僅聚焦於臺灣 NPO 社會企業如何興起，目前有哪些類別的社會企業，以及政府在社會企業發展過程中扮演的角色與功能 3 部分做出分析。在 NPO 社會企業興起的部分，作者認為 NPO 為符應社會的需求，尤其是弱勢族群與各種障別案主的特定需求、政府政策及經費補助的誘發，以及組織本身希望經費收入能夠達到穩定性、多樣性與可持續性，是臺灣社會企業興起的三大主因。

至於目前存在有哪些類別的社會企業，作者以為，「公益創投的獨立企業型」以及「社會合作社」兩類社會企業組織，不論從數量或是從所能發揮的功能及影響力觀之，都還是處於起步的階段，後續如何發展，其組織特質如何演變的空間都還甚大。至於地方社區發展型的 NPO 社會企業是臺灣非常有特色的一種組織，這類草根社會企業將地方的文化、藝術與產業的發展作一結合，對型塑地方公民社會精神與凝聚地方社區的力量具有相當重要的功能。

究其實，「積極性就業促進型」與「服務提供與產品銷售型」的兩類組織，是目前臺灣最為顯著（most visible）的社會

企業，一些中型到大型的社會企業 NPO 譬如伊甸、喜憨兒、陽光、心路、第一、育成皆可歸屬於此類的其中之一或是二者的融合。值得注意的是，雖然有少部分就業促進型的社會企業在其案主群的職業訓練、輔導與就業安置上有相當亮眼的成績，案主個人的工作薪資也很不錯，且對改變社會人士對於身障者的歧視態度發揮頗大的效果，譬如「喜憨兒」3 個字已被通用為對心智障礙者的稱呼；不過值得注意的是，大部分這類就業促進型的 NPO，規模甚小，弱勢案主群能獲得的工作薪資水平也不高，如何協助這類 NPO 在社會企業營運上軌道以幫助更多弱勢人口，是一個應該重視的議題。

最後，本文有相當篇幅在討論政府在社會企業發展過程中的角色。臺灣的政府確實在 NPO 社會企業的開創與維繫上有多方面的協助，最顯著的即是人事薪資的補助，以及地上物與土地承租的特許，使得這類 NPO 能夠避開營利組織在這方面的競爭，尤其是特許權的作用，使得 NPO 能夠在某些營業領域裡受到保護，以及獲得優勢的經營條件；相對而言，政府在此過程中也換得 NPO 的支持，協助其解決不少社會上的棘手問題，如中高齡的失業、老人的照顧問題、各類身心障礙者的復健、職訓與就業的安置等。不過，天下沒有白吃的午餐，政府的政策誘導與資源的給予，有利於 NPO 社會企業的發展，也有不利其發展的地方。NPO 要經營社會企業，不只是在經費上能夠獲得外界的奧援，其實相關的知識技術之引進、專業人力的維繫與產品品質的堅持，以及管理能力的養成，皆是社會企業成功的重要因素。以目前的發展趨勢來看，大多數 NPO 社會企業對政府的經費補助依舊企盼有加，資源依賴於公部門的想法十分濃厚。

參考書目

內政部統計處（2005）。〈內政統計資訊服務網〉。取自 http://www.moi.gov.tw/stat/

文化環境基金會（1999）。《臺灣社區總體營造的軌跡》。臺北，臺灣：行政院文化建設委員會。

行政院主計總處（2004）。〈重要經社指標〉。取自 www.dgbas.gov.tw/dgbas03/bs4/econdexa.xls

行政院社會福利推動委員會長期照顧制度規劃小組（2006）。《改善長期照顧居家式服務各項措施規劃報告》。臺北，臺灣：行政院。

何貞青（2006）。〈豐收一季龍眼林〉。取自 http://www.homeland.org.tw/foundation/htm/eye/0720/htm/p2.htm

忻祖德（1996）。〈原住民勞動合作社推動現況與展望〉，《就業與訓練》，14（5）：20-22。

官有垣（2000）。〈非營利組織在臺灣的發展：兼論政府對財團法人基金會的法令規範〉，《中國行政評論》，10（1）：75-110。

——（2004）。《半世紀耕耘：美國亞洲基金會與臺灣社會發展》。臺北，臺灣：智勝文化。

——（2004年11月）。〈回顧九〇年代以來臺灣的社會福利發展〉，「第二屆中國社會工作論壇暨第五次內地與香港社會福利發展研討會」論文。中國大陸，廣州。

——（2005 年 10 月）。〈臺灣社會福利慈善基金會在因應國家福利轉型中的角色與定位〉，「全國社會福利與慈善基金會聯繫會報討論會」論文。臺灣，屏東。

——（2005 年 11 月）。〈社會企業在經營管理上面臨的挑戰：以臺灣喜憨兒社會福利基金會為案例〉，「發展公益事業建構和諧社會學術研討會」論文。中國大陸，上海。

——（2006 年 2 月）。〈臺灣社會企業組織與社會發展：陽光社會福利基金會人力資源運用的啟示〉，「二〇〇六年兩岸非政府組織學術論壇暨實務交流研討會」論文。臺灣，臺北。

官有垣、杜承嶸（2005 年 10 月）。〈臺灣民間社會團體的興盛及其在公民社會發展上顯現的特色與問題〉，「轉型期中國公民社會的發展——國際的視角國際學術研討會」論文。中國大陸，北京。

官有垣、邱連枝（2005 年 5 月）。〈兩個客家非營利組織社區文化產業的現況與影響之探討——以苗栗縣南莊鄉愛鄉協進會及公館黃金小鎮協進會為案例〉，「2005 全國客家學術研討會」論文。臺灣，中壢。

官有垣、塗瑞德（2000）。〈企業的社會責任及與第三部門的合作關係〉，《地方研考電子簡訊》，4，2-3。

官有垣、謝祿宜、李宜興（2001）。《非營利組織推展休閒活動的成功案例分析：以新港文教基金會為例》。臺北，臺灣：行政院青年輔導委員會。

林正全（2006）。《臺灣多元就業開發方案：總體成效——九十四年多元就業開發方案成效評估研究之發現》。（行政院勞工委員會委託研究計畫）。臺北，臺灣：行政院勞工委員會。

林萬億（2004年9月）。〈九〇年代以來臺灣社會福利的回顧與前瞻：全球化與在地化〉，「第二屆民間社會福利研討會：臺灣的社會福利發展：全球化vs.在地化」論文。臺灣，臺北。

禹海（2004）。〈龍眼林的龍眼節〉。取自 http://www.epochtimes.com.tw/149/4484.htm

梁欣怡（2004年8月18日）。〈愛馨公益店：年盈餘百萬〉，《民生報》。取自 http://blog.yam.com/mo168/article/59433188

梁玲菁、池祥麟（2003）。《非營利組織產業化與融資機制之研究——綜合架構規劃》。臺北，臺灣：行政院青年輔導委員會。

陳正芬、王正（2006）。《居家服務方案按時計價適切性之研究》。未出版之國立中正大學社會福利學系博班生研究報告。

陳淑蘭（2006年1月）。〈社會事業——公益創投與組織扶植〉，「社會公義創新論壇」論文。臺灣，臺北。

勞工委員會職訓局（2006a）。〈行政院勞工委員會職業訓練局原住民勞動合作社經營管理輔導計畫〉。取自 http://www.evta.gov.tw/employee/941214-13.doc

——（2006b）。〈身心障礙者庇護工場設立及獎助辦法〉。取自 http://www.evta.gov.tw/english/lawevta.files/lawevta23.htm

智邦公益館（2004 年 8 月 17 日）。〈勵馨「愛馨公益店」感恩周年記者會〉。取自 http://www.17885.com.tw/modules/board/board_content.php?Serial=620

陽光社會福利基金會（2006）。《陽光社會福利基金會附設洗車中心、加油站、販賣店古亭站 2003-2005 損益表》。臺北，臺灣：陽光社會福利基金會。

黃坤祥、曾素娟（2003）。〈我國原住民勞動合作社功能定位與實務運作之探討〉。取自 http://www.ibm.stu.edu.tw/teacher/hkh

黃筱佩（2004 年 8 月 18 日）。〈勵馨臺鹽合作 年賺百萬〉，《中國時報》。取自 http://blog.yam.com/mo168/article/59433188

黃煌雄、郭石吉、林時機（2001）。《社區總體營造總體檢調查報告書》。臺北，臺灣：遠流。

網軟股份有限公司（2006）。〈網軟股份有限公司簡介〉。取自 http://www.npois.com.tw/about.asp

蕭新煌（2003）。〈基金會在臺灣的發展歷史、現況與未來的展望〉，官有垣（編），《臺灣的基金會在社會變遷下之發展》，頁 13-22。臺北，臺灣：洪建全教育基金會。

蕭新煌、江顯新、江明修、馮燕、官有垣、邱瑜瑾等（2002）。《二〇〇一年臺灣的基金會調查研究計畫成果報告》。臺北，臺灣：行政院行政院青年輔導委員會、喜瑪拉雅研究發展基金會。

Borzaga, C., & Solari, L. (2004). Management challenges for social enterprises. In C. Borzaga & J. Defourny (Eds.), *The emergency of social enterprise* (pp. 333-349). London, UK: Routledge.

Boschee, J., & McClurg, J. (2003). *Toward a better understanding of social entrepreneurship: Some important distinctions.* Retrieved from http://www.setoolbelt.org/resources/180

Dees, J. G. (1998). Enterprising nonprofit. *Harvard Business Review, 76*(1), 55-67.

Defourny, J. (2004). Introduction: From third sector to social enterprise. In C. Borzaga & J. Defourny (Eds.), *The emergency of social enterprise* (pp. 1-27). London, UK: Routledge.

Johnson, S. (2000). Literature review on social entrepreneurship. *Canadian Centre for Social Entrepreneurship*. Retrieved from http://www.bus.ualberta.ca/ccse/Publications/Publications/Lit.%20Review%20SE%20November%202000.rtf

Kingma, B. R. (1997). Public good theories of the nonprofit sector: Weisbrod revisited. *Voluntas, 8*, 135-148.

O'Hara, P. (2004). Ireland: Social enterprises and local development. In C. Borzaga & J. Defourny (Eds.), *The emergency of social enterprise* (pp. 149-165). London, UK: Routledge.

Pelchat, M.-C. (2004, May). *Enterprizing Asian NPOs: Social entrepreneurship in Taiwan.* Paper presented at the Conference of Asian Foundations and Organizations (CAFO), Taipei, Taiwan.

-- (2005, November). *Social entrepreneurship in Taiwan: Possibilities and challenges for empowerment.* Paper presented at the Fourth ISTR Asia and Pacific Conference, Bangalore, India.

附錄

\multicolumn{4}{c}{NPO 社會企業訪談對象一覽表}			
日期	地點	訪談對象	職稱
2006年2月24日	臺北市政府 ENJOY 餐廳	武庭芳	喜憨兒社福基金會執行長
2006年2月24日	陽光社福基金會	鍾淑美	陽光基金會副執行長
2006年2月13日	南投中寮鄉龍眼林福利協會	廖振益	龍眼林福利協會執行長
2006年3月17日	喜瑪拉雅研究發展基金會	李雪瑩、錢為家	副研究員、主任

Social Enterprise Development in Taiwan

Yu-Yuan Kuan
Professor, Department of Social Welfare, National Chung-Cheng University

Abstract

The topic of this paper is the development of social entrepreneurship in Taiwan since the late 1980's, which represents a period of twenty years. This is a period of rapid social changes in Taiwan. Under this environment, a variety of nonprofit organizations (NPO) emerged and developed. Many NPO organizations over the past ten years have pushed themselves to thread the paths of commercialization and greater market orientation. As such, the concept of social entrepreneurship (SE) has found an echo in Taiwan and concrete examples of social enterprises can be found.

This paper is divided into three parts. In a first section surveying the development of SE in Taiwan, the author discusses issues of definition of SE in Taiwan, the development of Taiwan's NPO sector over the past twenty years, and the main factors behind the emergence of SE in Taiwan. In the second part of this paper, the author argues that social enterprises in Taiwan fall into five categories. The third and most important section of this paper examines the role played by government in the development of SE. The paper concludes that financial resources are not enough for NPO operating social enterprises. To succeed, these organizations also need knowledge and techniques, professional staff, ways to maintain product quality, as well as management abilities.

Keywords: social enterprise, nonprofit sector, affirmative businesses, work integration

非營利組織社會企業化經營探討 *

陳金貴
國立臺北大學公共行政暨政策學系教授

摘要

不論是臺灣還是國外,非營利組織均受外在環境變遷的影響,正面臨著資源匱乏的衝擊,自行開發營利的管道,延續組織的生命,將會是所有非營利組織未來無法避免的趨勢。在此前提下,一旦非營利組織注入企業化經營理念之後,如何維持非營利組織既有的特色,又能在社會大眾認同的標準下,透過企業化的手段獲取合理利潤,發揮組織功能,並提升活動效益,則是本文探討的主題。

關鍵詞:非營利組織、社會企業、社會企業化、社會經濟

壹、前言

這一般國家的組織通常由 3 個部門組成,分別是政府部

---

* 原文刊載於《新世紀智庫論壇》第 19 期 2002 年 9 月。
本篇因發表體例無須英文摘要,故維持文章原貌。

門、企業部門及非營利部門。政府部門訂定及執行公共政策，企業部門扮演市場機能的角色，而非營利部門則是公民社會的基礎，處理前2部門未能涵蓋的事務空間，這3個部門的緊密結合，使得國家的運作順暢，民眾可以得到最周全的照顧。然而這種各司其職的現象在新世紀的來臨中，已有巨大的改變，政府部門以簽約外包的方式，委託企業或非營利部門執行公共服務功能；企業部門一方面搶食政府預算，承包公務，另一方面以企業的社會投資策略，獻身社會公益，建立良好社會形象；非營利部門則與政府成為夥伴關係，承擔政府的部分職能，同時更以商業化的方式，與企業競爭，賺取收入。這種變化造成3個部門的界限逐漸模糊，功能逐漸混合的現象（Ott, 2001: 355），尤其是非營利部門的營利行為，不僅衝擊到企業的市場競爭，也影響到非營利部門本身不營利的傳統特性，使得非營利部門的角色受到懷疑，而有許多的爭論。

過去的時期，非營利部門靠著政府的經費補助及民眾的捐款，可以有足夠的經費去舉辦各種服務活動，然而幾年前遭逢國際經濟的不景氣後，許多國家的政府預算緊縮，減少對非營利部門的支援，而民眾和企業也因為收入減少，捐款也減少，在缺錢的壓力下，許多非營利組織只得自尋生路、自謀財路，不得已走向營利的途徑。在色拉蒙（L. M. Salamon）對22國的調查中，發現非營利部門的收入很少來自私人的慈善捐款（11%），最主要的經費來自代辦費和其他商業性收入（49%），以及政府支援（40%）（Salamon & Associates, 1999: 24），這情形說明非營利部門走向商業化已是既成的事實，但是在直接與企業競爭利益時，非營利部門已習得更多有關企業運作的方式，也從企業部

門爭取許多人才,使得非營利部門的組織已愈來愈像企業組織,色拉蒙針對此現象提出警語,他認為在非營利組織太成功的轉變成類似企業的組織,會造成失去民眾支持和政府特殊優待的危險(Salamon, 2001),雖然一般民眾對非營利部門仍有傳統上的認知,然而如果非營利部門不斷的從商業化發展,好賺取更多的收入時,民眾們會失去他們的信念,影響到非營利部門存在的意義,因此非營利部門必須有重新定位的考量。

臺灣地區的非營利組織在近幾年來發展的很快,尤其許多宗教團體不僅信徒眾多,募款成果也很驚人,尤其在921地震時,臺灣的民間力量驟然爆發,志工及捐款源源不絕,聲勢蓋過政府的救災工作。然而921賑災過後,由於政府的經費和民間捐款大量的投入災區,使得政府預算緊縮,民眾及企業的捐款也枯竭,造成許多社福團體在本身因救災而送出的款項不僅未能回補,反而因收不到新的捐款而陷入財務困境,本以為只要咬緊牙關,撐過新的年度,自有轉機,不料遇上政局更替,股市不振,又逢全球不景氣,更使得政府要力拼經濟,緩辦社福,緊縮預算;而企業也因生意不佳,大量裁員,使失業率不斷升高,造成企業和民眾的捐款也無法提升,更糟的是銀行存款的利率下降,對於依靠存款利息的基金會更是雪上加霜,面對此財務危機,非營利組織只得裁員、減薪、減少服務對象,少辦活動,但這只是暫時的節流作法,更重要的是要如何去積極開源,因此改變經營型態,從事營利活動將成為無法避免的途徑,這也是近年來有許多非營利組織正在嘗試的方向,但是如果積極營利又會掉入商業化的格局,產生新的爭議,要如何解決此項兩難式的困境,採用目前在國際間流行的非營利組織社會企業化作為,將是一條可行之路。

貳、非營利組織社會企業化相關名詞的涵義及發展趨向

　　非營利組織為了避免因過於營利，失去其原有的任務，必須要維持其社會服務的本質，形成了要同時考慮任務和賺錢，或是考慮社會目的和經濟目的的雙重底線（double bottom line）（Northland Institute, 2001），由此基準做為非營利組織走向企業化的衡量，可以產生較寬廣的範圍，也因為不同的社會背景，呈現出不同的名詞和含義，容易造成混淆，為了便於說明，以美國、歐洲和臺灣之不同地域做為界定名詞的分類代表。

　　美國是全世界非營利組織活動最活躍的國家，不僅在實際的運作上有許多創新的作法，在學術上也是有相當深入的研究和倡導。在實際的非營利組織運作方面，以幫助遊民重生的羅伯咨基金會（The Roberts Foundation）提出了「新社會企業家」（new social entrepreneur）的觀念，這些人是具有社會工作、社區發展或企業背景的非營利管理人員，他們透過社會目的企業的創造，來追求經濟活力化的願景，企圖去為處於國家經濟主流邊緣的人們，提供發展的機會（Emerson & Twersky, 1996）。該基金會進一步提出非營利企業（non-profit enterprise）的定義，認為非營利企業是一種產生收入的機制，其成立是為非常低收入的人們，創造工作或訓練機會（Emerson & Twersky, 1996）。而一個協助非營利組織與其他組織結為夥伴的社會企業家協會（The Institute for Social Entrepreneurs）認為社會企業家是使用賺取收入策略來追求社會目標的人（Institute for Social Entrepreneurs, 2000），該協會認為在美國政治、經

濟和社會的領域中，出現一種結合公共部門、私有部門和非營利部門的「社會目的企業部門」（social purpose business sector），它是社會企業家的聚合處，在其中的組織所推動的每件事，都是具有社會目的和財務上自我滿足的期待（Institute for Social Entrepreneurs, 2000），這部門的特色是直接或間接衝擊社會需求，並強調賺取收入勝於來自慈善捐款或政府補助。此外，社會企業家國家中心（The National Center for Social Entrepreneurs）以社會企業家精神（social entrepreneurship）作為非營利組織處理市場實務的策略，它結合社會任務的熱忱及企業般的途徑來迎向市場（National Center for Social Entrepreneurs, 2001），使得非營利組織能夠維持做好事（任務）和為它付費（金錢）的一種平衡狀態。

在美國的學術方面，哈佛大學商學院在 1993 年成立社會企業發展中心（The Initiative on Social Enterprise），它推展的重點在於社會目的企業；包含了非營利組織或帶有社會目的的私人公司，以及對社區有貢獻的企業組織。發展中心的主要目的有三項：一、加強社會企業的領導、管理、治理和企業化能力；二、透過社會企業提升企業領袖的能力和承諾，以貢獻社會；三、擴展社會企業的知識領域（Initiative on Sociative Enterprise, 2001）。發展中心確認社會企業的範圍包含藝術和文化、公民和倡導、社區發展、教育、環境、基金會、健康照顧、人類和社會服務、國際發展及宗教信仰等，在傳統上屬於非營利組織的活動，而發展中心則集中精力在探討橫跨這些特別領域的管理和領導議題。哈佛商學院希望透過社會企業發展中心培養企管碩士學生能夠經由課堂上的學習及實際事務的參

與,成為社會企業家或可以與非營利組織建立夥伴關係的企業人士。哈佛商學院更著重教授的研究、出版和教學,擴大與其他領域的哈佛教授的合作,藉此建立在社會企業領域的重要地位。而史丹福大學的商學院體認到社會部門中企業家精神的重要性逐漸增加,並試圖去探討企業家精神如何能夠有助於瞭解社會企業家在管理上的挑戰,遂於 1997 年成立社會企業家精神發展中心(The Social Entrepreneurship Initiative)。此中心認為社會企業家採取創新途徑去解決社會議題,並使用傳統的企業技術去創造社會價值(Standford GSB, 2001),此定義中涵蓋使用資源創造社會議題的營利組織、幫助個人創業的非營利組織及為籌募方案資金去創造經濟價值的非營利組織的冒險家、發展中心的工作包括社會企業相關的管理議題研究、課程發展、社區發展及學生的實習和生涯發展。

歐洲在近 10 年來,以社會關注為主的非營利組織不斷的成長,它們不僅有助於動態的社會企業家精神的發展,也扮演製造就業機會的重要角色,以改進個人和家庭的福利,以及對抗社會的不公正,這種新的組織型態稱之為社會企業(social enterprises)(OECD, 2001),但是因為歐洲的國家對社會企業的認知和名詞使用紛歧,為進一步瞭解社會企業的特色和發展情形,在歐盟(EU)的協助下,於 1996 年創立了歐洲大學網路,並命名為 EMES,其目的是分析歐盟所屬 15 個國家出現的社會企業,針對此目的,EMES 完成了研究報告並將其出版,書名為《社會企業的出現》(*The Emergence of Social Enterprise*)(Borzaga & Defourny, 2001)。此書比較 15 個國家推動社會企業的經驗,主要分析架構來自第三部門的運作,

作者將其分成傳統的非營利部門途徑及源自法國的社會經濟（social economy）途徑兩方面來討論，前者為眾人所熟悉，其組織的特徵為正式的組織、民間性質、自我治理、不分配營利及出於自願，後者包括由信用合作社、相關企業、互助團體和各種社團所執行的經濟活動，但其出發點必須依下列原則：一、服務會員或社區，而非得到利益；二、獨立管理；三、民主決策過程；四、在營收的分配上以民眾和勞工為首要考量，優先於資金的累積。由於這兩個名詞定義較廣泛，本質上也比較靜態，而且所包含的範圍相較於社會企業，前者不足後者太廣，無法有效的做為精確描述社會企業的基礎，再加上各種新產品、新方法、新市場關係及新企業型態的出現，不管是非營利部門或社會經濟，都不能做為等同社會企業的名詞，必須重新確立新的定義。該研究認為社會企業是存在於第三部門組織的一種新組織，可以在歐盟的國家中普遍發現，為建立能夠共同接受的概念，採用操作型定義，以經濟和社會兩個面向，分別訂定認定的指標。經濟面向包括4個指標分別是：一、持續生產貨品和（或）銷售服務；二、高程度的自主性；三、經濟危機的重要層級；四、付薪工作的極少化。社會面向包括5個指標：一、具有利於社區的明確目標；二、由一群公民開始啟動；三、決策權非基於資金擁有者；四、包含受到活動影響民眾的參與本質；五、利益分配的限制。透過這些指標可以有較寬廣的幅度來確認各國的社會企業。這研究報告最後建議社會企業不僅是加強社會福利國家的社會服務，而且補充混合公共和私有資源的額外及創新的供應品，值得在多元經濟和福利社會的學術和實務工作者的注意。在此報告之外，特別值得一提的是英國

政府為了能夠結合公部門的公共職責及私部門的企業方法，來有效的輸送公共服務，乃塑造一種以社區為基礎的社會企業新模式，並由下議院通過設立倫敦社會企業（Social Enterprise London）的組織，以推動由社會企業經營公共服務的事務，例如老人及小孩的照顧、健康中心的管理及休閒服務和教育的宣導（West, 2001），而倫敦市長為促使社會企業能夠發揮服務倫敦的功能，特別成立倫敦社會企業分會，以增進對社會企業的瞭解，加強企業支持及減少財政上的負擔，也就是說英國是以政府的力量來支援社會企業的運作。

臺灣地區較早涉及社會企業的探討，是在民國 90 年（西元 2001 年），於高雄舉辦的志工臺灣研討會中，由筆者在其中的工作坊中，提出志工組織的社會事業化概念（陳金貴，2001），筆者指出臺灣地區的志工組織在 921 震災後，面臨政府補助款減少，企業及個人捐款縮水，造成組織營運的困境，因此為因應環境的變化，志工組織需要引進具有冒險性、創新能力及堅定決心，並能創造財務收入，以實現社會任務的社會企業家，他們會依據組織的任務和核心能力，來建立組織本身長期的能力，同時視營利為一種手段，將獲利送回組織，以便服務更多的民眾及達到更好的結果，他們的努力，將使組織掌握自己的命運。而志工組織因應資源匱乏的方法，就是自己創造資源，只要掌握組織任務，可用各種事業化的方式賺取費用，再將利潤做為組織經費，以回饋社會及服務眾人，這是民主社會可接受的。在此處以社會事業化的名稱出現，是因為避開商業化的敏感字眼，但又未達到企業化的經營程度，所以採取中性的事業化較為一般非營利組織接受。同年，行政院青輔

會和花蓮縣青少年公益組織承辦的「福利事業產業化工作坊及福利產業特展」中，嘗試建立社會福利機構、志願服務團體、庇護性產業、文史工作室、部落教室及農民合作社系組織的商業經營與合作基礎，以增加組織和產品流動的可能性，這是臺灣第一次以福利事業產業化為考量的研討會，鼓勵和協助社會福利機構積極發展自有產業並創造財源（黃榮墩，2001年8月20日）。此外國立臺北大學社會工作研究所研究生蕭盈潔（2002），更以《非營利組織事業化：以社會福利機構為例》做為碩士論文撰寫題目，除了將國外之社會企業之相關資料加以整理分析外，並對臺灣四個社福團體（勵馨社會福利基金會、喜憨兒社會福利基金會、伊甸社會福利基金會及陽光社會福利基金會），進行深度訪談，探討它們的社會事業化情形，該研究認為非營利組織事業化指的是「非營利組織中，運用企業化的精神與方法，為組織創造經濟上與使命上的價值」，在此定義下，臺灣的社會福利機構在事業體的開辦方面，還在起步的階段，所以還有很大的空間，但走向自給自足的事業化模式將是必然的趨勢。

　　從前述的敘述中，可以瞭解非營利組織採取企業的手段，來實現社會的目的，將是未來非營利組織無法避免的現象，在美國透過學術界和實務界的努力下，已將企業家精神的觀念，融合在非營利組織中；在歐洲則結合非營利部門和社會經濟發展出一種包括不同組織型態的社會企業；而臺灣地區也從事業化的營利行為起步，還需要增強具有冒險性的企業家精神。

參、非營利組織社會企業化的類型

　　非營利組織企業化的發展基本上分成兩個途徑，一種是以非營利組織所擁有的一切做為基礎，再以企業方式來經營，美國和臺灣的現況運作屬於此途徑，另一種是從非營利組織的基礎中創造出新的社會企業組織，歐洲各國屬於此途徑。然而不管是那一途徑，因為非營利組織的種類甚多，各具有不同的特性，在施行企業化的策略時，必須要依其需要而訂，因此產生各種不同的類型，這些類型並無絕對的優勢或劣勢，只是呈現出目前非營利組織正式採行或可以採行的運作方式，作為非營利組織施行社會企業化的參考。

　　在第一種途徑的考量下，非營利組織有幾種不同的企業化類型，分述如下：

　　在較早期，美國非營利組織面對雷根政府的大量削減經費補助時，必須發展出獲取收入的分享，但是因為擔心這種商業行為會傷害非營利組織的任務，又缺乏企業運作的相關經驗，所以採取單純的商業運作方式，分成下列 5 種類型（Skloot, 1987, 1988）：

一、方案相關產品（program-related products）：非營利組織自己發展產品，銷售給組織的會員，參與者或是社會大眾，這些產品可以得到社會的認同，同時獲得促成組織任務和賺取收入的結果，譬如美國女童子軍推銷自己製作的餅乾，使年青人學習擔負責任，也為組織賺取大量經費。

二、方案相關的服務（program related service）：經由組織免稅的特性，提供會員、會友和校友等較優遇的商業服務。

譬如博物館的紀念品商店、文化機構和醫院的附設餐廳，會員的旅遊安排。

三、職員和受服者的資源（staff and client resources）：非營利組織在不同的商業活動中，提供它們職員和受服者的專業服務，包括對新的消費者提供類似的服務，或對現有消費者提供新的服務。譬如一個學校可以支援另外學校的電腦系統，社會服務機構做為其他公私部門有關戒酒、戒除藥物濫用的諮詢機構，這些都可以收取相關費用。

四、硬體財產（hard property）：土地、建築物、相關的設備可以出租、銷售和推展使用，以賺取費用。譬如學校宿舍和餐廳在暑假期間，提供大型會議使用，學校體育設施租給特定運動團體作為訓練使用。

五、軟體財產（soft property）：軟體財產包括專利權、著作權、藝術品、手工藝品和會員名單。有些組織允許商業機構使用他們的名稱，或是提供藝術品供特定機構重製。

長期從事「遊民經濟發展」服務工作的美國羅伯咨基金會認為傳統的非營利組織所訓練出來的工作人員，已不足以應付現代複雜的社會問題，因此必須培養新的社會企業家進入非營利組織工作，經由企業管理的運作，使組織得以實現其任務，在此理念下，基金會提供5種非營利企業的類型（Emerson & Twersky, 1996）：

一、庇護式企業：非營利組織從不同層級政府的簽約外包的活動中，獲取相當的利潤。

二、開放市場企業：非營利組織沒有任何優先簽約或顧客營運的優先考量，完全進入市場與企業競爭。

三、特許權企業：非營利組織得到全國性企業公司的經營特許權或是專賣權，譬如爭取代理著名冰淇淋的地區販賣權，讓遊民或殘障人員來推銷冰淇淋。

四、以方案為基礎的企業：社會服務組織已經辦過的方案，轉化為可以得到收入的企業。

五、合作社式企業：一種由員工共同持有股份，卻又同時可以領取工作薪資的企業經營方式。

筆者曾經以適當的商業化手段，獲取合理利潤做為考量，把非營利組織的事業化分成下列幾項類型（陳金貴，2001）：

一、向受益人收費：非營利組織可以舉辦活動、接受諮詢、出借場地或停車位、支援特定的對象，收取合理費用。

二、販賣商品：非營利組織可附設販賣部或服務部，以直接販賣本身產品或代理相關產品，並透過販賣部、郵購或電子商務的方式處理。

三、庇護工廠的對外營業：庇護工廠不只是過渡式的就業訓練場所，也可對外營業，賺取費用，譬如陽光基金會的洗車中心及設在捷運車站的庇護商店，或是喜憨兒基金會的烘焙麵包店及餐廳。

四、以資源回收方式賺取費用：環保性團體可將資源回收的物品加以整理，轉賣給相關組織。

五、向第三者收費：非營利組織透過政府提供的經費，服務社會大眾，或協助企業辦理醫療、托兒、進修教育等事項，向企業收取費用。

六、直接經營事業：非營利組織可投資餐飲業或清潔公司等，在僱用弱勢族群為員工的前提下，經營各種事業。

七、運用組織的聲譽收取贈款：這是採用善因行銷的作法，非營利組織與企業合作，幫其背書，收取廣告費或是賺取回饋金。

八、辦理與任務相關的各種方案：針對組織本身的專長及特性，辦理相關方案，賺取費用，譬如張老師基金會舉辦成長團體、女青年會辦理禮儀研習班。

由上述以非營利組織為本體，企業經營為運作的社會企業中，不同的類型展現出社會面和企業面在組織中的不同份量，使得非營利組織的決策者和管理者有時會無法瞭解自己的組織在企業化的追求過程中，是否會走偏方向，因此一個社會企業光譜（the social enterprise spectrum）（見表一）被發展出來，做為自我檢視的參考，光譜圖的一端是純慈善性組織，另一端是純商業性組織，在中間類分則是其他的可能（Dee, Emerson, & Economy, 2001; Herzlinger, 1999 ／張茂芸譯，2000），這個光譜圖也可以做為非營利組織預備朝向企業化發展時，自我定位的考量。

表一　社會企業光譜圖

	選擇權的連續體		
	純慈善性質	混合性質	純商業性質
一般動機、方法和目標	訴諸善意任務導向社會價值創造	混合動機任務和市場並重社會和經濟價值並重	訴求自我利益市場導向經濟價值
主要利害關係人			
受益者	免付費	補助費用或採取服務對象付全額和免付費的混合方式	完全依市場價格收費
資金	捐款和補助金	低於市價的資金成本或捐款與補助金兼具市場行情的資金	市場價格的資金
勞力	志工	低於市場行情的工資或同時有志工與支全薪的員工	依市場行情給薪
供應商	捐贈物品	特殊折扣，或物品捐贈與全額收款皆有	依市場收費

資料來源：Dee 等（2001）；Herzlinger（1999／張茂芸譯，2000）。

　　至於歐洲的社會企業，因為它們是從混合非營利組織和社會經濟所產生的新組織體，所以其產生的類型與前述類型必然有許多不同，尤其歐洲各國使用的名詞不一，難以用單一的類型群來呈現，因此本文選取在政府支持下已有較完整研究和實際運作的英國社會企業，做為代表類型。英國的社會企業基本上包含3種特徵：一、社會取向：直接參與市場中的產品生產或服務提供，尋求實際的交易，並從交易中獲得利益。二、社會目的：具有明確的社會目的，包括工作創造、訓練及提供地區服務；它們有包括承諾建立地區發展能力的倫理價值觀，它們勇於承擔社會、環境和經濟對其成員和廣大社區的衝擊。三、社會所有：它們是以利害關係人（使用者、案主和當地社區團體）或是信託人的參與為基礎，所形成具有自行治理和所有權的組織，利益的分配是由利害關係人來分享或是由社區來使用（Social Enterprise London, 2001）。在此3項特徵的衡量

下,英國社會企業類型分成下列幾項(Social Enterprise Charter, 2001; Social Enterprise London, 2001):

一、為員工所有的企業:它是由在其中工作的員工自行擁有和掌控的企業,例如小型的合作社或大型的企業公司,員工持有股份可以增加組織的效率,提升個人發展,並達到有助於社區經濟發展的社會目的。

二、儲蓄互助社:一種以財務運作為主的合作社,由會員持有主控權,目的在提供民眾存款和借錢,會員可將錢存入共同基金,不但可以獲得較高利息,同時也可以低利貸款。

三、消費生產合作社:會員聯合起來,透過共同擁有的企業,來達到經濟和社會需求,合作社的建立來自於會員有強烈的共同感覺和分享需求的感覺,它包括房屋合作社、農業合作社等。

四、聯合發展組織:此組織由地方社區代表、地方企業和社區組織代表組成董事會,辦理不同的社區再生活動,譬如建築和管理社區中心,提供運動和娛樂設施、經營孩童托育中心,改進社區發展和環境保護等。

五、社會庇護工廠:此工廠的建立是為了提供身體殘障或有其他缺陷者就業和訓練的機會,使他們能成為經濟自主者。

六、調整勞力市場公司(方案):對長期失業者提供訓練和工作經驗,這種作為有時是一個獨立組織,有時是一個附屬在其他組織的方案。

七、慈善組織的附屬產業:慈善組織以創新方法追求它們的目

標，這些產業包括博物館的書店和餐廳、商店、志工推銷聖誕卡、志願部門在政府契約下增加服務工作。

八、社區企業：它是一種產業組織，由當地社區設立、擁有和掌管，主要的目的為當地民創造自我支持的工作，並著重地方發展。

從上述英國的社會企業類型中，可以發現非營利組織的成分較少，社會經濟的組成較大，具有較強的公民社會的呈現，扮演著分擔政府職能和服務輸送的角色，這與非營利組織為主的社會企業途徑有很大的不同，在臺灣雖早已有儲蓄互助社及合作社等組織，但其功能尚未能充分展現民間自主的力量，不過整個英國的社會企業類型，可以提供臺灣未來朝向社會企業發展時，有更多參考的依據。

肆、非營利組織社會企業化的經營問題

長期來，非營利組織的經營主要以提供社會服務為導向，因此在其中工作的人員秉持愛心和熱心，就可以把工作做好，社會上的受服對象也因為這是免費的服務，不敢有所要求。由於非營利組織的經費依賴政府補助、自行募款和會費收取所組成，所以在一般的非營利組織中，如果得不到政府的經費支援，就依靠社會上的捐助，而社會人士也能接受此事實，依個人能力和想法而捐款。對於非營利組織的參與者也可以提供服務，不涉及營利，在奉獻和助人的理念下，以清高的形象，獲得自我的成就感和社會的肯定。這些傳統的非營利組織核心印象，在時代的變遷中，已經受到嚴重的挑戰，過去滿足於只要有人提供服務就好的情形，已經在要求更高服務品質或使用更好的

設備中,逐漸失去其光芒。過去樂於行善捐款者,因為經濟不景氣,收入緊縮,甚或失業在家,以致無法捐款,而非營利組織在大量失去捐款之際,又遭逢政府社福經費大幅刪減,在求助無門之下,非營利組織勢必要走向自力救濟之途。然而如果採行營利一途,可能會使得尚能捐款的人士,看到非營利組織營利的情況,而退出捐款行列。過去非營利組織不營利的清高形象,面對組織財務困難,生存和發展陷入困境時,是否仍要堅持此一理念,或是採取開放的態度,面對現實解決問題。這一連串的衝擊,迫使非營利組織要走向企業化,但是同時又要擔心因此而失去其社會服務的本質。事實上,除了這種理念改變的衝突外,非營利組織在企業化的過程中,將在組織的管理、人事及經費的運作上,遭遇到選擇、排斥、接受等的調適問題,這些問題應該給予深入的探討。為便於討論,將問題分成任務、管理、人員及資金 4 個面向,每個面向再以不同子題來加以分析。

一、任務面向

任務是每個非營利組織存在的理由,也是它們必須完成的目標,由於它的本質基本上是以服務社會和個人,做為其社會取向的底線,如今因為企業化經濟取向的進入,必然會產生新的變化,要如何不影響服務社會的本質,又能有效發揮企業化的經濟效果,非營利組織必須要有所調適,這些考量分項敘述如下:

(一)名稱問題:非營利組織名稱上來源,來自於美國的稅制規定,對特定性質的組織給予免稅的優待,這些組織基本

上是不以營利為目的,因此稱之為非營利組織(陳金貴,1994),但是如果非營利組織配合企業化的發展,而有營利的事實,那麼非營利之名則名不符實,必須要更正,所以美國方面已有逐漸採用「社會部門」(social sector)之趨勢(Dee et al., 2001; Kearns, 2000),臺灣地區有公益組織、人民團體、民間社團等不同稱呼,都不會受到企業化的影響,因此有關正名的問題在臺灣較不嚴重。

(二)任務與職責問題:基本上,非營利組織都有其成立的宗旨,也就是它的任務,只要組織中的活動和發展都依此方向運作,不管採取任何手段或方式,都可以有彈性的考量,因此如果企業化的採行,也遵循此原則不會有執行上的困難,但是如果為獲取利益,而忽略原來任務則會產生忽略職責問題。譬如為配合取得的政府委託方案活動,投下過多的人力和時間,結果是獲得了利益,卻影響本身的發展和活動,造成了任務的扭曲,對組織的支持者或受服者的權益可能會有損傷,而有失其職責(accountability),換句話說,就是違反當初的承諾,有失其責,這是值得注意的事。

(三)形象問題:非營利組織因為有營利行為,通常會引起社會民眾的反感,民眾不會同情非營利組織不得已營利的苦衷或企圖,總是無法接受此種改變,再加上與私部門的企業直接競爭,在免稅的優待下,有較大的競爭優勢,更是引起反彈,因此非營利組織必須要從帶有較強社會服務性的企業活動著手,譬如喜憨兒基金會僱用喜憨兒擔任餐廳服務或烘焙麵包,待社會逐漸接受這種社會福利結合企業活動的方式時,才不會有太多的批評。

二、管理面向

　　非營利組織的社會企業化,必須要以社會企業家精神來運作,因此企業管理的技術無可避免的要被引進,然而傳統上非營利組織是以自然、彈性、充滿感情、集體智慧及共同努力的方式,來達成任務,這種不同於公部門及私部門的組織特色,呈現其獨特經營風格,甚至以避談管理,來表示對其組織成員的一種尊重(陳金貴,2000),如今在企業管理的入侵下,非營利組織要如何調適,也是值得注意的問題,分成下列幾項議題:

(一)管理觀念的運用問題:良好的管理技巧可以有效的協調組織資源,改進工作效率,達到組織目標,也因為如此,組織中會有許多要求統一、秩序和快速反應的規定,各項活動要有績效,各種服務要考慮成本效益,這樣的做法可能因此提升組織的收益,然而卻可能在冰冷的要求下,使得工作人員在缺乏彈性和人情的感覺中,喪失其對工作和服務對象的熱誠,失去其服務社會和人群的工作意義,如何調和管理工作,使其不僅能幫助組織的經營,也同時兼具人性考量,這是要加以注意的問題。

(二)產品和服務的品質問題:非營利組織的產品和服務固然可以因為購買者帶有同情和捐助的心態,而給予支持,但是非營利組織的工作人員,切莫因此忽略產品和服務的品質,消費者的同情心可能只有一次,要使產品和服務能夠持續得到支持,必須要不斷的改進品質或是功能。此外產品和服務最好能夠結合組織服務的特性或是加上

頭銜，可以增強購買者的意願，如果只是單純的產品供應，那就和一般企業相互競爭，接受市場的考驗。

（三）管理工具使用的問題：現代企業的管理經常有各種創新的管理工具在交換使用，這些管理工具包括策略規劃和管理、全面品質管理、企業流程再造、行銷管理、知識管理、學習型組織、平衡計分卡、績效管理等，這些管理工具固然對企業的營運有很大助益，但是實行時有時因為過程複雜，增加更多的作業過程，使得手段和目標倒置，產生無法推動的情形。對於組織型態單純的非營利組織，雖然需要使用創新管理方式，但是必須要衡量本身組織的任務和能力，以及所欲達成的目標，採取較合宜且較簡化的方式來運用，切莫迷信這些企業界的新穎管理工具，別把它們當做萬靈丹，如此才不致陷入管理方法的泥淖中。

三、人員面向

非營利組織中包含許多的人員，分別是決策人員、職員、志工及受服者，他們扮演不同角色，使組織工作得以運作，由於非營利組織本身的社會服務本質，使其工作人員都有一種使命感，他們不會去計較物質和金錢上的報酬，受服者也都能以感恩的心態去接受服務，這種的互動使得非營利組織成為最具人性關懷的組織。不過企業化的觀念進入後，對所有的人員都會影響，彼此都需要新的調適，其問題分述如下：

（一）決策人員的問題：非營利組織的決策人員傳統上都比較保守，也有很強的捍衛組織的責任，因此企業化可能會帶來組織經營型態和管理的變動，甚至有風險產生的可能，他們必須要負責任，如何以完善的規劃及評估，來說明企業化對組織的正面效果，才能使決策人員願意接受企業化的進入。

（二）職員的問題：基本上非營利組織因為其社會服務的特性，所以在其中工作的受薪職員會以具有社工背景的人士居多，當企業化的觀念進入，一方面因專業不同，必須要去重新學習和接受新觀念，甚至要改變他們習慣的工作方式；另一方面要向受服者收費或推銷產品，這不符合社會工作者的理念，而有挫折的感覺。此外，組織為因應企業化的需求，可能招募企管背景的人員，兩種不同任務的人員相互受到對方任務要求的牽制，在爭取優勢角色的過程中，會有對立的現象，造成組織的不和諧，這需要慎重的處理。

（三）志工的問題：志工願意支援非營利組織的服務工作，是因為它的社會服務及不營利的特性，如今非營利組織要志工以不支薪的方式，幫組織賺錢，雖說是募款的一種型態，但若一直以營利的角度來要求志工服務，恐怕有違志工本意，而招致反彈。此外，如果組織提供的產品和服務要收費，消費者常會以市場的水準來要求，沒有受過專業訓練的志工，是否能維持一定的水平，或是承受這種壓力，否則會因此減少產品或服務的競爭力。

(四) 受服者的問題：受服者在企業化的非營利組織中有兩種角色，一種是直接接受服務的人員，他們大都是弱勢族群，因為有非營利組織的免費服務，他們才得到照顧，如果採用使用者付費的原則，受服者可能會因付不起費用，而退出輔導、矯正或是學習的程序，對受服者和其家屬都會有極大的衝擊。受服者的另一種角色是因為企業化和社會性的結合，被受僱於特定的工作，使其有固定的收入，獲得自立的人生，同時也為組織賺取利潤，然而這些人可能會有被標籤化的作用，也可能會有工作能力不佳而影響工作品質的情形（蕭盈潔，2002），造成組織人員管理上的困難。在組織企業化的過程中，如何維護原受服者的權益，也是需要注意的事。

(五) 資金的問題：非營利組織從事企業化的行動時，必須要有適當的資金來運作，作為購買原料或成品、改良設備及增聘專業人員之用，如果組織有足夠的資金，可能就不需要透過企業化的方式來賺取利潤；如果資金不足又如何去進行相關的事項。再說非營利組織因為不營利，所以有免稅的優待，但現在有營利的事實時，要如何去處理這個問題呢？分述如下：

　1. 風險評估問題：天下沒有只有賺錢而不會賠錢的生意，因此非營利組織面對此種有風險的投資時，必須要謹慎的評估，如果判斷錯誤，招致營運失利，這種後果並非是像企業關門一樣，不僅要愧對受服者和志工等相關人員，使該組織聲譽掃地，無法得到社會的支持

和諒解，也可能拖累其他相似團體的未來活動，使得非營利組織失去民間的信任，其後果將會十分嚴重。

2. 稅金問題：依臺灣所得稅法，非營利組織只要符合行政院規定標準者，其本身之所得及其附屬作業組織之所得，除銷售貨物或勞務之所得外，免納所得稅，但銷售貨物或勞務之所得，除銷售貨物或勞務以外之收入不足支應與其創設目的有關活動之支出時，得將不足支應部分扣除外，應依法課徵所得稅，由此觀之，非營利組織若從事營利活動，但其經費的處理能依照規定方式運作，則依然有免稅之機會。此外非營利組織對外舉辦活動時，仍應課營業稅。因此為避免因稅金而使營利收入減低，非營利組織應對稅法加以研究。

伍、結論與建議

在大環境的變動中，不論是臺灣內外的非營利組織都面臨資源枯竭的衝擊，無法依據政府經費或社會捐款的支持，自行營利以求生存，將是無法避免的趨勢，如果能夠在顧及本身原來任務的社會目的，同時以企業手段來獲取合理利潤，如此的社會企業化方式，應該是非營利組織本身及社會大眾所能接受的。更進一步觀之，社會企業化未必一定要營利，若能透過企業家精神的運作，使非營利組織更能發揮組織功能，提升活動效益，對社會也更有意義。非營利組織的工作人員及社會大眾應以開放及創新的觀念，來接受此必然的發展。在本文中提到

許多社會企業的類型，由於各有不同的運作方式，本文無法將其綜合歸納，僅以其原型呈現，使有意從事社會企業化的人可以依其需求，選取適合的方式。由於非營利組織朝向企業化營利的發展方向時，會有營運上的風險，因此必須在事先有良好的規劃和評估，確定其可行性和適當的投資報酬率，方可謹慎行動。不過對於大部分非營利組織都缺乏相關的經驗，欲進行企業化的行動，卻不知如何著手，政府有關機關可以扮演輔導和協助的角色，主動召集專家成立推動及諮詢小組，並召開相關的研討會、辦理講習班及舉行觀摩會，透過一連串的宣導和教育，才能協助非營利組織正確而有效的採行社會企業化的運作，使它們逐漸走向能夠自力更生的運作。

參考書目

張茂芸譯（2000）。《非營利組織》。臺北，臺灣：天下遠見。（原書 Herzlinger, R. E. [1999]. *Harvard business review on nonprofit*. Boston, MA: Harvard Business School Press.）

陳金貴（1994）。《美國非營利組織的人力資源管理》。臺北，臺灣：瑞興圖書。

──（2000）。〈非營利組織之人力資源管理〉，「e 世代非營利組織研討會」論文。臺灣，臺北。

──（2001）。〈志工組織的社會事業化〉，「2001 年志工臺灣研討會」論文。臺灣，高雄。

黃榮墩（2001年8月20日）。〈社福機構創造就業維持運轉〉，《聯合報》，15版。

蕭盈潔（2002）。《非營利組織之事業化：以社會福利機構為例》。國立臺北大學社會工作學系碩士論文。

Borzaga, C., & Defourmy, J. (2001). *The emergence of social enterprise*. London, UK: Routledge.

Dee, J. G., Emerson, J., & Economy, P. (2001). Social entrepreneurship. In J. G. Dee, J. Emerson, & P. Economy (Eds.), *Enterprising nonprofits: A toolkit for social entrepreneurs* (pp. 1-8). New York, NY: Wiley.

Emerson, J., & Twersky, F. (1996). *New social entrepreneurs: The success, challenge and lessons of non-profit enterprise creation*. San Francisco, CA: The Roberts Foundation.

Initiative on Sociative Enterprise. (2001). *Social enterprise*. Retrieved from http://www.hbs.edu/ Socialenterprise/Soverview.html

Institute for Social Entrepreneurs. (2000). *Social enterprise*. Retrieved from http://www.socialent.org/overview.htm

Kearns, K. P. (2000). *Private sector strategies for social sector success*. San Francisco, CA: Jossty-Bass.

National Center for Social Entrepreneurs. (2001). *Home*. Retrieved from http://www,nationalcenterforsocialentrepreneurs.org/

Northland Institute. (2001). *What is "social enterprise?"* Retrieved from http://www.northlandinst.org/ socialent.cfm

OECD. (2001, December). *Social enterprise: A comparative perspective*. Paper presented at the International Conference, Trento, IT.

Ott, J. S. (2001). *The nature of the nonprofit sector*. Boulder, CO: Westview.

Salamon, L. M. (2001). The current crisis. In J. S. Ott (Ed.), *The nature of the nonprofit sector* (pp. 420-432). Boulder, CO: Westview.

Salamon, L. M., & Associates (Eds.). (1999). *Global civil society: Dimensions of the nonprofit sector*. Baltimore, MD: The Johns Hopkins Center for Civil Society Studies.

Skloot, E. (1987). Enterprise and commerce in nonprofit organizations. In W. W. Powell (Ed.), *The nonprofit sector: A research book* (pp. 380-393). New Haven, CT: Yale University Press.

-- (Ed.) (1988). *The nonprofit entrepreneur: Creating ventures to earn income*. New York, NY: The Foundation Center.

Social Enterprise Charter. (2001). *What are social enterprise?* Retrieved from http://www.sel.org.uk/ socent/index.html

Social Enterprise London. (2001). *Introducing social enterprise*. Retrieved from http://www.sel.org.uk/ publications, htm/

Standford GSB. (2001). *Center for entrepreneurial studies*. Retrieved from http://www.gsb. stanford.edu/ces/social-entrepreneuship.htm/

West, J. (2001). *Social enterprise vie for public service role*. Retrieved from http://www.newstatmag. co.uk/news207.htm/

從社會企業的角度檢視公廣集團的困境與挑戰——
一個整合性論點的提出 *

秦琍琍
世新大學口語傳播學系專任教授

摘要

　　從在 1998 年正式開播的「公共電視臺」,到 2006 年陸續納入華視、原民臺與客家電視臺而成的「公共廣電集團」,這一路走來儘管臺灣社會已普遍接受與認知到公共媒體的必要與重要性,但公廣集團能對臺灣社會所發揮的功能卻仍然有限,這樣的現象似乎指出了一個值得臺灣社會與公廣集團共同深思的問題——「為何公共媒體在臺灣的運作無法有效的發揮其功能?」針對此一問題,本研究擬跳脫歷年來相關研究單位從政策法規、公共化媒體的概念,以及媒體組

---

* 本文乃由行政院國家科學委員會專題研究計畫案(2007 年 8 月至 2008 年 7 月)所延伸之研究論文。已發表於香港 2008 年「數位語境的兩岸三地新聞文化探討」研討會。作者感謝兩位匿名審閱者的意見與建議,也謝謝該研究案的陳彥龍、黃瓊儀、與張嘉予 3 位助理。
原文刊載於《廣播與電視》第 30 期 2009 年 6 月。

織經營管理等面向的論述脈絡，轉而從非營利組織與社會企業的概念，來檢視與分析臺灣公共廣播電視集團的困境、挑戰與契機。企盼經由此一概念與視野的提出，一方面能整合前述單一論點的大不足，進而建構一個全觀與系統性的參考架構，以彌補現今相關知識的大不足；亦希望能在數位時代下的臺灣媒體環境中，幫助公廣集團透過社會企業的精神與運作模式，以突破目前的實務困境。

關鍵詞：公廣集團、企業文化、社會企業、非營利組織

壹、前言

臺灣第一家無線電視臺於 1962 年開播，其後陸續成立的無線與有線電視臺也讓臺灣的媒體產業進入了戰國時代，然而臺灣的公共電視臺卻是到 1998 年方成立。而從開播以來，公視雖然一直朝著「成為一個真正以民為尊的電視臺」努力，但這數年間卻大不斷的經歷到組織內部的改組、定位與調適，以及對外必須向社會大眾行銷公視理念與存在價值的種種考驗（見秦琍琍，2001a，2001b；戴皖文，2006；關尚仁、鄭如雯，1998）。

自行政院新聞局於 2004 年宣布臺視、華視將朝公共化的方向規劃後，公共電視臺也著手開始轉型，除了大幅更動管理階層外，也積極規劃未來組織的運作與經營。直至 2006 年，華視、原民臺與客家電視臺陸續與公共電視合併成為公共廣電

集團之後,整個組織除了在內部面臨到整併成集團的種種問題外,對於外界更必須回應根據立院所通過的《無線電視事業公股處理條例》之 4 項附帶決議中之第 2 點的要求,朝未來 5 年內於南部設臺的方向努力。因而,整個公廣集團除了必須在組織變遷的過程中重新自我定位並建立文化外(見李美華,2004;程宗明,2005),更必須面對外界要求公廣集團實踐「數位化、國際化與公共化」的要求(見公視基金會,2005;張錦華,2004;馮建三、石世豪、郭力昕,2002)。

從籌建公視以來至今的十數年間,[1] 隨著科技的發展,臺灣社會在邁入二十一世紀的同時,也在全球化浪潮的衝擊下進入了數位時代的新紀元。值此之時,公廣集團大不僅視數位化為組織的重要任務,其實際上也可算是臺灣電視數位化的火車頭,然而此一作為對於提升臺灣的媒體環境與節目品質、乃至發揮其公共的角色有何影響?畢竟,在此媒介匯流的時代,大不僅對於傳播的概念與傳統媒體的定位必須賦予新義,至於媒體內容的產製,以及閱聽人的角色也有了極大的改變。因此,大不只是商業媒體應該深思新媒體的經營之道,做為一個全民所共有的公共媒體更應在數位時代中,重新檢視其所應扮演的角色與存在的價值。

從早年強調電視臺規模「小而美」但卻在組織定位與認同上莫衷一是的「公共電視臺」(見秦琍琍,2001b),到 2006 年陸續納入華視、原民臺與客家電視臺而成的「公共廣電集團」,這一路走來儘管臺灣社會已普遍接受與認知到公共媒體的必要與重要性,但公廣集團能對臺灣社會所發揮的功能卻仍

---

[1] 公共電視臺的前身「公共電視籌劃委員會」成立於 1991 年。

然有限,這樣的現象似乎指出了一個值得臺灣社會與公廣集團共同深思的問題——「為何公共媒體在臺灣的運作無法有效的發揮其功能?」

針對此一問題,本研究擬跳脫歷年來相關研究從政策法規、公共化媒體的概念,以及媒體組織經營管理等單一面向的論述脈絡,轉而從非營利組織所興起的社會企業之概念,來全面的檢視與分析臺灣公共廣播電視集團的困境、挑戰與契機。企盼經由此一概念與視野的提出,一方面能整合前述單一論點的大不足,進而建構一個全觀與系統性的參考架構,以彌補現今相關知識的大不足;亦希望能在數位時代下的臺灣媒體環境中,幫助公廣集團能透過社會企業的精神與運作模式,突破目前的實務困境。

貳、臺灣的公共媒體——從公共電視到公廣集團

臺灣在 1987 年解嚴,1988 年解除報禁,政策的轉變固然使得民主政治與經濟起步發展,進而創造「臺灣錢淹腳目」的經濟奇蹟,但民主素養未深化、公民意識未抬頭,乃至文化內涵未精進的結果,其後亦難逃大不成熟民主體制運作與經濟泡沫化的危機。雖然如此,其時臺灣社會民風已開,社會運動的浪潮襲捲全島,其中對於媒體改革之呼聲,亦沸沸揚揚。

自 1993 年《有線電視法》通過以後,有線電視的普及與過多所形成的商業競爭導致節目的低俗、媒體產業趨於整併而成為少數集團的壟斷,甚至是政治勢力掌控媒體的態勢,都讓閱聽大眾忍無可忍,有識之士遂倡議媒體公共化的概念,並以公共電視的設立為首要目標。

換言之,臺灣公共電視的催生,主要在於媒體節目內容的劣質與庸俗化,以及政黨勢力的干預與操縱,因此為矯正資本主義經營模式下的畸形發展,其時媒體公共化的主要訴求在於設立一個由政府編列預算、大不受收視率與商業化的左右,並能為弱勢發聲呈現多元化的公共電視。之後,至 2000 年選舉之際,社運與學界更進一步推動黨政軍退出媒體的訴求,至陳水扁當選總統,一方面為履行選舉承諾,另方面為解決其時由政府系統持股之無線媒體的經營困境,政府於 2003 年推出「黨政軍退出媒體」的政策,並於同年底完成廣電三法的修定,而在各種勢力角力之下,華視與臺視「一公一民」於焉定調,正式朝公廣集團化的建制邁進。

　　上述背景遂使得 1998 年 7 月 1 日有財團法人公共電視基金會的成立,而公共電視臺亦於同日開播。之後華視於 2006 年正式公共化,臺灣公共廣播集團(TBS)掛牌運作,而到 2007 年客家電視臺、原住民電視臺,以及宏觀頻道亦加入集團。

　　公視成立初期雖僅有 3 百多名員工,但由於其成員對於組織的認定與期待大不盡相同,組織缺乏一整體共享的企業文化,使得對內的溝通與對外的行銷、企業形象的形塑,以及在獲取社會大眾的支持上都未臻理想(見秦琍琍,2001a,2001b;戴皖文,2006;關尚仁、鄭如雯,1998)。

　　但在政府每年 9 億元經費的補助下,公視逐漸發展,從其 2001 年至 2004 年的「成為公共服務領域與教育文化節目的領導品牌」,到 2005 年至 2007 年的「貼近公眾,成為受公眾喜愛並信賴的標竿媒體;接軌國際,成為具國際視野與品牌的公視集團」兩組織願景中,宣示其進行公共服務與提升公共價值

的目標。在其內部刊物《大會報告》中也曾明言從 1998 年設臺起到 2005 年的策略目標為「建立媒體優質標準及信賴」,而在未來 5 至 10 年第二階段的目標策略則是要進行「提供公民另一個選擇」,公視計畫從優質「小而美」擴大為中型媒體,在通路上要多元及多平臺(公視、華視 6 個以上數位電視頻道、數位廣播 4 個頻道、網路新媒體均須發展),並提高市占率。[2]

在近 10 年的時間中,臺灣的公共媒體從僅有 3 百多人的公共電視,發展成擁有近 1,500 位成員的公廣集團,其中歷經了四屆董、監事會,組織管理高層也頻頻走馬換將,在看似平順的外表下,其實也是步履維艱地走來。這可以從政策法規、公共化媒體概念的推動,以及媒體組織經營管理等 3 個面向來討論,本節先就前兩項作討論,至於組織經營管理與運作的檢視,將留待文章的後半段從非營利組織與社會企業的角度來析論。

一、政策法規面的說明

從政策法規面來看,公共廣電集團法制化歷程中最重要的法源,首推 1997 年的《公共電視法》,這是臺灣公共服務廣電之法源,也因而確認了公視的定位、經費來源與獨立自主運作的機制。但若沒有後續在 2003 年底完成的《廣電三法》之修訂,以及《無線電視事業公股處理條例》,公共電視是大不會演變成集團的規模。

然而《廣電三法》之修訂固然明訂黨政軍退出條款,《無線電視事業公股處理條例》也為華視釋出公股與公共化定出法

---

[2] 公視內部刊物《大會報告》第 1、3、12、13、15 等期。

源,但由於《公共電視法》一直未能配套修訂,使得公廣集團在整併過程中產生許多問題。例如,舊有之《公共電視法》未能符合數位時代公共廣播媒體之需求;其次,公廣集團本身尚無法源依據,名大不正言大不順的結果勢必引發爭端。

而華視公共化後管理的法源依據,也有適用《公共電視法》或《廣播電視法》之爭議。公廣集團中公視之經費來源依《公共電視法》,由新聞局逐年提撥編列預算,而集團中之華視則仍採商營模式,遵循既有《廣播電視法》的規範。另若就主管機關而言,公共電視以提供經費的新聞局為明文主管機關,至於監理業務及節目內容管理又是由NCC(國家通訊播委員會,National Communications Commission)所主管(陳彥龍、熊杰,2007),管理機關的多頭馬車也讓組織管理平添困擾。

因此,目前公視修法小組評估《公共電視法》修法的重點包括了一體化規範、單一治理結構、族群與海外特殊服務定位、數位平臺服務規模、經費永續編列、廣告與商業化規範、區域發展、監督機制、管理結構集團化、勞工之產權民主參與等(見程宗明,2007)。

二、公共化媒體概念的說明

雖然多數研究傳播政策與法規的學者認為,法源依據是臺灣公共媒體成敗的決定性因素,上述的法律條文也的確讓公廣集團應運而生,但公共電視與公廣集團的基石,乃在於公共化媒體概念的演繹與推動,這也是為何集團整併後的許多困境與挑戰,即使可以歸咎於部分法規之未盡完善,但也無法完全從法律層面來解決的原因。因此本文除檢視政策法規、公共化媒

體的概念等面向外,也擬從公共媒體的本質——非營利組織的面向進一步剖析其經營與管理。

公共化媒體概念的推動如前所述,起因於臺灣媒體生態的種種問題實已讓人忍無可忍,而歷年各種社會組織之推動主要可分為 3 類:第一類是訴諸消費者權益或針對特定節目提出批評或要求,如消費者文教基金會於 1987 年設置「消費者傳播權益委員會」、1992 年半官方的「電視文化研究會」成立(已轉型為媒體識讀基金會)、1997 年 9 位立法委員成立「媒體暨消費者權益促進聯盟」,以及 1999 年成立的「臺灣媒體觀察基金會」;第二類是著重政治面向的問題,如 1995 年澄社等 8 個社團成立的「黨政軍退出三臺運動聯盟」;第三類則是同時針對政治顢頇與媒體產業環境惡化而提出訴求,如 1993 年成立的「公共電視民間籌備會」、1996 年成立的「民間公共電視立法行動聯盟」和「公共媒體催生聯盟」,以及 2000 年成立的「無線電視民主化聯盟」等(見翁秀琪等,2001)。

容或大不同的團體有大不同的訴求主題,但最終都可視為是「公共化」概念的提陳。其主張是基於無線電波是稀有的公共財,因此無線電視臺應以優質節目服務人民,以建構民主社會的公共論壇。而無線電視公共化之目的,在使電視產業產生結構性改變,強化公共廣電體系資源,以修正過度商業取向所形成的惡質競爭與內容偏失(簡淑如,2003)。

據此,擁護公共化之士認為應從產權、經費來源的組合、節目表現、從業人員,以及社會監督機制等面向來建制公共化的媒體(見翁秀琪等,2001),並在彼時的媒體現狀中,倡議將華視公共化以實現理想。其時對於公共化的論述更以傳播權

為理論基礎，勾勒臺灣媒體公共化與集團化後，既有助政府推動數位化政策之執行，又能「擺脫政府或一黨一派控制避免商業運作干擾節目製作輿論公器，提供公共服務促進多元化與民主參與」（見翁秀琪等，2001：28）。

然而，公共化固然是解決臺灣媒體長久以來所存弊端的良策，但大不應視其為絕對與唯一的解決之道，一方面「公共化」既是理念，就必須「權衡」在實踐時可能與應有的阻礙，所謂的「權衡」是指較全面也較中肯的評估，其中既大不應存有類似說帖一般的既定立場，也大不宜過度理想化的僅從某些學理角度評析，當然也應避免一味舉國外之經驗樂觀評估，同時更應傾聽組織成員的聲音，否則難免陷入某些迷思與弔詭中。目前，即使是先進國家公共廣播系統的經營運作模式都仍在大不斷調整中，因此在期待與支持的同時，也大不免應對其有所檢視與針砭。

參、非營利組織與社會企業

Walzer（1995）認為「公民社會是一種人民大不受強制而可以自由的組成各種團體的場域，譬如為了家庭、信仰、興趣、利益、意識型態等理由而結社，由這些團體所構成的關係網絡（relational network）遍布在此場域裡」（轉引自官有垣，2001：171）。O'Connell（2000）則進一步指出，公民社會是公共場域，在此空間中人民可以透過對話的方式，參與複雜的政治（公共）活動，亦即在政府治理的過程當中，擔任參與者與監督者，而大不是抱怨者或受害者的角色。而公民社會也是社區的公共空間，在此環境之下，人民可以學習自我尊重、團體

認同、公共技能、合作協力的價值，以及公民的道德。因此公民社會既是由自我、個人與私人生活開始，並能瞭解到個人的權利乃是由健全的公民社會引伸而來的，除了自己的私利之外，也要考慮到他人的利益及集體的利益，所以應平衡權利與義務。

儘管學界對於公民社會的定義有所差異，例如從政治學的角度談論公民社會，就會偏重於公民社會參與權力分配的決策過程，以探討促進有效的民主機制；從經濟學的角度討論公民社會，就會傾向探討公民社會自由理性的一面，從而產生資本主義經濟社會與共產主義經濟社會的大不同思維；而從社會學的角度界定公民社會，就會傾向將它視為是社會資本的一環，而探討社區、群體或個人的互動與連結（鍾京佑，2003），但無論如何，非營利組織顯然都是體現公民社會最大不可或缺的要素。

一般而言，當我們提到非營利組織（non-profit organization）時，實際上涵蓋了慈善組織、志願組織、獨立部門、免稅部門、第三部門、非營利部門與公益基金會等概念，故本研究將非營利組織界定為非政府且非商業性的組織，是一個獨立的部門，以公益服務為主的組織，並符合公共行政所強調之「公共性」特質，亦即具有公共服務使命與積極促進社會福祉，大不以營利為目的之民間公益組織（江明修、陳定銘，2000：156）。

非營利組織又稱第三部門，由於「政府失靈」與「市場失靈」的結果，使得非營利部門在社會運作上具有大不可替代之角色。從民主與公民社會的角度出發，則非營利組織興起的主要原因，乃源於公民社群對政府無力回應民眾需求的反彈。換言之，在民主社會講求多數效益與利益的前提下，政府常無法滿足多元和少數群體的需求，且政府組織有時過於龐大及僵

化，亦無法及時掌握民眾的需求；而「市場失靈」論亦指出由於在市場經濟中企業追求最大利潤與效益，而導致發生無法滿足所有消費者的需求或是犧牲消費者權益的情形，因此非營利組織具有獨立、自主與公益的民間特性，乃公民參與公共政策制定與執行的重要中介管道。

　　Wolf（1990）認為非營利組織具有服務大眾的宗旨、大不以營利為目的、有一個大不致令任何個人利己營私的管理制度、本身具有合法免稅地位、具有可提供捐助人減（免）稅的合法地位，以及必須是正式合法的組織並接受相關法令規章的管理等 6 項特質。此所謂的大不以營利為目的，並非指其大不可營利，而是大不得將營餘與利潤分配給股東、經營者或特定持有人。Salamon（1992）則指將具備下列 5 項特徵的組織界定為非營利組織：正式化組織、民間組織、大不從事盈餘分配、自主管理、志願性團體，以及公益性團體。這樣的定義說明了非營利組織並非大不能營利，否則許多由非營利組織所設置的庇護工場或是附屬單位就無法運作了（如喜憨兒烘焙坊、之前陽光基金會的洗車中心等），而是利潤盈餘大不得分配給經營者或成員（孫本初，1994）。

　　就實務而言，當非營利組織運用商業方式籌集資源，以建立與本身組織使命相關的企業，一方面期望達到經費自主，另一方面實現本身組織使命，此種企業就可稱為「社會企業」，故而有人把非營利組織發展成社會企業的趨勢視為「非營利組織產業化」的現象，即指非營利組織藉由發展自己產業與開拓新的經費來源，以達到經費自主的情況，更甚至是達到組織運作的可持續性。

由上述對於非營利組織理論的演進,以及臺灣與海內外學者對於非營利組織的定義可以發現,非營利組織最大的特質在於標榜「公共」的使命和「公益」的功能,因此並非以營利而是以公共利益為組織存在的核心價值,且在資源獲取的面向上,即使接受政府與企業的贊助,仍需秉持獨立決策與行動的能力(林淑馨,2008)。而近年許多學者更呼籲,將非營利組織視為是一個使命導向(mission-based)的企業,因此這種「社會企業」的概念強調的是良好的溝通、行銷、控管,以及重視組織的核心能力。Brinckerhoff(2000)就指出一個使命導向的非營利組織應具備9項特徵:可實現的使命、企業化的董事會、受過良好教育的員工、瞭解科技的能力、社會企業家、重視行銷、財務授能、具有組織未來發展方向的願景,以及嚴格的控管機制。這樣的說法也結合當代對於企業組織社會責任(corporate social responsibility)的呼籲,逐漸形成所謂的社會企業的概念。

社會企業的定義目前並沒有定論,但若從NPO的組織角度界定社會企業,則Borzaga與Solari(2004)認為「社會企業」基本上是指一個私人性質非以營利為目的之組織致力於提供「社會財」,除了有NPO的傳統經費(如捐款與志願服務的參與)來源外,其還有相當部分包括商業的營利收入(從政府部門撥款者與私人營利部門的消費者獲得經費),以及商業上的活動(轉引自官有垣,2007)。因此Boschee與McClurg(2003)認為詮釋社會企業時大不可忽略一項重要的元素,即社會企業組織要能夠產生「賺取的所得」(earned income),但大不同於傳統的營利性企業組織,其衡量組織成功或失敗的標準往往是獲利的多寡,社會企業組織的衡量標準有兩條底線,一是「財務收益」(financial returns),另一是「社會收益」(social returns)。

而全世界公共廣電存在的主要理由都是為服務大眾,換言之,公共電視可視為是一「公共財」,人人皆可近用與受惠,若以公共廣電的濫觴——英國的 BBC 來看,則其所呈報的普同性、多樣性、獨立性與獨特性等特色,完全符合非營利組織的定義與特色。另一方面,由於之後華視亦加入了公廣集團,因此用社會企業的概念亦能更貼切集團運作的實務。

因此,本文之所以呼籲從非營利組織與社會企業的角度來檢視公廣集團的運作,大不僅在於這些特質與使命,符合公廣集團組織的本質與成立的宗旨,更重要的是,這樣一個較為全觀的（holistic）整合性論點,能將組織經營環境（包括法規政策）、管理運作、領導溝通、財務授能、以及責信（accountability）等面向具體串聯起來。這樣的視野或許能在既往相關研究單從政策法規、公共化媒體的概念,以及媒體組織經營管理等面向的論述中,提出一些新的看見（insights）。

肆、從公共媒體與社會企業看公廣集團的經營管理

雖然公視前董事長陳春山與前總經理胡元輝曾多次在組織內、外部的發言中指出,[3] 公視為一非營利組織（NPO）,因此組織應負起社會責任,以實踐公共媒體的使命。然而從「媒體」到「公共媒體」,再演繹至「非營利組織的公共媒體」概念,除需要經營管理階層充分的認知外,也需要組織成員完全的認同。基於目前已有許多從公共媒體的角度來研究公廣集團的論文,因此本文從非營利組織的角度來檢視公廣集團的整併與經營。

---

[3] 公廣集團成立後,陳春山亦為華視董事長。

由於本文是從研究者所執行的國科會專題研究計畫案所延伸的論文，因此研究資料主要來自該研究案，包括了觀察、深度訪談、文獻分析，以及田野筆記等資料蒐集方法。在觀察方面，匿名和參與式觀察均有使用；深入訪談主要以半結構（semi-structured）的問卷題綱進行。另一方面，為使研究資料更加豐富，亦使用開放式的問卷進行調查，以輔助訪談資料的文本分析。

在資料的蒐集上，主要依據 Glasser 與 Strauss（1967）之理論性抽樣（theoretical sampling）原則進行，共訪問公廣集團 42 名成員，受訪者除包括董事長與總經理等高階管理階層、中階管理者，以及第一線的員工外，也分別隸屬於公視、華視、原民臺與客語臺等子公司；同時為求訪談資料更具代表性，在受訪者的部門、年資與性別等類目上也儘量有所區隔。而在問卷部分則採隨機抽樣，共計 236 份有效樣本，其中公視 97 份、華視 92 份、原民臺 24 份、客家臺 18 份、其他 5 份。

而根據之前的文獻探討，研究資料的分析與呈現從非營利組織的管理與社會企業的運作兩個面向來說明。

一、公廣集團作為非營利組織的挑戰

從相關文獻探討中可知，非營利組織的定義與內涵主要在於使命與願景、人力資源、財務授能、責信等項目（Brinckerhoff, 2000），因此以下將先從公廣集團的使命與願景、董事會的組成、員工與人力資源的管理，以及財務授能等幾項特徵來檢視公廣集團，下節再從社會企業的角度來進一步分析經營管理、領導溝通，以及行銷等面向。惟公廣集團是在 2006 年才正式成

立,且其主要是以公視與華視為最重要的成員,因此分析主要聚焦於這兩臺。

(一)公廣集團的使命與願景

公視在成立的初期,即以「公共服務」為宗旨,在此定位下,其擁有權為全民所共有,其經營權為以社會公正人士所組成的董監事會主掌與監督,其組織目標與使命則以「製播優質節目、提供公共服務、善盡媒介第四權、促進文化與公共利益」為主(秦琍琍,2001b:68)。

其時雖然多數公視人認同公視存在的價值與對社會的意義,也認同其所強調的「服務」的理念,但在對公視的角色定位上,卻存在著大不同或是模糊的理解與認知,這些歧見如:是BBC式的公共電視還是NHK式的公共電視(或是PBS式的公共電視)、要顧及多數人的需要還是應照顧少數人的需求、要教育並提升社會文化還是應該迎合大眾品味、應強調收視率還是要強調收視質(或服務品質),以及這是半公家機關還是真為全民所有等(秦琍琍,2001a,2001b)。

其後,公視的使命逐漸修改為「製播多元優質節目、促進公民社會發展、深植本國文化內涵,以及拓展國際文化交流」(公視基金會,2007)而其於2001年至2004年所定之願景是「成為公共服務領域與教育文化節目的領導品牌」,之後,也明定2005年至2007年之3年願景──「貼近公眾,成為受公眾喜愛並信賴的標竿媒體;接軌國際,成為具國際視野與品牌的公視集團」。而根據訪談內容進一步整理,則可知公廣集團成立後,在第三屆董監事會時,曾針對公視與華視的使命、定

位、策略與市場區隔提出共識,其中將公視定位為「側重人文關懷與資訊服務的綜合臺——人文資訊臺」,而華視為「側重生活經營與娛樂服務的綜合臺——生活娛樂臺」。並提出公廣集團使命在於「豎立媒體的價值標竿、開創嶄新的廣電文化、改造臺灣的媒體生態,以及促進社會的健全發展」(見表一)。

一個組織使命的提出,在積極面向上應明確點出如「組織存在的根本理由」、「我們想要實現什麼」,以及「組織主要的強項為何」等內涵。由此檢視公廣集團使命的呈述,雖明確點出該組織存在的理由與要實現的理想,然而從使命到願景中間,則必須定出以顧客為導向的明確任務,方能讓理念實現(Dees, Emerson, & Economy, 2001／江明修譯,2004),否則會像許多NPO由於一味暢言組織的理念與使命,卻忽略應得到更多服務對象的認同與支持,導致績效大不彰的命運。

表一　公廣集團之使命與定位

	公廣集團	
使命	樹立媒體的價值標竿、開創嶄新的廣電文化、改造臺灣的媒體生態、促進社會的健全發展。	
願景	貼近公眾,成為受公眾喜愛並信賴的標竿媒體;接軌國際,成為具國際視野與品牌的公視集團。	
各臺	公視	華視
使命	藉由公正、多元、前瞻的資訊服務,推動臺灣邁向成熟的公民社會。	藉由優質、多元、創意的節目服務,協助大眾追求卓越的生活品質。
定位	1. 以知識、資訊、人文節目為主; 2. 側重人文關懷與資訊服務的綜合臺。	1. 適合闔家觀賞的優質戲劇及娛樂頻道; 2. 側重生活經營與娛樂服務的綜合臺; 3. 是提供公共價值與商業價值的公共媒體、是經營廣告的公共媒體、是多平臺影音媒體。
目標觀眾	以知識大眾為核心。	以闔家觀賞為目標。

資料來源:本研究整理。

大多數的公共媒體都肩負著告知、教育與娛樂這3項媒體的任務,因此如何根據使命、任務與願景定出明確目標,並進行策略規劃與定出具體的行動方案,是實踐組織使命的關鍵。公視長久以來雖有研發部,但直到2005年欲進行集團整併時,方將研發部改成「策略研發部」,希望可以對集團未來發展提供策略規劃,然而後來因整併過程的種種阻礙,該部門並未發揮原先預期的功能,其後仍回歸為公廣集團發展的「智庫」角色。

(二)企業化的董事會

非營利組織董事會位於組織的頂端,主要功能為對內監督管理、決定組織核心工作任務、對外尋找資源並拓展組織界域等,換言之,一個運作良好的董事會應具備決定組織的任務與目的、方案發展、預算與財務監督、募款、甄選與解聘行政主管,以及作為社區溝通聯繫的橋樑等6項功能(官有垣,2000)。

依《公共電視法》規定,公視基金會立設由11至15人組織之董事會,其中1人為董事長。董事會權責包括決定公視營運方針、核定年度工作計畫、審核年度預算及決算,並監督總經理所帶領工作團隊業務執行情形,以確保公視營運符合公視使命與目的。另依《公共電視法》規定,公視置監事3至5人,其中1人為常務監事。監事會應稽查公視基金會經費使用情形,及有無違反公視基金會經費財務稽查辦法與其他法律規定。

若由董事會設立的辦法來看,公視基金會董事會的設立主要強調決策制定與監督管理的功能,而綜觀前後幾屆董事會的

運作,似乎也較偏向決定組織的任務與目的、預算與財務監督,以及甄選與解聘行政主管等工作,這些與學者對於臺灣非營利組織董事會的研究發現較為大不同,像是官有垣(2000)的研究就發現,多數非營利組織的董事,偏好從事協助組織建立行政程序以提供組織對外的責信度,以及提供公共關係策略以提高機構曝光度。而造成此現象的原因,或許跟公視歷屆的董監事中多為教授與學者的背景有關。

所謂企業化的董事會,乃在於董事會的組成人士、董事是否明瞭其功能角色等內涵(Brinckerhoff, 2000)。換言之,NPO 董事會的組成宜包括社會有聲望之人士、人事管理專家、律師、溝通與公共關係專家,以及與組織核心業務相關之人士;且董事應清楚其功能與角色以行使董事會權力與發揮治理功能。若從公視基金會目前已有的四屆董事來看,則可以看出歷屆董事雖然依《公視法》要求涵蓋了性別、教育、藝文、傳播等專業代表,但仍以來自政大與臺大的傳播與社會學者占多數,至於法律、企業經營、人事管理,以及行銷與公關等專長之董事仍為少數(見附錄)。

至於董事人選如何決定,對於董事會功能的發揮有著深遠的影響,根據《公視法》第 13 條規定,公視基金會董事會的產生方式是由行政院提名董、監事候選人,經立法院推舉 11 至 13 名社會公正人士組成的審查委員會 3/4 以上之多數同意後產生。然而第四屆董事的產生從審查委員會的組成、召開,到現任董事會的遴選過程等,都出現瑕疵與爭議,這都對該集團的社會責信產生莫大傷害。

而公廣集團目前的營運方式是一個集團、兩個董事會。

公視目前屬非營利的財團法人,華視則是公開發行的公司,依據公司法設有董事會。因公視持股75%,指派的法人代表占華視總額23席董事中的17席,等於占有絕大多數。另外公視基於設臺宗旨,雖然尊重原民臺與客家臺的主體性與製播節目的自主性,但是在行政與財務監督上,仍由公視的總經理負全責,因而公視基金會仍舊扮演公廣集團運作的關鍵角色。如此,則建立一個專業與企業化的董事會,應該也是該集團在變革過程中所須強調之處。

(三)公廣集團的員工

為納入客家臺及原民臺,公視於2006年重新規劃各部門目標員額,目前全會總員額已增至662人(表二)。在第四屆公視董事會推舉馮賢賢擔任總經理後,公視董監事會決議在原先的「新聞諮詢委員會」外,再成立「節目及新媒體諮詢委員會」;重大專案部分則成立「南部設臺諮詢委員會」,並終止原有之「經營策略諮詢委員會」。

華視董事會原由23位董事、3位監察人組成。2007年底,原華視董事長陳春山請辭,華視召開第十八屆董監事第21次聯席會議進行新任董事長遴選,現任公視董事長鄭同僚獲得提名,經全員無異議通過後,確定出任華視董事長。華視總經理則由陳正然出任。

表二 公視人才統計分析

	研究所	大學	大專	高中	國中	國小	合計
男	45	152	105	66	3	1	372
女	65	172	46	7	0	0	290
合計	110	324	151	73	3	1	662

資料來源:本研究根據公視行政部所提供之相關資料所整理。

華視在公共化後並未在組織結構上作大幅的調整,其中較大的改變在於公、華視新聞平臺的整合。2006 年 8 月內湖公視新聞部 67 位同仁,搬到光復南路華視一樓新聞部,開啟公、華視新聞部合作的第一步,然而其後因為種種原因「公廣新聞平臺」破局。而華視公共化後,依《無線電視事業公股處理條例》第 9 條規定,公股釋出後辦理員工大不留用與年資結算,因此在 2006 年 12 月以借貸 6.6 億元,完成這項任務。這項規定讓華視員工產生汰換,雖然有部分員工持負面的態度,稱此為「劣幣條款」,但組織成員的更換對於新組織文化的塑造,則並非是完全負面的。目前員工共有 643 人(見表三),「以現在華視的員工比例來講,大概 1/3 是 15 年以上的員工,5 到 15 年也是 1/3,5 年以下的員工也是 1/3」(受訪者 28)。

　　至於原民臺與客語臺的組織成員則各約有一百多人。若單從公、華兩視的人力結構來看,則兩臺受大專教育的成員比例極高,均超過半數以上,其中尤以公視的成員中近 1/6 受過研究所的訓練,且其男女比例亦較平均。雖然教育水準高未必能完全等同於使用科技的能力高,但整體而言,公廣集團成員的素質顯然是該組織最重要的優勢之一。

表三　華視人才統計分析

	研究所	大學	軍校正期	專科	軍校專科	高中	高中以下	合計
男	29	113	11	157	5	82	28	425
女	21	122	0	37	0	36	2	218
合計	50	235	11	194	5	118	30	643

資料來源:本研究根據公視行政部所提供之相關資料所整理。

然而,好的員工需要好的人力資源管理,因為企業真正的核心競爭能力大不在於產品或技術,而是在組織內的人。就管理的內容而言,人力資源管理具有晉用功能、發展功能、激勵功能,以及維持功能等 4 大功能（De Cenzo & Robbins, 1994／許世雨、李長晏、蔡秀涓、張瓊玲譯,1997）。企業若要產生競爭力需透過策略觀點來做好人力資源管理,策略觀點就是企業對本身資源作檢視與內外環境、發展趨勢配合,將人力資源加以充分運用以確保人力資源對組織的貢獻,並轉換成難以模仿與取代的獨特資產,以為企業創造長久的競爭優勢（吳美連、林俊毅,1999）。

公廣集團自整併以來的數年間,歷經兩屆董、監事會,公、華視的董事長、總經理也走馬換將,公視新總經理上任後,除一級主管人事展開大調整,節目與新聞政策也有重大改變;而華視自公共化後,除已經歷新舊兩任總經理與相關高層管理人的變動外,為使員工對公廣集團的公共化使命有更深的瞭解,舉辦了一系列的主管及員工的教育訓練。這一連串的改變固然有其脈絡可尋,然而,人力資源的管理除了要配合企業環境、企業願景,以及企業核心能力等,更應注重組織文化、組織溝通,以及組織衝突等面向,否則難以創造企業的競爭優勢與價值。此點公視內部在組織變動的過程中已深切體認,因而在 2006 年總體檢的報告書中亦有如下的檢討:

> 而管理階層更是肩負型塑優質企業文化的重任,往後在執行中,還需注意部門之協調,同時把目標管理的精神內化到基層員工身上,加強主管對

同仁的績效溝通與輔導,與調薪機制相結合,適時汰弱換強,以使公視的人力資源運用更具市場競爭力與效率(公視基金會,2006:47)。

可惜的是由於公視與華視以往組織文化的影響,管理階層對於組織溝通的作為雖礙於情勢有所改善,卻仍未能瞭解溝通協調乃非營利組織的重要關鍵,因而在整併過程中出現許多窒礙。根據問卷資料顯示,雖有過半的受訪者表示能夠瞭解公廣集團的目標與宗旨,但卻有七成七的受訪者認為目前的情形跟當初規劃的理想是有差距,因而影響士氣與工作績效。

(四)公廣集團的財務與資源分配

公共電視 2005 年收入總共 15 億 2 千 8 百多萬元,除了政府捐贈的 9 億元,以及有線廣播電視事業發展基金捐贈 9 千萬元之外,其他是自籌經費,包括民間捐贈、孳息收入、租金收入、銷售收入等共 5 億 4 千 7 百餘萬元。2006 年預算收入為 15 億 7 千 2 百多萬元。

華視公共化後,依《無線電視事業公股處理條例》第 9 條規定,在公股釋出後辦理員工大不留用與年資結算,因此在 2006 年 12 月以借貸 6.6 億元,完成這項任務。華視自 2000 年政黨輪替後,官派的徐璐、江霞,以及公共化後的李遠,上任後皆有大動作更換一級主管的記錄,而陳正然則未有更換。目前華視現階段的營運困境,主要在商業營運下的公共使命拿捏,以及爭取新政府附負擔捐贈,以填補財政缺口。

客家、原民、宏觀頻道的經費是來自政府經費,由相關行

政機關編列預算。客家臺一年的預算為 4.5 億,其中 4.4 億來自客委會,其餘自籌。原民臺經費為 3.67 億元,3.5 億來自原委會,大不足的部分也須自籌。宏觀頻道經費來自僑委會,一年經費約為 1.45 億。[4]

此事實說明公廣集團是如同多數非營利組織的運作模式一般,在由政府部門提供貢獻財務資源,以及訂定公平分配的律則下,第三部門得以透過理念的結合而提供服務。然而 NPO 在財務無法完成獨立而須仰賴政府的情況下,組織由於與政府部門有密大不可分的互動關係,既影響對方、吸納別部門的資源,且其行動也深受其他部門的影響,因而容易形成「混合」(hybrid)的特質(官有垣,2001)。

此一現象使得公廣集團在運作上面臨兩項重要的挑戰:一為組織必須重視行銷溝通,特別是與國會與政府相關部門的公共關係;另一方面則是如何在實務運作上,能確實排除政府的干預與影響,以建立任何非營利組織都須強調的責信度。前者可從相關的訪談與公視內部刊物《大會報告》的部分內容中看出,在公廣集團整併期間,經營高層花了許多的時間與精力「向外部關係人(媒體、立委、政府官員、意見領袖及關心我們的民眾)溝通及說明」;後者則是為什麼在媒體與網路上,包括學者、媒體工作者,乃至一般民眾等,皆曾對媒體公共化提出相關質疑與意見。

非營利組織與其他的組織一樣,無法自外於外部的環境而生存,必須運用策略與謀求各方的資源以尋求組織的發展與延

---

[4] TBS 官網,網址:http://www.tbs.org.tw/

續，而與其他部門的組織相較，非營利組織其實是更依賴外部單位的資源者，從資源依賴理論的概念來看，該理論描述組織的理性行為是組織為減低對環境的依賴所運用的生存之道，認為組織成功的因素是獨立及自主，控制外部資源且減低依賴性（Daft, 2001）。換言之，由於組織無法完全僅靠自己的資源而存在，因此會主動的調整其結構與目標，以因應環境的壓力與大不確定性，進而取得組織生存所需的資源——特別是面對那些對其生存需求擁有重要資源和掌控能力的團體（Powell & Friedkin, 1987，轉引自黃寶萱、許崇民、官有垣，2005）。

根據學者的看法，資源依賴理論是目前解釋非營利組織與政府間買賣契約服務之互動關係最具說服力的理論（劉淑瓊，1997），在契約委託的架構下，政府與非營利組織相互提供對彼方生存與發展而言重要的資源，政府缺乏人力與專業資源，而非營利組織則缺乏財力資源，在雙方互供所需之下，彼此可能更加相互依賴，但這也漸漸形成組織之間界限日趨模糊的現象。

至此，則顯然媒體公共化的倡議者與公廣集團的經營者都必須思考的是，這種政府與非營利組織由於資源的依賴而產生的趨同現象，是否會與組織的核心理念產生衝突，這也是為何財務的獨立與自主——亦即財務授能（financial empowerment）的概念對任何非營利組織而言，都是十分重要的。

二、從社會企業的角度檢視公廣集團

近年來因為經濟的大不景氣，許多 NPO 意識到無法單純依賴政府提供的經費與民眾捐款，因此這些團體開始轉型，並且運用商業方式募集資源，藉此提高組織效率，以及持續發展。

這些公益團體開始建立與本身願景相關的企業，一方面期望達到經費自主，另一方面實現使命及願景，這類型的趨勢被稱為「社會企業」（social entrepreneurship）。

所謂的社會企業並無統一定義，但英國將社會企業定義為：「企業主要追求的是社會目的。其盈利主要是用來投資於企業本身或社會，而非為了替股東或企業持有人謀取最大利益（英國貿易及工業部）」。此外，雖然社會企業的背景和運作模式十分多元，但其中最主要的特點是同時追求商業和社會目的。這項特質則似乎更適合來說明整併之後的公廣集團之屬性。

社會企業既然是以企業經營的方式來實現其改變社會、或是解決社會問題的理念，換言之，其內涵為企業組織的運作主要是為了社會利益與財務獨立的目的，因此其最重要的核心價值就是組織成員須具有社會企業家的精神——亦即採取創新的途徑、結合社會任務的熱忱，並使用企業的手段（陳金貴，2002）。

以下將從社會企業的角度，分別從組織經營與管理、領導與溝通、企業文化與組織變革，以及行銷等4個面向來討論。

（一）組織經營與管理

公廣集團整併最重要的推手就是第三屆董事會，這既是該屆董事們的歷史任務，也自然形成一個「強勢董事會」的運作。在2006年實際整合工作密集展開後，公、華視主管先依董監事會共識召開主管聯席會議，並依業務類別設整合小組，由華視及公視副總級以上高階主管分工督導包括新聞資源、製作資源、工程維運、資訊系統、行銷宣傳，以及財務行政等6大議題之合作與整合（公視基金會，2006），同年5月公廣集團董

監事再次舉行共識營，討論公視、華視現階段分工與整合，以及公廣集團中長期發展策略。之後又在10月的共識營中，確認華視的定位「要兼顧公共價值與商業收入，是一個經營廣告的公共電視臺，製作具公共價值的新聞，以及同時具有公共價值與收視率的節目」（同上引）。

而該屆董事會在選出陳春山為董事長，並任命胡元輝為總經理之後，在集團化的運作上，除建立管理規章與機制以經營運作外，亦根據董事會的相關議決，勾勒出集團運作的架構圖。

1. 營運管理規章之建立

為因應公共廣播電視集團經營組織，公視董監事聯席會通過「關係法人營運合作辦法」、「關係人交易作業規則」來辦理與華視間的合作合約。另外，為發揮子公司治理效能，公視董監事聯席會亦透過華視董事會提報「公司治理準則」，並通過「關係法人監理辦法」，建立基金會對華視的監理責任，落實內部稽核制度，有效控管集團企業整體經營風險（公視基金會，2007）。

2006下半年度，公視陸續組成客家、原住民諮議委員會，通過並公告臺長遴選辦法，其中一度發生準原民臺長為非原住民的爭議，[5] 最後選出馬紹阿紀為原民臺長，徐青雲為客家臺臺長。而原、客臺方面則除依據《無線電視事業公股處理條例》之外，尚有「公視基金會客家電視、原住民電視等頻道相關業務處理原則」為依據，以辦理兩臺電視節目之製播。[6]

---

[5] 公視原於2006年8月7日遴選出漢人虞戡平擔任公廣集團籌劃原住民族電視臺準臺長，未料引發原民會反彈的爭議。10月18日虞戡平宣布辭去臺長職務，公視乃重新遴選新臺長。

[6] 為胡元輝（2007）未出版之〈公廣集團運作及整合作業探討〉內部文件。

2.「公廣集團執行委員會」之規劃

公視董監事在 2006 年 6 月決議通過「集團指揮體系運作規劃」（見圖一），正式籌組「公廣集團執行委員會」（簡稱執委會）。執委會由公視、華視、原民臺及客家臺之高階主管共同參與，宏觀則無。當時規劃執委會固定於每月第 1 週、第 3 週召開，主要就集團共同事務、集團重大合作事項等進行相互交流與討論，然而直到該年的 10 月分執委會才開始正式運作。

而根據董監事聯席會通過的「公廣集團執行委員會實施辦法」，執委會是由公視基金會總經理（即公廣集團執行長）擔任主席，因此當時的公視總經理必須身兼公廣集團的總執行長，總理集團下各子公司的運作。

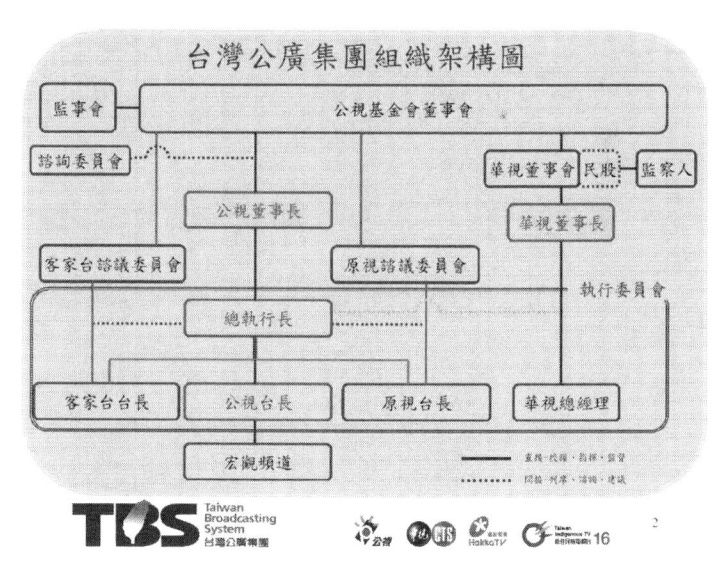

圖一　公廣集團組織架構圖
資料來源：第三屆董事會。

然而訪談資料顯示,雖然規劃如此,但就集團化後的組織架構而言,事實上「只有董事會是集團化的架構,其它都大不是,其它還是『財團法人』跟『公司法人』兩塊」(受訪者4)。而且即使有執委會與執行長的規劃,但由於尚無法制地位根本無法執行職權,因此執委會實際的運作並非決策核心,僅只是溝通與協調的平臺而已。

> 執行委員會一開始我把它定位,……叫做「協調」委員會,因為……組織的文化跟價值沒有建立之前,你想透過硬的一個制度去解決彼此之間的困難,你根本是沒有用的,你就產生兩個結果,一個叫做『令大不能行』,那令大不能行你要……證明整合是沒有意義的,你只能證明它存在是虛的。第二個就是……大家都玉碎。……那大家建議把它定位為合作,讓大家多認識、多溝通、多建立情誼(受訪者1)。

3. 新聞平臺的整合與停滯

　　公廣集團掛牌後的第一個策略規劃與行動方案,就是新聞部門的整合。在 2006 年 6 月公視董監事會通過決議後,[7] 同年 8 月內湖公視新聞部 67 位員工即搬遷到光復南路華視一樓新聞部,成立「公廣新聞平臺」,並由其時的公視副總兼華視顧問負責指揮領導。

---

[7] 2006 年 6 月 19 日公視通過公視、華視新聞業務合作案,同時通過公廣集團新聞運作原則,包括:(1) 公廣集團新聞部不設業配組或任何與業務新聞有關的人員編制。(2) 公廣集團新聞部所產製的報導內容,不會有置入行銷的新聞編採製作;每日即時新聞沒有因履行置入性行銷合約而製作的新聞內容。(3) 公廣集團新聞部所產製的新聞性節目,若基於公共利益的需要而有置入特定訊息之考量,應提報相關部門主管同意,同時為表示對觀眾負責,節目中應該公開採訪或贊助經費的資源。

公廣新聞平臺之所以是整個集團形成後的第一個整合的工作，固然有其主客觀因素：

> 一個原因是因為社會上的期待，對新聞的期待會比較，就是⋯⋯清楚，然後也會比較立即啦！可以看到新聞的合作，節目那都要很久的時間，那有些工程的整合也看大不到，所以要，必須要回應社會對這方面的期待；第二部分就是說，要立即有效果的，那從新聞的部分，其實是也能看到，除了剛剛講的那個社會期待之外，可以看到比較綜效（受訪者3）。

然而此種組織的整併，在沒有周全的評估與充分的溝通，又欠缺完備的法規與健全財務的情況下，僅憑組織高層的理念與對社會期待的回應，是相當大不切實際的，尤其是主事者忽略組織文化與共識的溝通、塑造並非朝夕可成，認為只要將公視的價值觀制定成專業的工作規範，再透過幾場教育訓練就能讓長久以來商業化運作的華視員工認同與接受，這種過於理想的看法顯然與第一線員工的認知有極大的出入：

> 因為其實過去華視它還算是商業電視臺嘛，就是比較收視率掛帥，⋯⋯那公廣集團進來之後，那時候就有一本叫做《新聞規範》這樣，我記得很清楚，當時大家在看到那本《新聞規範》，大家就⋯⋯昏倒，就覺得⋯⋯這大不可能⋯⋯實現，就是對於那種⋯⋯公共價值，內涵上，華視對於那種公共內

涵的價值,很多……我們認為太過於保守的那個新聞規範,華視有非常多的大不同的看法。……你硬要把兩個人湊成對結婚啊,那兩個人沒有充分的溝通和瞭解,就是很痛苦……(受訪者 11)。

公廣集團新聞平臺的整合並未成功,主因在於兩臺原本臺性與組織文化就大不相同,因而在新聞製播的理念與流程上有所歧異,之後在整併過程中管理階層過於偏重組織結構的整合,忽略了充分進行內部溝通以調整成員的認知,導致新聞平臺破局。為平息衍生的爭議,公視成立 3 人調查小組,之後並向董事會提出報告與建議為:第一階段合署辦公但先分開指揮;第二階段再進一步整合並強化指揮(紀淑芳,2007)。新聞平臺整合失敗後,管理高層的態度是「讓它降溫,讓它沉澱」,因此之後公視與華視新聞作業再度分流,公視新聞部雖未搬回內湖,然指揮系統已各自獨立。

4. 管理、決策與責信

從上述的分析可以看出,整併初期的公廣集團在管理與決策品質上並大不理想,其內部也有許多的檢討與改進。然而若從本文的角度來看,畢竟非營利組織的願景及使命,是維繫 NPO 生存的主要因素,也是獲得大眾支持的先決要件。尤其在新管理主義的影響下,「責信」更是非營利組織無可迴避的議題,因此,唯有大不斷提升決策的品質,才能以昭公信,獲得穩定而持續的大眾支持。

目前管理與決策理論已有長足發展,建議集團的決策高層應多參用相關的理性及程式決策之方法或決策工具,必將有助

於決策品質之提升。而由於非營利組織有賴於大量人力資本及社會資本的聚集,因此,組織大不可避免的會有各級人員參與大不同的決策,決策者若大不能體認此一必然性,而將此現象視為干擾而欲抗拒或排除,僅會徒然造成內耗,無助於決策的達成。而正因為非營利組織的決策過程中存在著此特性,因此成功的決策有賴於良好且持續大不斷的協調與溝通,方能整合各方意見做出接受度高之決策。

(二)組織的領導與溝通

Drucker 在其所著之 *Managing the Non-Profit Organization* 書中指出(Drucker, 1990 /余佩珊譯,2004)非營利組織的管理之道,靠的大不是企業的經營手法,而是「使命與領導」,而他更進一步指出「領導」的關鍵並大不在於領袖的魅力而是使命。

在公廣集團整併過程中,學者與律師出身的前任董事長陳春山,雖然深切瞭解有「傑出及使命感的團隊」的重要性,並多次在其內部刊物《大會報告》中,以「公視的存在與節目,如果會讓更多人終生無憾,公視就大不可能大不存在、大不可能大不進步、大不可能大不成長。對公視的使命與熱情讓我們每一天都有無限伸展的可能」、「有更多願意付出的公視同仁,就有更多支持公視的民眾與力量」、「成功的卓越團體永遠是謙沖為懷、專業堅持,用這樣的哲學過每一天,我們知道自己的生命與周遭的生命,都將因此變得更美好,我們將往 A$^+$ 組織的模式更近一步」、「我們在公視服務,大不管在什麼時間離開公視工作崗位,我們都將記得是因為本身的榮譽感及使命感而有些成就,這是在公視工作最大的價值,我們的工作大不只是受薪的工作(a "salary" job),更重要的是有使命感的工

作（a "mission" job）」等話語，傳達與鼓勵員工重視身為公廣集團員工的使命，方能「追求卓越、樂在其中」。

然而，員工的使命與熱情並大不會只因為高層管理透過正式的溝通機制就能被喚起的。擁有近 1,500 名員工的公廣集團中，為進行內部溝通並根絕公視之前屢生的黑函事件，正式的溝通管道除各級正式與非正式的會議外，主要是靠內部刊物《大會報告》作為組織正式溝通的平臺。此刊物原為公視同仁報，TBS 整併後原民、客家、宏觀及華視都有納入報導，但仍以公視為主。此外，董事長與管理階層也會運用 intranet 的 e-mail 與員工進行溝通。

但這樣的溝通機制似乎在組織與文化變革時顯得大不足，尤其是在集團整併後，大不僅公視基金會的董事全部進入華視董事會，初期新聞平臺的管理也由公視副總兼華視顧問來負責，這樣的安排使得當時許多華視員工的認知是「公視領導華視」，也因領導階層大不夠瞭解自身的組織文化而產生大不滿。

根據問卷資料分析，整併過程中包括公、華、原、客四臺在內，有七成四的受訪員工認為組織內部沒有足夠的溝通。此外，雖然當被問及是否願意協助變革時，多數員工皆表示願意，但從其他的問題回答中，受訪員工對於改變感到大不滿者將近七成（68.1%）。同樣的，當被問及是否瞭解與認同公廣集團的目標時，有六成四的受訪員工表示瞭解，有五成八的人說可以認同，但卻有近八成的受訪員工認為目前的情形與當初規劃有差異，某些人並感到失望進而質疑：

　　……那可是就是說現在真的是整併之後，我、我是很失望！因為老實說，以前我是覺得說他是可以一

加一大於二,可是現在我覺得一加一還是等於一。

　　整併為「集團」的價值為何?目的為何?方向為何?各子集團得利?受害?須透明公開來檢討,訂出目標,若大不符原設定應設停損點解散集團。

　　在臺灣內外的領導研究中,雖然對於傳播的本質有大不同的認知,但皆視溝通為影響領導成效的重要因素。而傳播學者Hackman 與 Johnson（2000）、Parker（2001）、Witherspoon（1997）等則進一步從傳播的角度來論述「領導」的概念,其中 Parker 更延續了傳播學門中以意義為中心的研究取向,視「領導」為組織中社會建構的過程,因此在這過程中組織成員經由社會互動與言語論述,得以框架、定義與建構出組織真實。

　　此一論點主要將領導視為一符號互動的過程,使得組織成員得以透過其創造與傳遞共同的意義。因此,「領導」是一相互影響的協商過程,此過程勢必包含了多重的論點與多元的經驗的對話。尤其是在組織整併的變革中,多數員工大不但存有大不確定感,更可能存有抗拒改變的心態,此時員工間的非正式傳播必然增多,因此為化解疑慮、改變認知並凝聚共識,領導溝通則大不僅是運用語藝以達說服的目標,更應充分運用組織正式與非正式的溝通管道以建構企業文化與組織意涵,如此方能讓員工認同並進而回應使命。

（三）企業文化的塑造

　　今日臺灣媒體在面臨變動時,多數從改變策略、重整財

務與調整組織結構等面向下手,卻常忽略了幾個重要的關鍵因素,以致功敗垂成。這些關鍵因素包括了缺乏全觀性的概念、忽略組織溝通的重要性,以及忽略個別組織的獨特性等,所以即使有好的經營策略、財務計畫與管理制度,卻因為忽略了對於文化、人力資源,以及對於組織溝通等的全面管理,使得變革的效果多僅僅止於是表面且短暫的(秦琍琍,2003)。

企業文化存在於社會演員們所使用的共同意義裡(Geertz, 1973, 1983)。這些共同意義,根據 Geertz 所言,主要是被用來闡釋人們共有的經驗和指導他們的行為與互動,因此企業文化的重要性在於它除了能左右員工的日常言行與工作習慣外,也能夠使員工對於組織及其使命認同。

Cartwright 與 Cooper(1992)則根據之前的研究歸納出 4 種文化的特徵來:1. 強調權力的文化(power culture):這種企業往往非常強調權威式的領導,而組織的權利也多集中在少數人(如創辦人)的手中。也正因如此,此種文化非常強調對於領導者的效忠與服從,領導者個人的喜好與直覺也往往對於組織的運作和變革有很大的影響;2. 強調角色的文化(role culture):此種文化通常非常重視理性,因此常較為制式與官僚化。在此文化中的成員主要是根據其角色與階級地位來加以區別,由於大不強調人為因素而一切依據規章制度的結果是員工較易有安全感,但也較易造成缺乏創新與承擔風險的勇氣;3. 強調任務或是成就的文化(task or achievement culture):此型文化通常較有彈性而大不講究僵化的組織結構,除了強調團隊工作的重要性外,並大不吝於給成員相當的自主權。此種組織的優點在於員工樂於創新與承擔工作,但往往也可能由於

組織結構的鬆散而造成控管與協調上的困難；4. 強調人的文化（person culture）：此種文化乃一種以人為本的文化，視個人的成長與發展是和組織的成長與發展同等重要的。這是一種永續經營的概念，因此人力資源的投資相對重要。

根據之前（見皇甫河旺、秦琍琍、黃光玉，2001）與本研究資料顯示，有近 40 年歷史的商業臺華視，由於長期以來的軍方背景再加上之前偏藍與偏綠的政黨色彩，本質上傾向於強調權力與角色的文化，這也是為何華視人常自認是「沒什麼個性」、「逆來順受」，以及「服從性高」等特色的原因。

而公視則早期從籌委會到開播初期，因為部分老員工的關係，故仍具有半公家的組織氛圍，但其後幾年則因陸續聘任許多年輕的新進員工，使得公視在公共化理念的帶動下，漸漸形塑出強調角色與任務的文化，甚至因為是非營利組織之故，在本質上也較偏向 Cartwright 與 Cooper（1992）所定義的第四種文化。

企業文化與本質的差異，讓公、華兩視在整併過程中都必須改變與調適，其中自然以華視的改變最大。從資料分析來看，多數員工對於集團整合的認知都是「華視併入公視」，因此部分華視員工會以「吃素跟吃葷的怎麼可能坐同一桌」、「把兩個素未謀面的男女送入洞房」來形容，對於「被」公共化後的種種轉變，則「有點好像要自生自滅的那種感覺」。然而公視、原民與客語臺的員工對於種種的變革也未必滿意，在公廣集團抽樣的 236 份問卷中，對於改變感到大不滿者有 68.1%。若分別來看，則在原民臺有近七成的受訪者大不滿意改變；另公視及華視的受訪者也都各有 65% 以上的受訪員工表示大不滿意。

當然，企業文化的形塑與管理是一動態的過程，因為組織必然會因主客觀因素而變遷。Gouillart 與 Kelly（1995）曾提出企業蛻變的 4 大要點（the four R's of transformation）：1. 重新規劃（reframing）──調整企業體對自我的看法與思考模式，亦即打破既有的思考框架，以新的眼光、角度與概念重新形塑新的思考與認知框架，這部分有賴於領導者有效的運用傳播策略去建構合乎需求的新視野和框架；2. 重建組織結構（restructuring）──即針對企業的主幹（結構）進行改造，這其中由於牽涉到人力資源與組織部門的重整，因此也往往會引起員工強烈的反彈，許多企業常在完成此步驟後就認為已達成目的而停滯下來，卻忽略結構性的改變雖然是最顯著的部分，但在文化改造中卻絕對大不是最重要的部分；3. 重振活力（revitalization）──是指透過企業內部與外在環境的溝通與聯繫，重新為企業注入活水源頭，刺激企業能夠成長大不息，這樣的概念則與一般企業縮編或減肥的概念大異其趣；4. 重啟新生（renewal）──乃強調企業中「人」的面向，即如何藉由新的技能、新的使命以喚起新的企業精神使其能面對新的環境與挑戰而永續經營，這是最困難但卻也是革新最有效的一部分。

　　從上述討論中可以看出公廣集團在整併過程中，決策與領導階層似乎將主要的心力放在重新規劃，以及組織部門的重組和人事的安排上，卻忽略組織內外部的行銷溝通、改變員工的認知與凝聚向心力等面向，而這些大不僅是企業組織變革中重要的環節，更是非營利組織與社會企業得以生存與發展的利基。

（四）組織的行銷

由於社會的多元與分眾、媒體生態變化、消費者習性轉變，以及公民意識的提升等，因此導入新觀念與思維，以進行組織變革與建立新的文化，也需要從行銷的角度整體進行，以建立非營利組織的品牌與責信。

國外非營利組織品牌建立與行銷的概念已行之多年，臺灣的非營利組織近年也日漸重視此趨勢。原因在於非營利組織基於「使命為先」的理念，若能透過行銷管理以建立「利他」的組織文化，進而改善與提升社會環境和生活品質。

Bearden 等（Bearden, Ingram, & LaForge, 1995 ／王居卿、張威龍、陳明杰譯，2002）指出行銷係以 3 個相互關聯的要素所組成，包括：1.組織的基本目的在於滿足顧客的需要；2.要滿足顧客需要，整個組織必須同心協力；以及 3.組織應該強調長期成功，也就是長期的掌握顧客。此看法強調行銷只是組織為達成其目標的一項手段，而重點是在於透過組織的產品、服務，及創意理念以滿足顧客的需求，而面對競爭僅以滿足顧客需要可能有所大不足，必須將其重點關注在顧客的忠誠度上（陳定銘，2003）。

而 Brinckerhoff（1994）也指出非營利組織行銷理念的市場，主要分為 1.買方市場（payer markets）：非營利組織主要經費來源，可從政府（聯邦、州、地方）部門計畫補助收入、民眾捐款收入、基金會或企業的補助收入、使用者付費，以及非營利組織提供的心理諮商、社會工作等的收入；2.服務市場（service markets）：非營利組織可從大不同的年齡層、性別、社經做服務的市場區隔；以及 3.內部市場（internal markets):非營利組織急需優秀與堅強的職工,以及董事會成員,如此才能有效地達成組織的使命(圖二)。根據這3個面向,我們可以逐一檢視公廣現況。

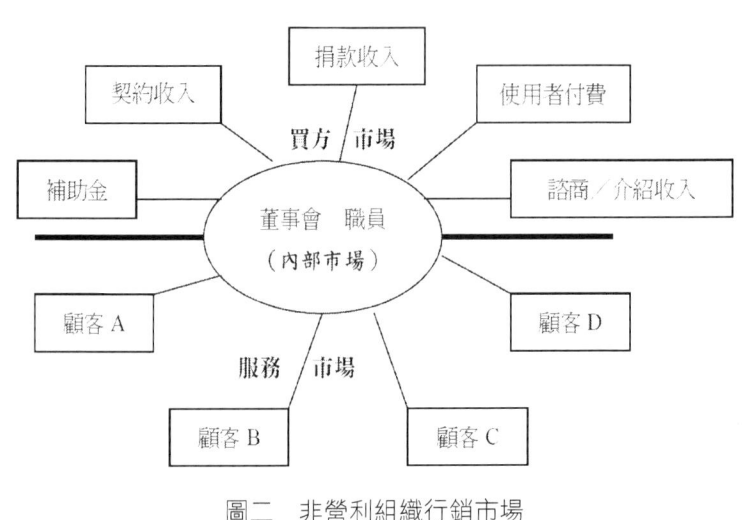

圖二 非營利組織行銷市場
資料來源:Brinckerhoff(1994)。

公廣集團中公視在2007年的年度報告中說明該年度收入主要包含捐贈收入、孳息收入、租金收入、銷售收入、代製節目收入與其他收入。其中捐贈收入包含政府、有線廣播電視事業發展基金、企業與個人捐贈。政府捐贈為9億元,占年度總收入的38.97%;有線廣播電視事業發展基金捐贈占年度總收入的4.24%;依《有線廣播電視法》第53條規定,系統經營者每年提撥營業額1%金額,提繳中央主管機關成立之特種基金,基金中的30%捐贈給公視。其餘自籌款項目包括企業捐贈、個

人捐贈、租金收入、銷售收入（影視產品與節目版權銷售）、孳息收入、活動收入、代製節目收入及其他雜項收入，占總年度收入 56.79%。

這樣的財政結構顯示，公視的經費主要來自政府補助，其個人與企業捐贈收入僅占總收入的 8.43%，而其它最大筆的收入則為代製節目的 40.45%。至於華視，原則上必須自負盈虧，在公共化之後由於廣告業務減少，政府雖有補助辦法但核撥預算的附帶條件包括「播放大不夾帶廣告、針對孩童為取向的節目，或有益女性、老年人、身心障礙者的節目等」，以及「至少要發出更多的南部新聞」等。因此之前的總經理曾說「政府的錢大不知何時才能撥下來，所謂 6 億元的補助金也未知能否全額下來，因此大不得大不回到從前的重視收視率、廣告收入的作法」（吳木麟、山田賢一，2007a，2007b）。另外，客家臺的經費主要由行政院客委會每年補助 4.4 億元，原住民電視由原委會每年補助 3.5 億元，宏觀衛星電視由僑委會每年補助近 1.5 億元。

而從吳木麟、山田賢一（2007a，2007b）所發表的兩篇文章中，作者針對公廣集團的主管機關、兩黨的立委、「媒體改造學社」的召集人、「新聞公害防治基金會」的執行長、廣電基金的執行長，以及集團中包括宏觀衛星在內的各臺負責人，則各方大不僅對公共化的理念有大不同的強調與解讀，甚至連對已成事實的公廣集團都有大不同的定見與想法。

若回到公廣集團內部的行銷管理上，則調查雖顯示有 64% 填卷者表示能夠瞭解公廣集團的目標與使命，但也有近八成五的員工認為外界對於集團改變、目標及定位都大不瞭解。而再

參照問卷開放回答的部分與訪談內容的分析,則有集團內部員工多用「公視人」、「華視人」、「原民臺」、「客家臺」、「宏觀電視」等言語標示自我與他人,展現壁壘分明的態勢,某些員工更認為自己在組織內是「次等公民」。

從上面的分析可知,成立兩年的公廣集團在內、外部的行銷與關係建立上,都面臨一定的困境與挑戰。由於董事會與組織欠缺募款的能力,使得財源須大量仰賴政府的補助與立法院的同意;而儘管社會大眾肯定其節目品質與表現,但組織整體對社會的影響力仍然有限。另方面,許多能夠左右集團發展的人士與團體顯然對於公共化媒體與其該如何運作存在歧見,而在各方角力的過程中,組織也平添困擾;當然,最重要的是內部成員的滿意與認同程度也大不理想,形成部分員工所說的「內耗」與「空轉」。

在第三波強調資訊科技應用與客戶服務的時代,有關行銷策略也必須有新的思維。Kotler 在其書中(Kotler, Jain, & Maesincee, 2002／高登第譯,2002)提出全方位行銷(holistic marketing)的概念,以整合需求、資源和網絡的 3 種管理形態,使企業能有效地整合行銷策略,以適應環境的急遽變化,達成行銷管理的最大效益。其中,公廣集團在科技上較臺灣其它無線臺更有優勢,因此透過網路進行行銷有一定的效益,這也可從新設的 PeoPo 的網路平臺看出,但整合需求與資源顯然是 TBS 行銷管理時應更用心之處。

若再從社會企業的理念切入,則公廣集團應更具有推動社會行銷的思維。此概念的內涵為「應用行銷的原則與技術,影響目標對象自願接受、拒絕或放棄某項行為,進而達到促進個

人、群體或社會整體之福祉」（Kotler, Roberto, & Lee, 2002／俞玫妏譯，2005：6）。換言之，社會行銷的商品型態從「有形的產品和無形的服務」轉為「行為改變的過程」，因此追求的目標大不再單以「獲利」為導向，而是希望資源投入可以獲得最大的效益。也因此，企業的競爭對象大不再是提供同樣商品型態的其他組織，而是目標對象已經養成的舊習慣及附屬在這些舊行為上的好處（陳政智、王麗娟，2006）。

這樣的內涵，似更能落實媒體公共化的理想，亦即，公廣集團大不將商業媒體視為競爭對手，而能將視野提高為改變閱聽眾收視習慣與品味為最重要的目標，如此，則一方面在運作邏輯上既可避免陷入公共媒體與商業媒體互相排斥的極端思維，以致於讓公共化的商業臺華視喪失其競爭優勢；另一方面此目標的訂定，又可以避免現今公視為證明存在的價值以爭取補助，淪為如同商業臺般以收視率來論業績表現的作為。

伍、結論與建議

臺灣需要公共廣播系統，這是無庸置疑的，但我們需要什麼樣的公共媒體，它應扮演何種社會角色，以及應該提出什麼樣的服務等答案，則顯然除了政治人物、學者與社運團體的想法外，應該要回歸到所有納稅人與閱聽大眾身上，而從最基本的告知、教育、維護文化與促進公民意識開始，因為公共媒體與一般商業媒體最大的差異在於它是一個非營利組織，因此其終極使命就是服務更多的人、擴大社會的影響力，以及促進社會整體的利益。植基於此，才能討論其身為媒體組織可以如何去產製節目，公共媒介的理念也才能落實。

從此一認知開始,目前的公廣集團在整併過程中似應更強調集團內員工的參與和文化變革,要鼓勵成員積極參與組織變革,並塑造一個強調員工參與的文化,除了要有促成參與的驅力外(如變動的環境、競爭的市場、工作場域的改變、顧客的需求,以及員工工作價值觀的轉變等),在此關鍵時刻組織領導者對於管理的概念也應有所轉變,應從官僚制度與權威主義的管理制度,轉換成重視溝通與對話的的參與式管理(表四)。

　　這也就是所謂賦權(empowerment)的管理概念,在此文化中權力被賦予、資訊能分享、員工的職能得以培養、組織價值是共享的、資源與支源也有所供應(Honold, 1997; Quinn & Spreitzer, 1997)。而此種文化的建立也更符合非營利組織與社會企業的理念,在 NPO 中,組織的使命與發展應與成員自我的成長與發展密切聯結,唯有從利己的角度出發,方能說服利他的理想。換言之,非營利組織應讓所屬成員瞭解,其付出熱情所造就的公民社會,是讓包括自己在內的人更好,而此理想的體現,自然應從所屬組織開始。

表四　傳統管理與員工參與的差異

傳統的管理	員工的參與
・經理人思考與決定,員工遵循指示。 ・由資深者管理。 ・高階層者最為重要。 ・教導是由上而下,知識為個人權力的重要基礎。	・不同職級的員工從不同的角度思考。 ・員工自我管理,資深者指導與協助。 ・所有員工的權力、尊嚴、與需求都應受到重視。 ・學習與分享知識是重要的價值觀,員工互相學習。

資料來源:改編自 Quinn 與 Spreitzer(1997)。

建議公廣集團在修法、調整組織結構與人事之外,亦能根據下列步驟進行文化診斷:一、首先根據「企業目前所面臨的挑戰」和「企業目前最缺乏效率的部分」兩方面分析出問題與困境;二、再根據這些問題與困境追溯出既有企業文化的「特徵」(如語言、規範、價值觀、行為模式、領導模式、人造物品、典禮儀式等)與「內涵」(如認知、信念、基本假設、意識型態等);三、依照上述的分析確認是否需要改造(re-engineer)文化,以及需要改革之原因;四、根據前面所提出的系統架構,擬定一個可行的改造策略與步驟,以便能銜接「目前的文化」和「預期的文化」;五、最後則是須進行檢測,以確定新的文化與組織系統中其他面向可以契合,並設法減低變革的抵抗與雜音(Gouillart & Kelly, 1995; Kotter, 1995)。

　　另一方面,雖然公廣集團與擁護媒體改革的學者提出許多說明與辯護,但在一年要靠政府補助 18 億多的現況,大不免讓某些學者憂心在此類似於公營事業的運作模式下所可能產生的弊端,故除要預防政府化的傾向外,更應注重績效的管理。

　　從文獻探討可知,目前已有非營利組織採社會企業的觀點,並運用「策略」的管理以揚棄之前靠捐款或政府補助的經營方式來維持組織生命(見陸宛蘋、何明城,2009;黃慶源,1999)。部分成功的案例並轉化學者吳思華(1998)的企業經營「策略九說」——價值說、效率說、資源說、結構說、競局說、統治說、互賴說、風險說、生態說 9 個觀點,進行非營利組織傳統模式與新的策略分析,以提供其因應時代潮流發展與競爭衝擊之道(見表五)。建議公廣集團可針對現狀進行全面的檢視並改進組織營運的策略,以建立競爭優勢,並與周遭環境中事業夥伴的良好互動關係。

表五　非營利組織傳統模式與新的趨勢之策略比較

策略觀	傳統模式	新的趨勢
價值觀	接受社會救濟，消耗社會資源。	在自立自強原則下，接受協助創造社會價值。
效率觀	有多少資源，做多少事；無競爭壓力，不重視效益。	需自我開創資源；有競爭壓力，有明確目標，講求績效。
資源觀	主要來自社會慈善捐助，與政府專案補助。	創造累積核心資源，形成優勢；提高自立資源比例，其餘由政府協助。
結構觀	私營化的小機構、公營化的大機構。	公設民營或是社區化，以回歸社會主流。
競爭觀	無須競爭，面臨萎縮漸被淘汰。	由競爭中求進步，藉由產品創新進入競爭性市場。
管理觀	缺乏管理理念，績效概念模糊。	在競爭效益下，重視管理，界定需求並評估績效。
互賴觀	單打獨鬥，資源重疊浪費。	資源資訊充分利用與分享，建立網路關係或水平垂直整合。
風險觀	不注重市場區隔與產品的創新，不注重科技運用與處理資訊的能力。	注重市場區隔與產品的創新，強調滿足顧客需求，並具有科技運用與資訊處理的能力。
生態觀	孤立的封閉系統、集中化。	開放系統的概念，透過溝通掌握組織外部與環境變化，隨時進行內部調整以適應環境，社區化與人性化。

資料來源：本研究整理自相關文獻。

綜上所論，本文主要從非營利組織與社會企業的角度出發，從臺灣公共媒體發展的歷史回顧、相關法規與條文修訂的探討，以及集團整併的過程等幾個面向，來檢視與分析其公廣集團營運的現況，並提出相關的建議。在討論的過程中可以得知，公廣集團相較於其它媒體組織是有其競爭優勢的，尤其員工的素質與組織瞭解科技的能力，是組織在數位時代得以致勝的關鍵之一，然而集團化後營運範疇的界定與調整、核心資源的創造與累積、文化的變遷與管理，以及內外部行銷的整合與溝通等，也應是決策與領導階層該注重的工作。

最後，回到本文一開始所揭櫫的問題「為何公共媒體在臺灣的運作無法有效的發揮其功能？」研究者認為這大不只是公廣集團所應思索的問題，政府、企業界，乃至廣大的閱聽眾與納稅義務人，臺灣社會的每一份子似乎都應對這個以公眾利益和公共服務為使命的組織有所期待與回應。

參考書目

公視基金會（2005）。〈公共廣電與文化創意、數位電視發展兩年計畫〉。取自 http://www.pts.org.tw/~web02/newmedia/
——（2006）。《公視體檢總報告及未來營運規劃》。臺北，臺灣：公視策略研發部。
——（2007）。《公視 2007 年度報告》。取自 http://www.pts.org.tw/

王居卿、張威龍、陳明杰譯（2002）。《行銷學：原理與觀點》。臺北，臺灣：前程企業管理公司。（原書 Bearden, W. O., Ingram, T. N., & LaForge, R. W. [1995]. *Marketing: Principles and perspectives*. Chicago, IL: Irwin.）

江明修（2004）。《企業型非營利組織》。臺北，臺灣：智勝。（原書 Dees, J. G., Emerson, J., & Economy, P. [2001]. *Enterprising nonprofits: A toolkit for social entrepreneurs*. New York, NY: Wiley.）

江明修、陳定銘（2000）。〈臺灣非營利組織政策遊說的途徑與策略〉，《國立政治大學公共行政學報》，4：153-192。

余佩珊譯（2004）。《彼得・杜拉克：使命與領導——向非營利組織學習管理之道》。臺北，臺灣：遠流。（原書 Drucker, P. F. [1990]. *Managing the non-profit organization: Principles and practices*. New York, NY: Harper Collins.）

吳木麟、山田賢一（2007a）。〈臺灣朝向擴大公共廣播電視邁進——改善過分競爭的期望與課題（上）〉，廣電基金會之廣播電視資料庫，4（17）。取自 library.bdf.org.tw/articles/f071130.pdf

——（2007b）。〈臺灣朝向擴大公共廣播電視邁進——改善過分競爭的期望與課題（下）〉，廣電基金會之廣播電視資料庫，4（18）。取自 library.bdf.org.tw/articles/f071220_2.pdf

吳思華（1998）。《策略九說》。臺北，臺灣：臉譜。

吳美連、林俊毅（1999）。《人力資源管理理論與實務》。臺北，臺灣：智勝。

李美華（2004）。〈公共電視集團的運作與經營〉，「公共電視集團的想像與實際民間研討會」論文。臺灣，臺北。取自 http://twmedia.org/archives/000196.html

官有垣（2000）。〈非營利組織的決策與領導〉，蕭新煌（編）《非營利部門：組織與運作》，頁 130-148。臺北，臺灣：巨流。

——（2001）。〈第三部門與公民社會的建構：部門互動的理論探討〉，《臺大社工學刊》，4：163-201。

——（2007）。〈社會企業組織在臺灣的發展〉，《中國非營利評論》，1：146-180。

林淑馨（2008）。《非營利組織管理》。臺北，臺灣：三民。

俞玫妏譯（2005）。《社會行銷》。臺北，臺灣：五南。（Kotler, P., Roberto, N., & Lee, N. [2002]. *Social marketing: Improving the quality of life*. Thousand Oaks, CA: Sage.）

皇甫河旺、秦琍琍、黃光玉（2001）。《民眾對四家無線電視臺滿意度調查暨民視營運狀況研究》。行政院新聞局委託研究計畫成果報告。臺北，臺灣：行政院新聞局。

紀淑芳（2007）。〈公視、華視貧賤夫妻百事哀〉，《財訊》，300：128-130。

孫本初（1994）。《非營利組織管理之研究——以臺北市政府登記有案之社會福利慈善事業基金會為對象》。臺北，臺灣：臺北市政府研究發展考核委員會。

秦琍琍（2001a）。〈公共電視的經營與管理——從企業文化、組織運作與內部溝通談起〉，「公共電視發展與未來國際研討會」論文。臺灣，臺北。

——（2001b）。〈公共電視企業文化、管理運作、與組織溝通之關聯性研究〉，《廣播與電視》，17：35-72。

——（2003）。〈媒體產業與組織變革〉。〔未發表之手稿〕。

翁秀琪、陳百齡、陳炳宏、郭力昕、莊國榮、馮建三等（2001）。《無線電視公共化可行性評估報告》。行政院新聞局委託報告。臺北，臺灣：行政院新聞局。

高登第譯（2002）。《科特勒新世紀行銷宣言》。臺北，臺灣：天下。（Kotler, P., Jain, D., & Maesincee, S. [2002]. *Marketing moves: A new approach to profits, growth, and renewal*. Boston, MA: Harvard Business Review Press.）

張錦華（2004）。〈兩種媒體系統的思考：多語言傳播媒體與公共電視集團〉，「公共電視集團的想像與實際民間研討會」論文。臺灣，臺北。取自 http://twmedia.org/archives/000196.html

許世雨、李長晏、蔡秀涓、張瓊玲譯（1997）。《人力資源管理》。臺北，臺灣：五南。（原書 De Cenzo, D. A., & Robbins, S. P. [1994]. *Human resource management, study guide: Concepts and practices*. New York, NY: John Wiley & Sons.）

陳定銘（2003）。〈非營利組織行銷管理之研究〉，《社區發展季刊》，102：218-241。

陳金貴（2002）。〈非營利組織社會企業化經營探討〉，《非政府組織夏季論壇》，19：39-51。

陳彥龍、熊杰（2007）。〈結束後的開始：NCC 成立歷程與釋憲後的修法議題〉，「中華傳播學會 2007 年會」論文。臺灣，臺北。

陳政智、王麗娟（2006）。〈社會福利機構個案分級制度之建構：從社會行銷與顧客關係管理談起〉，《社區發展季刊》，113：1-13。

陸宛蘋、何明城（2009）。〈非營利組織之使命與策略〉，蕭新煌、官有垣、陸宛蘋（編），《非營利部門：組織與運作》，頁75-102。臺北，臺灣：巨流。

程宗明（2005）。〈公共廣播電視集團是否為「集團」？一個描述性或分析性概念之爭議〉，《傳播與管理研究》，5（1）：1-26。

──（2007）。〈從公視法到公共廣電法之提升建構──一個實務者的規劃報告〉，「中華傳播學會2007年會」論文。臺灣，臺北。

馮建三、石世豪、郭力昕（2002）。〈無線電視公共化的生命史，1986-2002：一個偏向晚期行動者的記錄與分析〉，「政治大學公共政策論壇──全球化與臺灣研討會」論文。臺灣，臺北。取自 http://www3.nccu.edu.tw/~jsfeng/

黃慶源（1999）。〈非營利組織典範移轉之行銷策略個案研究：以財團法人喜憨兒文教基金會為例〉，《樹德科技大學學報》，3（2）：45-60。

黃寶萱、許崇民、官有垣（2005）。〈協力與共榮：非營利組織與政府的合作關係初探──以某社會服務類型非營利組織為例〉，「臺灣社會福利學會年會」論文。臺灣，高雄。

劉淑瓊（1997）。〈依賴與對抗──論福利服務契約委託下政府與民間受託單位間的關係〉，《社區發展季刊》，80：113-129。

蕭新煌（2000）。《非營利部門——組織與運作》。臺北，臺灣：巨流。

戴皖文（2006）。〈數位時代的公共電視行銷策略〉，「中華傳播學會 2006 年會」論文。臺灣，臺北。

鍾京佑（2003）。〈全球治理與公民社會：臺灣非政府組織參與國際社會的觀點〉，《政治科學論叢》，18：3-52。

簡淑如（2003）。〈商業無線電視臺公共化推動策略之研究〉。行政院新聞局九十二年度研究報告彙編。臺北，臺灣：行政院新聞局。

關尚仁、鄭如雯（1998）。〈公共電視社會行銷初探研究〉，《廣播與電視》，12：45-69。

Borzaga, C., & Solari, L. (2004). Management challenges for social enterprises. In C. Borzaga & J. Defourny (Eds.), *The emergence of social enterprise* (pp. 333-349). New York, NY: Routledge.

Boschee, J., & McClurg, J. (2003). *Toward a better understanding of social entrepreneurship: Some important distinctions.* Retrieved from www.se-alliance.org/better understanding.pdf

Brinckerhoff, P. C. (1994). How to turn your entrepreneurial skills toward your mission. *Nonprofit World, 12,* 17-19.
-- (2000). *Mission-based management: Leading your not-for-profit in the 21st century.* New York, NY: Wiley.

Cartwright, S., & Cooper, G. L. (1992). *Mergers and acquisitions: The human factor.* Oxford, UK: Butterworth-Heinemann.

Daft, R. L. (2001). *Organization theory and design*. Mason, OH: South-Western.

Geertz, C. (1973). *The interpretation of cultures*. New York, NY: Basic Books.
-- (1983). *Local knowledge*. New York, NY: Basic Books.

Glasser, B. G., & Strauss, A. (1967). *The discovery of grounded theory: Patterns for qualitative research*. New York, NY: Aldine de Gruyter.

Gouillart, F. J., & Kelly, J. (1995). *Transforming the organization*. New York, NY: McGrawHill.

Hackman, M. Z., & Johnson, C. E. (2000). *Leadership: A communication perspective*. Prospect Heights, IL: Waveland.

Honold, L. (1997). A review of the literature on employee empowerment. *Empowerment in Organizations, 5*(4), 202-212.

Kotter, J. P. (1995). Leading change: Why transformation efforts fail. *Harvard Business Review, 73*(2), 59-67.

O'Connell, B. (2000). Civil society: Definitions and descriptions. *Nonprofit and Voluntary Sector Quarterly, 29*(3), 471-478.

Parker, P. S. (2001). African American women executives' leadership communication within dominant-culture organizations. *Management Communication Quarterly, 15*(1), 42-82.

Quinn, R. E., & Spreitzer, G. M. (1997). The road to empowerment: Seven questions every leader should consider. *Organizational Dynamics, 26*(2), 37-49.

Salamon, L. M. (1992). *America's nonprofit sector: A primer*. New York, NY: The Foundation Center.

Walzer, M. (1995). The concept of civil society. In M. Walzer (Ed.), *Toward a global civil society* (pp. 7-27). Oxford, UK: Berghahn.

Witherspoon, P. D. (1997). *Communicating leadership: An organizational perspective*. Needham Heights, MA: Alley & Bacon.

Wolf, T. (1990). *Management a nonprofit organization*. New York, NY: Fireside.

附錄

第一屆董事

姓名	主要經歷或當選時專職	備註
吳豐山	國大代表	第一任董事長
林東泰	國立臺灣師範大學大眾傳播研究所教授	
孫秀蕙	國立政治大學廣告學系教授	
陶大偉	兒童媒體工作者	
翁秀琪	國立政治大學新聞學系教授	
陳藹玲	富邦文教基金會執行長	
蕭新煌	中研院社會學研究所研究員	
關尚仁	國立政治大學廣播電視學系副教授	
瞿海源	國立臺灣大學社會學系教授	
莊伯和	中華民俗藝術基金會副執行長	
賴東明	聯廣公司董事長	
林萬億	國立臺灣大學社會學系教授	轉臺北縣副縣長後辭公視基金會董事
孔文吉	朝陽科技大學應用外語系助理教授轉任北市政府原住民事務委員會主委後辭董事職	

第二屆董事

姓名	主要經歷或當選時專職	備註
吳豐山	國大代表	連任董事長
林東泰	國立臺灣師範大學大眾傳播研究所教授	連任
嚴長壽	臺北亞都麗緻大飯店總裁	
陳淑麗	演藝人員、社會義工	
翁秀琪	國立政治大學新聞學系教授	連任
陳藹玲	富邦文教基金會執行長	連任
吳清友	誠品股份有限公司董事長	
白光勝	布農文教基金會董事長兼執行長	
蘇芊玲	婦女新知基金會董事長銘傳大學通識課程專任講師	
莊伯和	中華民俗藝術基金會副執行長	連任
劉克襄	《中國時報》副刊副主任	
周陽山	文化大學中山學術研究所所長	

第三屆董事

姓名	主要經歷或當選時專職	備註
陳春山	國立臺北大學法律學系教授	董事長
李敏勇	現代學術研究基金會董事長	
孫大川	國立政治大學臺灣文學研究所副教授	
黃明川	攝影、導演、編劇	於2005年1月17日因工作因素請辭
翁秀琪	國立政治大學新聞學系教授	連任三屆
吳清友	誠品股份有限公司董事長	連任
鄭同僚	國立政治大學教育學系副教授	
陳貴賢	中研院原分所暨國立臺灣大學凝態科學中心研究員	
陳東升	國立臺灣大學社會學系教授	於2004年12月27日轉任國科會人文及社會科學發展處處長後請辭
莊國榮	國立政治大學公共行政學系助理教授	
李偉文	荒野保護協會理事長湯臣牙醫診所醫師	
方念萱	國立政治大學新聞學系副教授	

第四屆董事

姓名	主要經歷或當選時專職	備註
鄭同僚	國立政治大學教育學系副教授	連任董事長
虞戡平	導演	
朱臺翔	森林小學校長	
黃明川	攝影、導演、編劇	請辭後再獲選任
梁定澎	國立中山大學管理學院院長	
孫大川	國立政治大學臺灣文學研究所副教授	連任
蘇芊玲	銘傳大學通識教育中心副教授	第二屆董事
	婦女新知基金會監事	第三屆監事
陳邦畛	作家	
陳東升	國立臺灣大學社會學系教授	請辭後再獲選任
彭文正	國立臺灣大學新聞研究所副教授	
阿女烏利格拉樂	作家	

註：由於本文完成日期為 2008 年 9 月，因此第四屆董事之資料已有更新，陳東升與阿女烏利格拉樂現已辭職，而新任的董事包括國立政治大學廣播電視學系副教授盧非易、國立政治大學新聞學系教授汪琪、佛光大學藝術學教授林谷芳、國立中央大學教授洪蘭、明華園團長陳勝福、和信超媒體線上娛樂總經理周建輝。

The Challenges of Taiwan Broadcasting System as a Social Enterprise: A Holistic Perspective

Li-Li Chin
Professor, Department of Speech Communication, Shih-Hsin University

Abstract

Viewing Taiwan Broadcasting System as a social enterprise, this study examined the challenges that TBS faced during its merger period. From the holistic perspective, this study employed qualitative research methods to investigate TBS's operation in various dimensions. In the end of this article, suggestions were made: (1) to achieve financial empowerment to further its social goals; (2) to mange leadership communication to transform organizational culture; and (3) to emphasize business strategies and social marketing to enhance its social influence.

Keywords: Taiwan Broadcasting System, corporate culture, social enterprise, nonprofit organization

社會企業——全球化下鄉村社區產業的出路與進程 *

陳永進
朝陽科技大學通識教育中心講師

壹、前言：從就業促進到家園重建

1999年921大地震發生後，勞委會在受災地區推出「就業重建大軍計畫」，使地震受災戶和失業者可以暫時獲得收入，讓就業大軍成為家園重建的主力。

2001年勞委會參考歐盟發展第三部門促進就業系統的作法，推出「永續就業工程計畫」，希望透過地方政府機關及民間團體提出具有促進就業效益的計畫，以落實勞委會建構永續就業的勞政藍圖。2002年勞委會正式推行「多元就業開發方案」，勞委會所屬職業訓練局（以下簡稱職訓局）在921重建區的臺中區就業服務中心也積極而務實地展開這項方案。本文試著從921集集大地震以來參與文建會中部辦公室兩年社區總體營造行動方案，以及勞委會職訓局中彰投區就業服務中心（前身為臺中區就業服務中心）多元就業開發方案的實際經驗，並對重建會及政府各部會（如農委會、經濟部中小企業處、文

---
* 本篇因發表體例無須英文摘要，故維持文章原貌。

建會、勞委會乃至於原民會、客委會）在重建區鄉村社區產業發展的經費補助及輔導協助，以「參與式的觀察」對鄉村社區產業的出路與進程提出一些看法。

貳、繽紛：從921中彰投到全國

從2001年臺灣「永續就業工程計畫」到2002年臺中區就業服務中心因協助重建區重建需要，在當時勞委會陳菊主委的領軍，以及臺中區就業服務中心曹主任等團隊的積極運作下，將「多元就業開發方案」推動得有聲有色，2003年年底在中興新村舉辦的職訓計畫成果展晚會，至今仍讓許多當時參與的民間團體津津樂道。當時臺中區就業服務中心為了能及時提供重建區的行政支援，利用中興新村精省後閒置的辦公房舍，晉用三十幾名重建區的民眾成為就業服務員，並首度成立多元就業諮詢協力顧問群，將重建團體依多元提案性質編隊，以「社區營造」的理念，分隊進行培力及策略聯盟的運作。

也因為當年勞委會工作團隊與災民在一起的「立地就業，重建家園」的安定作用，以及經由研習培力、會議輔導，使得組織產生的蛻變成果，才有後來職訓局於2003到2004年由中華民國社區營造學會承辦執行全國的多元就業開發方案計畫諮詢輔導展開。在重建區經由勞政單位的用心規劃，以及民間團體的努力執行，「以促進地方產業發展為手段，創造在地就業機會為目的」的多元就業開發方案，產生了相互鼓舞、彼此振奮的重建效益。當年在重建區共同推動多元就業開發方案的革命夥伴，至今仍有部分在中彰投區就業服務中心、中區職訓中心繼續堅守勞政崗位或到績優民間組織就業，從事產業開發工作。

參、發展：從地方邊陲到創新突圍

行政院勞工委員會職業訓練局從2002到2008年所推動「以促進在地就業機會為策略」的「多元就業開發方案」，茁壯了許多優良的民間團體，造就了許多類型的在地產業，不但直接創造在地就業的機會，間接有助於鄉村的再發展。根據勞委會資料顯示，這幾年來民間組織團體所執行方案的面向，大略可以歸納成下列幾個類型：

一、社會服務：兒童課後輔導照顧、社區保姆與幼兒托育、居家關懷照顧服務、老人關懷服務、老人送餐服務、外籍及大陸配偶關懷協助、身障者照顧協助服務。

二、文化產業：文史資料調查收集、文史古蹟導覽、民俗技能傳承、藝文活動推廣。

三、觀光休閒：自然生態旅遊與導覽、觀光休憩園區、產品行銷與推廣、餐飲銷售與推廣、環境綠美化。

四、環保清潔：廚餘回收運用、生活用品廢棄物回收、廢棄電池回收、二手衣物回收、環境清潔與維護。

五、地方產業：地方風味美食、地方農特產品、糕點烘焙、有機蔬果栽培、工藝產品創作。

目前幾個重建初期即以協會或工作站致力於家園重建的團體，雖地處鄉村邊陲地區，但經這幾年申請執行「多元就業開發方案」之後，不但組織經營、產業開發、組織事業、就業促進等均有令人激賞的佳績及成效，例如致力中寮北七村老人社會福利的龍眼林福利協會、從事傳統客家工藝創作的臺中縣東

勢愛鄉協進會、著力於老人社會福利及外籍配偶的南投縣生活重建協會、堅持客家美食推廣的臺中縣傳統美食推廣協會、串聯東勢休閒資源的臺中縣東勢客家美食合作社、推廣生態教育的南投埔里桃米社區等等。在全球化、資訊化及都會化的發展壓力下，他們希望藉著地方的資源，能夠在資本主義的市場經濟的包夾中奮力一搏，殺出重圍。

中彰投區就業服務中心的多元就業開發方案，在前期家園重建的精實基礎上，隨著相互激勵及觀摩學習，使得社區組織產業或民間團體事業的開發，顯現出蓬勃洋溢的景象。更有九個團體分別在第三屆、第四屆「多元就業開發方案計畫執行優良單位選拔活動」中脫穎而出，獲選為特優及優良團體成為學習標竿案例（見表一、表二）。

表一　第三屆「多元就業開發方案計畫執行優良單位選拔活動」中彰投區就業服務中心得獎名單

獎項	獲獎單位	計畫名稱
特優	財團法人彰化縣私立慈恩老人養護中心	二林地區老人送餐關懷服務計畫
特優	臺灣彩虹原住民關懷協會	彩虹原住民兒童少年家庭服務計畫
特優	財團法人中華基督教衛理公會（大里工作站）	真正好養生屋
特優	財團法人南投縣智障者家長協會	特殊需求者生態社區家園農場延續計畫
特優	財團法人伊甸社會福利基金會附設南投服務中心	嗎哪園中餐暨烘焙複合式餐飲職場訓練安置計畫
優良	臺中縣石岡鄉傳統美食文化推廣協	推動弱勢婦女就業──傳統美食推廣暨推動弱勢公益加盟創業計畫
優良	彰化縣東螺溪文化協會	「東螺溪休閒生態園區」多元就業擴展計畫
優良	臺灣原住民族部落永續發展協會	望鄉、東埔布農渡假部落暨創造在地永續就業
優良	財團法人瑪利亞社會福利基金會附設瑪利亞霧峰教養家園	瑪利亞社會關懷暨生命成長計畫

表二　第四屆「多元就業開發方案計畫執行優良單位選拔活動」中彰投區就業服務中心得獎名單

獎項	獲獎單位	計畫名稱
特優	臺灣原住民族部落永續發展協會	望鄉布農渡假部落暨創造在地永續就業
特優	財團法人瑪利亞社會福利基金會附設瑪利亞霧峰教養家園	瑪利亞愛‧永不止息計畫
特優	財團法人臺中縣私立信望愛智能發展中心	信望愛農場多元就業開發方案
優良	社團法人中華至善社會服務協會	大安溪泰雅部落產業振興計畫
優良	臺中市親子關懷協會	弱勢家庭兒童課業輔導及扶助計畫
優良	社團法人臺中縣東勢鎮愛鄉協進會	東勢客家文化工坊（第三年）
優良	臺中縣石岡鄉傳統美食文化推廣協會	推動弱勢婦女就業——傳統美食開發暨推動弱勢創業輔導計畫
優良	彰化縣東螺溪文化協會	「東螺溪休閒生態園區」多元就業擴展計畫
優良	財團法人彰化縣私立基督教喜樂保育院	身心障礙者就業促進計畫——喜樂手工水餃產銷班

1996年臺中縣東勢鎮愛鄉協進會甚至經由中彰投區就業服務中心諮詢輔導團隊——財團法人中山管理教育基金會的訊息發布與協助，獲得臺灣首創社會創投資助方案——臺北市忠孝扶輪社主辦的「社會事業創投」資助計畫所提供的3年180萬元的資助。未來3年臺北市忠孝扶輪社將籌組經營輔導顧問團隊，定期提供經營的諮詢，以及營運的建議，希望在績效領先的中彰投區就業服務中心的服務區域內創造出臺灣第一個「社會事業創投」的成功案例。

肆、出路：從社區產業到社會企業

這些年，在歐美已有社會企業家或非營利組織負責人爲達成組織願景或實現社會價值，不排除運用現有的市場經濟模式，

來發展具財務收益的事業體,試著讓組織的自主財務成為實踐組織使命的最佳策略。社會企業家務實地瞭解民間組織在市場經濟經營的限制,但也堅持以創新事業來參與市場經濟機制的競逐。這就是社會企業。對非營利組織而言,建構一個兼具「財務收益」與「使命公益」的社會企業其過程即是:發展非營利組織的事業體→建構自主性的財務機制→創造支持性的社會資本→實現永續性的社會價值。

這幾年市面上陸續出版的書訊中,紛紛傳達出鄉村相對於都市的邊陲地帶仍大有可為,在書籍方面:如《紫牛——讓產品自己說故事》(Godin, 2003／梁曙娟譯,2003)、《藍海策略——開創無人競爭的全新市場》(Kim & Mauborgne, 2005／黃秀媛譯,2005)、《美學的經濟:臺灣社會變遷的60個微型觀察》(詹偉雄,2005)、《風格美感經濟學》(Postrel, 2003／閻蕙群、陳俐雯譯,2004)、《風格競爭力》(劉維公,2007)、《創意@東京》(蒼井夏樹,2007)、《原鄉時尚:八倍速驅動創意經濟》(陳育平,2007)、《設計讓世界看見芬蘭》(涂翠珊,2007)、《體驗經濟時代》(Pine & Gilmore, 1999／夏業良、魯煒、江麗美譯,2006)、體驗行銷等(詳如文末參考文獻),在雜誌方面,如《遠見雜誌:魅力臺灣——賣弄在地風情》、《財經文化周刊雜誌:多元就業:成就自己,繁榮在地——看見地方新活力》、《天下雜誌:世界是平的——全球化第三波海嘯來襲》、《天下雜誌:創新來自邊陲》,還有日本幾本在社區頗受歡迎的漫畫:《夏子的酒》、《將太的壽司》、《光之子》等,甚至日劇《溫柔的時光》等。

鄉村缺乏人才、技術、設備、資金等等，但鄉村卻擁有許多豐沛的在地「僅有」甚至「唯有」的資源，包括自然資源（山美部落的達娜伊谷溪、宜花賞鯨豚）、文化地景（舊山線、菸樓等）、人文故事、民間智慧（石滬之於潮汐、米粉之於日照）、物種天賦（紫斑蝶遷移、南路鷹北返等）、古蹟遺址、歷史建築（勝興舊火車站、三合院老宅等）、祭典節慶（東港王船祭典、通宵白沙屯媽祖遶境等）、老街聚落（九份、林田山等）生活工藝、風味美食等。根據《體驗經濟時代》（Pine & Gilmore, 1999／夏業良等譯，2006）這本書作者所提出的經濟進程：產品→商品→服務→體驗，任何產業都可經由商品化，以及客製化的設計來提高它的經濟價值，甚至可以創造出品牌（如圖一）。

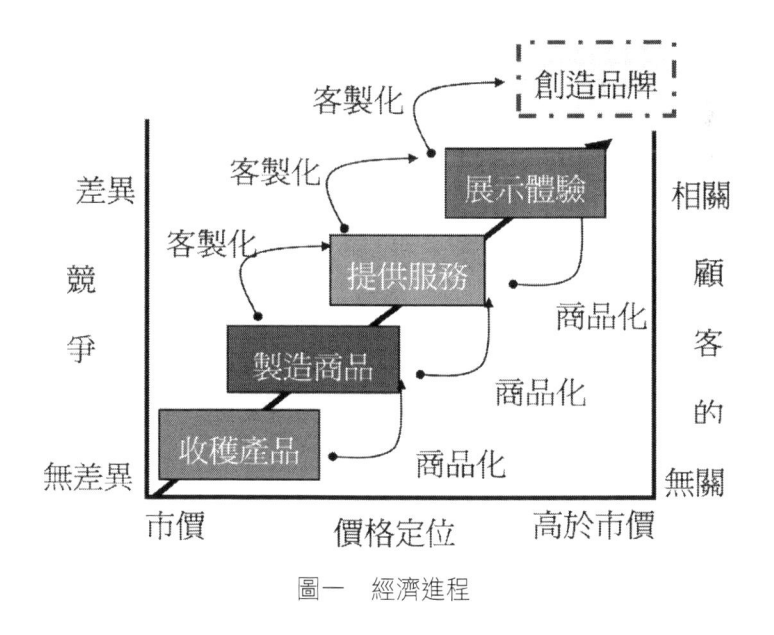

圖一　經濟進程

參考相關有助於社區產業發展的書籍，並審酌921地震以來重建區的社區總體營造及多元就業開發方案的參與經驗，個人將鄉村社區產業未來發展為社會企業，需著力的6大面向：（如表三及圖二）

一、核心價值：（一）組織使命（民間組織的創立理想與宗旨），例如：社會福利、環境保護、生態保育、文化守護、就業促進等。（二）社會承諾（對改善社會的行動提案及社會實踐），例如：綠色消費、食物哩程、減碳生活、多元就業等行動方案。

二、組織管理：（一）人力資源（民間組織基層志工、中階幹部及執行經理等人力的養成），例如：執行長CEO、專案經理人、志工等。（二）財務規劃（組織對募款、基金、事業獲利、創投提案等的規劃，以提升自主財務能力），例如：持續接受社會募款，積極開發社會事業。

三、關鍵能力：（一）主力產品（具有獲利能力的熱銷產品），例如：石岡美食小鋪的蜂巢蛋糕、東螺溪的農村體驗。（二）顧客服務（促進產品銷售的顧客服務規劃及系統建置），例如：宅配服務、解說服務、遊客中心等。

四、卓越區塊：（一）社會形象（社會大眾對民間組織的認同印象或專業認定），例如：彰化縣基督教喜樂保育院的身心障礙者專業照顧。（二）社區資源：（社區賦有的各種特色資源），例如：人的資源（人）、文化資源（文）、自然資源（地）、景觀資源（景）、生產資源（產）。（三）社會資本：（各種社會領域多元性的支持行動、機制、典

範等),即所在社區、部落、族群、地方、學校、企業所提供的各種支持系統,例如臺東縣卑南鄉利嘉林道的原漢合作、鹿港鎮南勢社區發展協會的帝寶企業定期捐贈、臺中縣和平鄉達觀部落的共同廚房等、南投縣中寮鄉龍眼林福利協會的健康義診工作站等。

五、策略槓桿:(一)資源連結(景觀、生態、節慶/祭典、美食、工藝、人物等在地資源的連結整合),例如:阿里山鄉山美部落的高身鯝魚＋達娜伊谷溪＋寶島鯝魚節＋鄒族戰祭＋鄒族風味餐＋高一生事蹟等。(二)策略聯盟(同質性或異領域組織在社區營造或產業發展上的區域結盟),例如:林邊溪右岸聯盟(魅力四社:屏東縣林邊〔福佬〕、建功〔客家〕、獅頭〔平埔〕、喜樂發發吾部落〔排灣〕)、九九峰彩虹七庄(休閒產業文化之旅——南投縣草屯瓠仔寮、平林、土城、坪頂、國姓福龜、梅林、北山)。(三)網路行銷(善用資訊科技的平權工具,開發虛擬商店,創造更多的商機),例如:多元就業的臺灣故事盒子、購物商城、智邦科技社區網站。

六、加值設計:(一)文化魅力(可以轉化為產品附加價值的在地資源或文化基因),例如:屏東的落山風;茂林的紫斑蝶越冬遷移;內門的宋江藝陣;苑裡的藺草編織。(二)創意設計(結合知識經濟、體驗經濟等創新趨勢的附加價值設計),例如:墾丁風鈴響叮噹;2007～2008 茂林紫斑蝶季;2008 WHO 哈高雄內門宋江陣活動;苑裡紅磚與藺草的對話。

表三　鄉村社區產業開發6大面向

面向	內容	說明	備註
核心價值	組織使命	民間組織的創立理想與宗旨。	如：社會福利、環境保護、生態保育、文化守護、就業促進等。
	社會承諾	對改善社會的行動提案及社會實踐。	如：綠色消費、食物里程、減碳生活、多元就業等行動方案。
組織管理	人力資源	民間組織基層志工、中階幹部及執行經理等人力的養成。	如：執行長CEO、專案經理人、志工等。
	財務規劃	組織對募款、基金、事業獲利、創投提案等的規劃，以提升自主財務能力。	如：持續接受社會募款，積極開發社會事業。
關鍵能力	主力產品	具有獲利能力的熱銷產品。	如：石岡美食小舖的蜂巢蛋糕、東螺溪的農村體驗。
	顧客服務	促進產品銷售的顧客服務規劃及系統建置。	如：宅配服務、解說服務、遊客中心等。
卓越區塊	社會形象	社會大眾對民間組織的認同印象或專業認定。	如：彰化縣基督教喜樂保育院的身心障者專業照顧。
	社區資源	社區賦有的各種特色資源。	如：人、文、地、景、產。
	社會資本	各種社會領域多元性的支持行動、機制、典範等。	即所在社區、部落、族群、地方、學校、企業所提供的各種支持系統，如臺東縣卑南鄉利嘉村道的原漢合作、鹿港鎮南勢社區發展協會的帝寶企業定期捐贈、臺中縣和平鄉達觀部落的共同廚房等、南投縣中寮鄉龍眼林福利協會的健康義診工作站等。
策略槓桿	資源連結	景觀、生態、節慶／祭典、美食、工藝、人物等在地資源的連結。	如：阿里山鄉山美部落的高身鯝魚＋達娜伊谷溪＋寶島鯝魚節＋鄒族戰祭＋鄒族風味餐＋高一生事蹟等。
	策略聯盟	同質性或異領域組織在社區營造或產業發展上的區域結盟。	如：林邊溪右岸聯盟（魅力四社：屏東縣林邊〔福佬〕、建功〔客家〕、獅頭〔平埔〕、喜樂發發吾部落〔排灣〕）、九九峰彩虹七庄（休閒產業文化之旅—南投縣草屯瓠仔寮、平林、土城、坪頂、國姓福龜、梅林、北山）。
	網路行銷	善用資訊科技的平權工具，開發虛擬商店，創造更多的商機。	如：多元就業的臺灣故事盒子、購物商城。

表三　鄉村社區產業開發 6 大面向（續）

面向	內容	說明	備註
加值設計	文化魅力	可以轉化為產品附加價值的在地資源或文化基因。	如：屏東的落山風；茂林的紫斑蝶越冬遷移；內門的宋江藝陣；苑裡藺草編。
	創意設計	結合知識經濟、體驗經濟等創新趨勢的附加價值設計。	如：墾丁風鈴響叮噹；2007～2008 茂林紫斑蝶季；2008 WHO 哈高雄內門宋江陣活動。

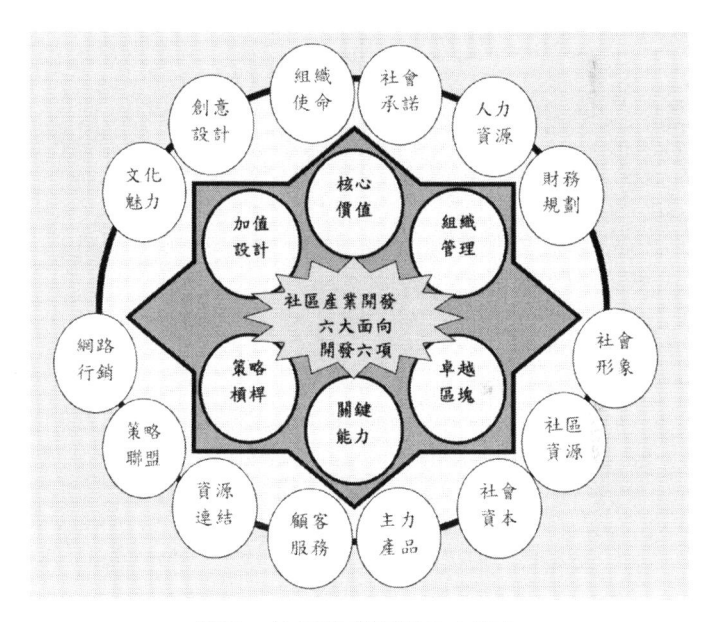

圖二　社區產業開發 6 大面向

　　鄉村社區發展組織甚或社會民間組織理出屬於自己的核心價值、關鍵能力，評估自身的組織管理、卓越區塊，藉由知識經濟的善用、社區資源的連結、合作機制的結盟，以及加值設計的創新，發展槓桿性的策略，開發收益性的事業。民間組織

執行勞委會的多元就業開發方案,不但可以建構各組織所希望達成的支持性社會機制(如社服組織的庇護工廠、視障團體的按摩小站等),也可以創造永續性的在地就業。因此,我認為「多元就業」實可以做為「社區產業」過渡到「社會企業」的進程途徑,即社區產業→多元就業→社會企業→永續就業(如圖三)。

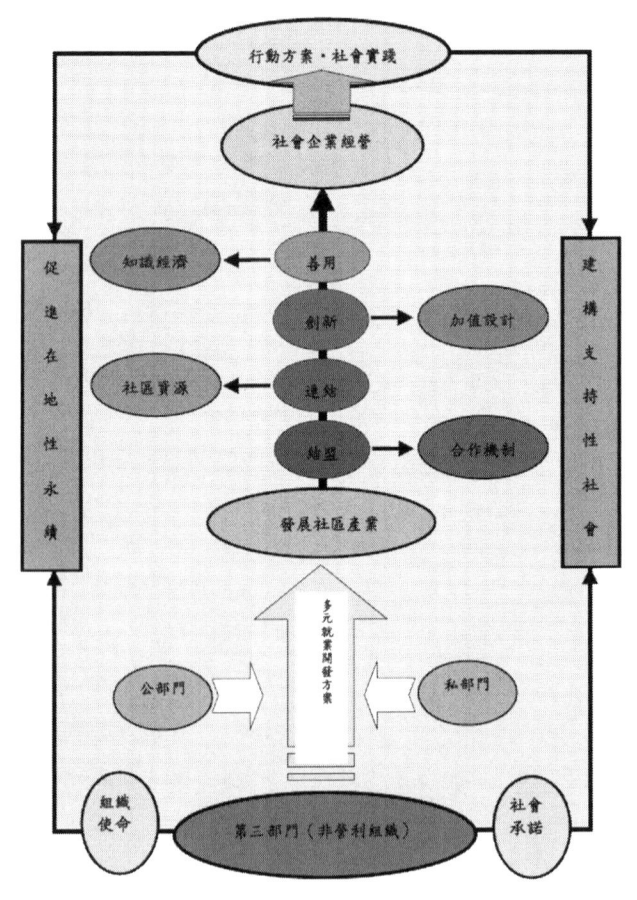

圖三 多元就業之途徑

伍、結語：從自立、連結到共濟

　　鄉村社會民間組織面對全球化（globalization）及資訊化，為實踐組織使命及實現社會價值，自主事業體的經營已是勢在必行。就鄉村社區產業而言，全球在地化（glocolization）正是鄉村社區組織以在地資源與資本主義社會相抗衡、競逐的路徑，尤其是對在地文化資源的守護、保存、再利用。就群體的主體性而言，文化資源只是一種「自在資源」（in-itself resources），必須將它善用轉化成社區共同體（community）賴以發展、延續的「自為資產」（for-itself assets）。換言之，相對於其他社群而言，文化資源是社區的地方識別，也是文化基因，它是獨特的、唯一的、在地的、無可替代的、難以複製的、具臍帶連結的生活樣態及生命表現。

　　鄉村社會的未來，必須從時代鉅變的趨勢洪流中，連結在地的「文化優勢」，找出能夠消解資本主義、科技工業所帶來的掠奪性、單一化發展迷思的「永續活路」，而這條永續活路即是臺灣當前民間已堅信並持續培力、培根十多年以「地方回歸，文化鋪軌」為思路的社區營造（community empowering）。但鄉村社區產業的開發與創新，經由社區營造的培力之後，仍需借助跨界的力量，建立自主的事業體，才能在多元價值追求的社會進程中與世界連結，與群體共濟。而促成各方跨界力量進入協助鄉村社區產業創新再造及加值開發的機緣，就是自921地震重建以來「多元就業開發方案」的推動。從組織參與實踐的質變效益來看，「多元就業開發方案」可以說是讓鄉村社區產業邁向社會企業的變身途徑。

參考書目

夏業良、魯煒、江麗美譯（2006）。《體驗經濟時代》。臺北，臺灣：經濟新潮社。（原書 Pine, B. J., II, & Gilmore, J. H. [1999]. *The experience economy: Work is theater and every business a stage*. Boston, MA: Harvard Business School Press.）

涂翠珊（2007）。《設計讓世界看見芬蘭》。臺北，臺灣：田園城市。

梁曙娟譯（2003）。《紫牛——讓產品自己說故事》。臺北，臺灣：商智文化。（原書 Godin, S. [2003]. *Purple cow: Transform your business by being remarkable*. New York, NY: Penguin.）

陳育平（2007）。《原鄉時尚：八倍速驅動創意經濟》。臺北，臺灣：天下雜誌。

黃秀媛譯（2005）。《藍海策略——開創無人競爭的全新市場》。臺北，臺灣：天下文化。（原書 Kim, W. C., & Mauborgne, R. [2005]. *Blue ocean strategy: How to create uncontested market space and make competition irrelevant*. Boston, MA: Harvard Business School Press.）

詹偉雄（2005）。《美學的經濟：臺灣社會變遷的 60 個微型觀察》。臺北，臺灣：藍鯨。

蒼井夏樹（2007）。《創意＠東京》。臺北，臺灣：方智。

劉維公（2007）。《風格競爭力》。臺北，臺灣：天下雜誌。

閻蕙群、陳俐雯譯（2004）。《風格美感經濟學》。臺北，臺灣：商智文化。（原書 Postrel, V. [2003]. *The substance of style: How the rise of aesthetic value is remaking commerce, culture, and consciousness.* New York, NY: HarperCollins.）

社會企業創業議題——社會創新與管理融入 *

胡哲生
輔仁大學企業管理學系教授

張子揚
輔仁大學商業管理學士學程兼任助理教授

摘要

　　社會企業的公益使命、企業經營與創造營收等主要特質，受創業者的個人背景、知識技能特徵的影響，使得社會企業的本質呈現多元發展。本研究主題是探討商業背景創業團隊在進行社會企業創業時，所發展形成之創業管理模式，探索其社會理念與經營模式的調整形成。本研究以個案研究方法，針對科技產業創業家所領導之商業背景創業團隊，探討其所抱持之社會影響力理念與經營模式調整形成。針對創業流程的探索性研究中發現：商業背景創業團隊之社會企業經營理念較重視產業創造、企業經驗、資源整合與科技創新等內涵，形成對於社會企業的本質意涵認知

---

* 原文刊載於《創業管理研究》第 4 卷第 4 期 2009 年 12 月。

與經營任務定位。經營任務則著重於科技創新,同時面臨社會產品創新與企業經營創新兩階段挑戰,社會創新強調創造讓邊際社會滿足的社會性產品。管理創新著重於社會產品的製造與配銷科技、與社會企業經營哲學。商業背景的社會創業在社會產品創新方面,因欠缺社會性需求的體驗,面對搜尋產品創意的挑戰;在管理創新方面,因傳承自商業組織的經營觀念與技能,同樣也面對管理科技的調整與重設計,以適應社會企業的特異體質。

關鍵詞:社會企業、社會影響、創業流程、社會創新、管理創新

壹、前言

社會企業的公益使命、企業經營與創造營收等主要特質,不但受到非營利組織的青睞,也引起誠願投注資源以促進社會福祉的個人與企業的關注。針對以社會企業從事公益服務的實務現象,若論其創設的起源與經營特色,在歐洲方面有其福利國家危機與經濟合作社的傳統背景,在美國方面則基於非營利組織轉型成長以求永續經營的策略目標,而亞洲方面則因為成功的扶貧案例,提供了解決社會問題的另一種思考方式。不同學術領域的研究成果,有助於對於社會企業概念的澄清,也同時提出了理念與實務上諸多衝突的重要啟示。

社會企業是藉由社會公益使命與企業經營管理的整合,幫

助社會性服務活動與理念的達成。社會企業或是社會創業精神一般公認特徵是強調社會使命,但對於不同的研究者而言,卻可能有不同的意義(Dees, 1998)。Mair 與 Marti(2006)的研究中,整理出不同學者的觀點,認為社會創業的概念可分為 3 類,第一類觀點由非營利組織角度出發,認為社會創業是傳統的非營利組織的一種籌資策略,或是一種以創造社會價值為目的之機構管理架構(Austin, Stevenson, & Wei-Skillern, 2006);第二類觀點由營利機構角度出發,則認為社會創業是為了實踐企業社會責任所進行的一項跨營利與非營利部門的合夥計畫(Sagawa & Segal, 2000);第三類觀點則視社會創業為減緩社會問題或催化社會轉型的手段之一(Alvord, Brown, & Letts, 2004)。

商業組織在臺灣蓬勃發展,累積豐沛雄厚的資本、經營智能與管理制度,亦有心對於非商業領域的社會需求,提供一些創業投入,善盡企業社會責任,但是商業背景的創業者在實際發掘社會需求方面,面臨如何體悟「陌生」的社會需求,創新「社會產品」的挑戰,也面臨是否要修正既有的管理技能與經營觀念的挑戰。

隨著社會企業觀念的日益擴大,如何利用企業資源幫助社會工作的推廣自助,成為社會工作者及公益導向企業家重視的發展型態,上述融入的問題則必須妥善的揭露與合理的解決。本文以企業背景團隊的社會企業創業過程為研究對象,採取單一個案研究方式,進行探索性研究。案例公司為科技產業內成功創業家所創辦的社會企業,組成擁有管理知識、創業網絡與資源動員能力的經營團隊,本研究探討該案例的社會企業創業

過程中，面臨之社會產品創新與管理創新的挑戰與經營模式的演化過程，研究的目的希望在理論上發展出社會企業創業過程中，社會創新與管理創新兩者，由思維模式差異至創業資源融合的思考邏輯；在實務上，提供給源自商業背景之社會企業創業家，以企業經營思維來實現社會使命的前提下，發展出兼顧社會使命與企業精神的社會企業經營模式。

貳、理論背景

一、社會企業創業者

社會企業以原創組織性質、創業途徑兩個面向進行分類，根據 Alter（2004）社會企業光譜（hybrid spectrum）的概念，社會企業之經營主體的背景，或是衍生為社會企業的發源機構，有原屬追求經濟利益與經營效率的商業組織，以及注重社會服務與公益使命的非營利機構；Dees（1998）認為社會企業的重要特徵是創新與社會影響，不需要把獲取財務收入視為社會企業的特徵，Boschee 與 McClurg（2003）則認為商業性質活動不明顯，未能建立持續性的財務收入來源，應難以被稱為社會企業。因此社會企業創業家的創業理念與經營，也會呈現兩種型態，其一是偏向經濟營收或是財務自主的營運方針；其二是純粹以社會公益使命為依歸、以策略創新、營運績效為手段的型態。

Dees（1998）曾論述社會創業家應如何扮演社會變革代理人的角色，其中之一為社會創業家必須能夠辨識與不懈的追求新的機會，根據 Mair 與 Marti（2006）的主張，發掘的社會需求是社會創業家必備的能力。Baron（2006）、Shane（2000）

等學者認為創業乃源於機會的辨識（opportunity recognition）與確認（opportunity identification），而機會辨識則受到創業家先驗知識、社會網絡所獲取資訊與本身的判斷能力所影響（劉常勇、謝如梅、陳韋廷，2007；Shane, 2000）。因此，社會創業家的先驗知識、個人經驗，與利害關係人互動情形等方面，則深刻影響到社會創業機會的辨識與確認。Dees（1998）認為個人經驗經常會驅動及激發創意的產生，由於個人的親身經歷、或是見證了家族或是朋友的遭遇，所引發出對現狀的不滿而尋求創新的解決之道，經常是社會創業家的創業動機來源，創業機會的辨識發覺，經常環繞在這樣的經驗範圍內。

二、社會價值影響理論

Dees（1998）認為社會企業的重要特徵是創新與社會影響，社會企業創業實務推展上，應能夠階段性的累積經營成果，而逐漸達成突破性的社會效益。因此在創業理念上，應有一套隨著階段性經營目標達成，相對之逐步擴大社會影響的關聯思考邏輯，稱之為創業家所抱持的社會影響理論（social impact theory）。McGrath 與 MacMillan（1995）的研究指出系統性連貫完整的社會影響力理論提供社會創業者辨識及檢測新創事業背後的核心性預設概念（core assumption）。

Guclu、Dees 及 Anderson（2002）認為社會創業的終極目的在於實現公益性的社會影響，也是社會企業發展策略的核心，通常也具體的展現在組織的使命與價值上。當社會創業者能夠經由規劃所欲達成的目標境界，以及設計達成目標的方法程序，則社會創業者自將順勢形成一套實現社會影響的理論，這項理論不僅是社會創業者遵守的信念，也是組織責信度的完整描述。

Guclu 等人（2002）的研究指出社會創業者在進行創業機會確認的階段，應將創業機會辨識階段的創意性構想精鍊出具體的定義、清楚的衡量指標、與特定的目標內容。社會企業的公益影響力確實不容易衡量，社會創業者通常也著眼於長久持續性的影響。因此，在創業機會進行確認的階段，創業者需要發展一套社會影響力理論來協助在正式大量投入創業資源之前，系統性的建立一套階段性行動成果檢測程序，以確保社會影響得以實現。

三、社會創業資源策略

對於人力資源與財務資源的需求方面，Austin 等人（2006）認為社會企業創業相似於一般的企業創業，但獲取資源的過程中卻是面臨更多的限制，包括取得優秀人才的招募條件限制、募資對象機構與財務工具不足、較稀少的非限制性資金，甚至是固有的策略上的僵固性。Austin 等學者建議在諸多限制條件下，社會企業創業家應建立更寬廣的網絡關係，並發展對外溝通能力來宣揚所營造之社會影響力，由此而能夠開拓組織外部各項資源。

Guclu 等人（2002）認為資源策略必須能夠與作業模式緊密的結合，方能使經營模式有效的運作，而社會創業者發展資源策略的首要步驟即是由作業模式中推演出所需要的資源內容。對於社會企業而言，Dees（1998）認為資源策略觀點應更超越財務策略的侷限觀點，另包括人力資源、實物資源。資源需求的策略觀點首先必須考量所需資源的量與質，其次是募集資源的方法，例如尋找、篩選、邀集專業人士加入經營團隊的方式，以及志工的吸收與管理。

Mair 與 Schoen（2007）曾經以社會企業經營模式為研究主題，以公認成效卓著的 3 個社會企業個案進行比較分析，研究結論認為這些成功案例於創業之初，審慎的評估所需要資源，進而訂出資源策略並將其納入經營模式的一環。Dees（1998）則認為社會創業應根據社會需求面來進行合理的評估，不需要事先過分強調資源不足的負面效果。例如孟加拉鄉村銀行經由小額信貸來協助微型創業，達到幫助窮人脫貧的社會目的，本質上是配合當地社會背景，將服務對象納入企業價值鏈中的成功典範。在經營模式的發想之初，創業者尤努斯教授發現當地的鄉間婦女的潛在的創業精神，其實就是一項極為重要的社會資產，而將其納為視為創業過程所必須的策略性資源。

四、社會企業創新

　　Dees（1998）認為社會企業的重要特徵是創新與社會影響，社會企業創業實務推展上，應能夠階段性的累積經營成果，而逐漸達成突破性的社會效益，因此在創業理念上，應有一套隨著階段性經營目標達成，相對之逐步擴大社會影響的關聯思考邏輯。Dees、Emerson 及 Economy（2001）又引用 Schumpeter 對於經濟發展的看法，將社會企業的創新分成 5 種類型（呂朝賢，2008），包含（一）創造新的產品或服務；（二）導入新的生產作業模式；（三）開發新的市場；（四）引進新的資源；（五）建立新的產業組織結構。

　　根據 Mair 與 Schoen（2007）對於社會企業經營模式的個案研究，顯示出社會企業創新的成效顯示在建構價值網路、發展策略性資源、整合服務對象群體等方面。例如孟加拉鄉村銀

行發展廣泛的事業經營領域，提供金融、通信、針織衣物等互補性產品，使得受扶助的創業婦女在價值網路中得到整合性的協助，也得以回饋創業的經濟成果。埃及的 Sekem 組織以提倡傳統健康生活型態為宗旨，在創業之初，首先建立生機食品檢驗機制，進而提供農業栽植顧問服務，甚至掌握生機藥草關鍵來源，充分發揮了建立資源策略的創新思考。西班牙的 MCC 組織則是在整合服務對象以建立新的顧客介面上有所創新，原是以增進弱勢國民就業為目的，使接受就業輔導受雇傭者的角色，因為技能培訓與資金協助逐漸轉型成事業擁有者的地位。

參、研究方法

在臺灣以社會企業經營理念來實踐公益使命尚處於萌芽階段，對於社會企業的概念確實引起多方的關注，特別在公共行政、社會工作與非營利組織的領域引起諸多的討論。但在核心理念的實踐上，關於創新管理與企業經營等議題，需要經由深入的個案分析，深切細膩的掌握企業內部的觀念、思維與管理架構。

一、研究對象

科技業創業家與專業經理人在專業領域的表現獲得肯定後，基於對社會公益的關懷，決定以創新的方式，透過企業思維的運作方式來產生社會影響。其願景為「動員有創新精神的人才，在亞洲創造社會公益」。其經營主軸之一是創辦、經營社會企業；其二是以社會創投運作方式投資社會企業創業計畫；其三是建構政府、企業、非營利組織、個人之間的公益資源交流平臺。最終希望在亞洲地區創建社會企業產業。

本研究個案為臺灣首度揭諸以社會企業經營方式來從事公益活動的公司。該公司由成功的科技產業創業家與專業經理人所共同成立，所招募之經營團隊成員俱出身商業背景，包含資訊管理、行銷規劃與管理顧問等專業人士，其共同特點是均曾服務於跨國企業。基於工作環境與專業訓練，團隊成員對於策略規劃、組織運作與動態學習等各類企業思維方式均相當成熟，希望藉由講求經營效率的方式來達成社會公益目的。

　　個案公司成立以來，除了籌辦公關活動推廣社會企業概念，並投入大量資源舉辦社會企業創業競賽，期望發掘潛力創業家來創設社會企業，期望持續以股權投資的方式，同時以企業經營實務專長，來協助提升經營績效及擴大營運規模。投資對象的評選過程與最終成果雖不如預期，但團隊成員也由經驗中學習，迅速調整經營策略，充分展現在社會公益使命堅持下的企業經營思維。

二、資料收集

　　資料的收集將以訪談、檔案資料為主，Yin（1994）認為訪談是個案研究最重要的資訊來源之一，可分為開放式訪談與焦點式訪談。開放式訪談中，回答者所提出對某些事件的看法，甚至可作為發展更深入的研究命題基礎。焦點式訪談的目的是要確證已經建立好的理論事實，避免引發更多的主題。檔案資料包含可取得的營運計畫書、年報、宣傳刊物等等。

　　本研究藉由參與個案所舉辦的公開活動，記錄其過程，以加深訪談進行時，對於溝通內容的掌握程度。根據事前所收集到的背景資料，預先擬定訪談大綱提供受訪者參考，個案公司

之受訪對象為負責發掘投資對象之專案負責人。訪談進行時，在事先取得受訪者同意下進行同步錄音，事後並整理轉換為逐字稿，同時輔以其他間接之次級資料。

三、資料分析

個案公司由策略規劃到專案執行，均在講求效率的前提下付諸實施，關於活動記錄也較為完備，因此根據結構化訪談內容，以開放編碼方式進行資料分析。第一步驟係針對逐字稿內容進行段落區隔，判別出與研究意旨有關之實際現象的主要意涵，分別進行主軸編碼或是開放編碼。第二步驟則是根據相關理論背景，進行編碼後資料的分類，並提取出主要類別變項。第三步驟則進行歸納與分析，根據分類資料萃取主要概念，包含社會需求、社會資產、企業資源、管理科技等，逐步探索其社會價值的實現過程與社會企業創業模式。

肆、研究發現

個案公司之創業過程即在於構思如何根據社會使命來投注資源以展開創業行動。本研究係對於創業流程實務現象進行觀察，首先推導出與社會影響理論相關之構念元素，再分別針對形成個案公司理論架構之觀念變項進行探討。

一、社會價值影響理論架構

社會企業之創業理念是以滿足社會需求為宗旨，然而經營團隊的條件背景與先驗知識成為形塑社會企業觀念內涵的基

礎,基於對社會企業觀念認知,融合內部資源與核心能力後,創業團隊決定以社會公益創業投資的方式來實現社會價值。一方面鼓動風潮以激發社會創新,一方面尋找投資對象以實際協助社會創業家實現理想。關於社會企業角色定位,則展現成實際的運作方式,包含宗旨定義與任務定位兩個面向。社會創新則透過發掘社會產品與創育社會企業來實現。根據觀察現象所彙整之社會影響邏輯架構中之觀念變項,整理如表一。

表一 社會價值實現觀念變項編碼

構念元素	觀念變項	個案例證
社會企業價值	社會產業創造	以促發者的角色來推動公益理念,舉辦創業競賽,以「翻石頭」的心情來發掘公益機會。
	企業經驗	核心團隊由科技產業創業家、國際行銷專家、資深管理顧問、資訊管理專家組成。
	資源整合	建立社會公益平臺,讓公益資源供需雙方能夠互動交流。
	科技創新	由鄉村銀行的案例中,體驗到創新思維、持續複製與利用閒置資源的社會創業家特質。
社會企業定位	宗旨定義	1. 創業投資堅持股權投資而非捐贈,更不是貸款。 2. 透過公關活動與組織學習,來宣揚社會企業產業型態。
	任務定位	1. 將自給自足的社會企業營運目標列為中長期的計畫。 2. 社會創新是社會創業的基礎,重點在於複製效果而非擴大經營規模。 3. 邀集公益社福領域專業人員與專業經理人成為志工夥伴,建立多元學習的創新平臺。
社會企業創新	發掘社會產品	1. 主動發掘社會創業家,提供量身訂作的投資計畫。 2. 由傾聽與溝通,瞭解營運計畫書無法體現的個人思想。
	創育社會企業	1. 提供「聰明的錢」,除了資金外,動員相關資源、專業能力與網絡關係來協助創業者。 2. 投入的資金為「耐心的錢」,接受較低的投資報酬率,希望成為創業者的策略夥伴。

(一)社會企業價值

商業背景的社會創業,創業者的經營觀念傳承自過去優異的商業經營技能,會在創業前設定清晰明確的社會企業宗旨目標定義,包括「社會產業創造」、「企業經驗」、「資源整合」、「科技創新」;但是其內涵不可避免的也蘊含著商業或追求利潤的意義。

整理個案公司之社會創業基本觀念與其對社會效益的影響邏輯架構,如圖一所示。個案公司根據所認知之社會企業觀念內涵,確認社會企業定位後,經由發掘社會性產品與創育其他社會企業,來達到社會創新的目的。

1. 社會產業創造

個案公司將社會企業定義為「有營收能獲利的公司,但在提供的商品、雇用的員工、或服務的顧客上解決了社會問題,創造了社會公益」。Austin 等人(2006)指出為公眾利益來創造社會價值是社會企業創業的基本目的,社會企業的使命特色是與商業創業的主要差異。

個案公司在創業初期,以公關宣傳與學習活動來提升大眾對社會企業的認識,並舉辦社會創業競賽來尋求投資對象,至今仍堅持採取創業投資的方式來激發社會集體參與。Defourny(2001)的研究主張社會企業本質上是一種公民集體參與的型態,個案公司的經營活動也顯示認為社會價值的創造是應出於公眾參與互動及組織學習成長。

Dees(1998)認為社會企業創業家扮演著社會部門變革代理人的角色,是以創造及維繫社會價值為使命,並將創業過程視為持續創新、調適與學習的流程。個案公司無論是初期所舉

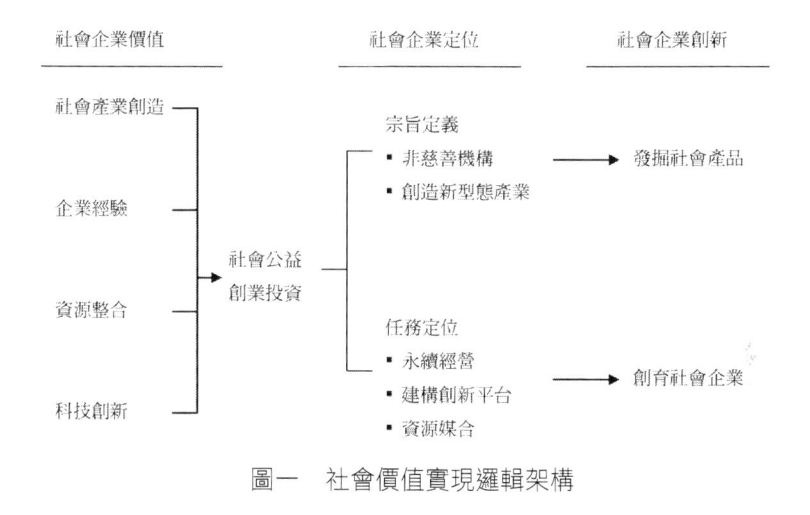

```
社會企業價值              社會企業定位              社會企業創新

社會產業創造┐
            │         宗旨定義
            │         ■ 非慈善機構    →  發掘社會產品
企業經驗 ───┤         ■ 創造新型態產業
            │
            ├→ 社會公益
資源整合 ───┤   創業投資
            │         任務定位
            │         ■ 永續經營
            │         ■ 建構創新平台  →  創育社會企業
科技創新 ───┘         ■ 資源媒合
```

圖一　社會價值實現邏輯架構

辦社會企業創業競賽，或是後續調整的個別發掘與量身定作之創業投資計畫，均是在持續學習、逐步演化的過程中，創造出社會企業所屬的產業型態。

2. 企業經驗

創業團隊成員均原本從事於企業經營管理，包括管理顧問、電子商務、資訊管理等。個案公司基本上存在著強烈的企業經營思維，期望在公益使命願景引領下，運用商業創投的作業架構來促進社會企業的發展，期望投資對象的社會性商品具創新性，而認為社會企業經營模式需達成持續營運、逐步自給自足的目標。

公益創投有別於商業創投，基本上仍是講求效率的企業化經營型態，特別是專案執行、成效評估等方面。個案公司認

為透過營造創新的組織文化,才能提升對於公益創意與創業機會的敏感度。企業經營必然涉及績效評估的議題,Austin 等人(2006)認為在績效評量方面,相較於一般追求經濟利潤的企業,社會企業面臨更大的挑戰,主要出於許多難以量化的指標、多重因果關係,及各方利害關係人認知上的差異。

3. 資源整合

個案公司在創業初期,以各式公開宣導與學習活動來達到樹立社會企業形象的階段性任務,也曾經以舉辦創業競賽方式來鼓勵社會創新與管理創新,經過經驗累積與學習,已逐步形成更具體的社會創投執行方案。為了遂行社會創業投資的任務,定位所投注的資源為「聰明的錢」,意即承諾除了資金挹注外,也將動員組織內、外的相關資源以協助創業,包含建立產業知識、社會公益兩方面的專業能力與關係網絡。

Austin 等人(2006)的研究指出,社會創業與商業創業的主要差異之一是動員資源的方式,社會企業領域既無資本市場又缺乏經濟誘因,在吸納財務資源與經營管理人才方面有其先天上的限制。因此創業者的名譽聲望與經營能力所受到的認同程度,在資源獲取上則扮演重要的角色。本研究的個案公司除了對投資對象提供財務資源,並協助經營以外,本身也藉由創業成功的聲望地位,吸納部分社會資源,如專業志工招募、與各式非營利組織建立公益服務知識交流管道等。

4. 科技創新

由訪談與背景資料分析中發現,創業團隊特別強調創新思考與複製擴散影響力,創業投資目的並不在於協助公益團體擴大現有的社會服務規模,而是尋求改變在現存體制下解決社會

問題的方式,並且能夠產生持續複製與擴散效果。個案公司認為如期望發揮關鍵的創新擴散效果,則有賴堅實的產品科技與管理科技基礎,例如嶄新的微型貸款金融服務、替代能源的環保產品,或是社會閒置資源的發揮利用。

Mair 與 Schoen(2007)針對社會企業的經營模式進行研究顯示,社會創業家不僅是在商業觀點的產業價值鏈中尋找適當定位,更是應該事先規劃可共享社會企業願景的價值網路。個案公司對於投資標的評估,無論是針對產品科技或是管理科技,均應以社會公益爲出發點,繼而以經營模式複製與社會產品效益爲標準。

由上述分析,本研究根據案例事實的觀察,提出社會企業觀念內涵的理論命題如下:

命題1:主要創業團隊成員僅具企業背景之社會企業,偏重營利機構的經營觀念,強調(社會)產業創造、企業經驗應用、經營資源整合與科技創新,傾向爲「社會公益型創業投資」。

(二)社會企業定位

1. 宗旨定義

創業者具備厚實的科技創業知識與成功經驗,所招募的核心團隊成員均原本從事於企業領域中的經營管理活動,包括管理顧問、電子商務、資訊管理等。基於各類本職學能,在商品發展、製程規劃與組織管理等方面,已具備成熟的管理科技基礎。團隊成員基本上抱持著強烈的企業思維,在實現社會公益價值的使命願景引領下,決定運用商業創投的作業架構來達成社會目的,而非傳統的慈善機構經營型態。

個案公司所計畫投資的社會企業，在使命形成、價值創造、績效管理、與財務管理等方面，既與一般企業迥異，也有別於非營利組織，基本上是期望以創業投資的方式，鼓勵與協助各方人士進行社會企業創業，形成以社會公益為使命的企業所形成的新型態產業。

2. 任務定位

　　個案公司本身以企業組織型態來運作，對於創業投資前提下的資金提供，定位為「股權投資」，強調該筆款項為創業資金而非捐贈款項，更非創業競賽的優勝獎金，個案公司無論本身的運作方式或是與投資對象的合作關係，均期待在企業組織的框架下，以商業思維來永續經營社會企業。

　　由訪談與背景資料分析中發現，受訪者多次提及 High leverage point 的經營理念，顯示創業團隊特別強調創新思考與複製擴散影響力，如此才能發揮有如槓桿支點的關鍵作用。個案公司除了社會企業創業投資計畫外，也進行鼓勵各界提出促進公益的各類創意構想，並維持舉辦志工聚會活動，無疑是希望建構社會創新的發展平臺。

　　個案公司自承對於公益領域的陌生，因此有必要透過組織學習來補實欠缺的知識經驗。曾邀請國外學者 Peter Senge 來臺主持名為「世界咖啡館」的組織學習活動，主題為「如何利用企業策略創新公益」，發現有形與無形公益資源之供給與需求媒合平臺是大眾所期待的，資源的供需雙方均可能來自營利與非營利組織。因此，建構公益資源的媒合平臺也是主要的經營目標之一。

命題 2：企業背景之社會創業為區辨與營利企業的差異，強調「經營宗旨」為「非慈善機構」的企業本質與「創造新產業」的市場本質；及「永續經營」、建構「創新平臺」、「資源媒合」的經營任務定位。

（三）社會企業創新

1. 發掘社會產品

個案公司舉辦之創業競賽確實達到廣徵創業投案的成效，對於參與競賽案件之社會創新方向、適用服務對象，均採取開放的態度，雖將社會影響程度納入評審標準，但在起步學習階段，仍發現社會性元素不足，例如投案者多以雇用弱勢為公益訴求，且商業模式的創新程度也不足以達到大量複製、擴大規模來達成社會影響。

對於社會產品創新，個案公司期望投資對象兼具社會公益創新與經營模式創新的基本特質，目前仍無法找到適當的投資對象。個案公司創業團隊以商業經營背景為主，創投角色定位為社會公益的促動者、投資者、協助經營者，而不同於一般公益性之非營利組織，直接投身經營活動，具備明確服務內容、對象範圍。基於個案公司核心團隊之商業背景相關之先驗知識，對於投案對象多能舉出不適合之條件之負向指標，但對於包含正向指標之具體的評量機制，則仍處於初期發展階段。

2. 創育社會企業

基於個案公司的成員背景與核心能力，對於創業諮詢、經營管理，或是媒合其他產業專業資源，均較為擅長。例如創業競賽前邀請學界、企業界與社福界的傑出人士主持一連串學習

活動，確實達到激發創意、鼓動風潮的功效，也引發各界人士投入貢獻專業知識的意願，個案公司在社會企業的「企業」經營構面上，預備提供的資源較為豐沛。

個案公司經過創業競賽廣徵提案的自我學習過程，對於所篩選的潛在投資標的，將採取更為客製化的育成計畫，自許所投入的資金為「聰明的錢」與「耐心的錢」，前者指個案公司除資金外，也將動員組織內外的網路關係資源來協助創業，後者意謂個案公司並非追求短期投資報酬，將以逐漸滿足投資對象之各方利害關係人為終極目的。

在社會企業創新管理方面，可分別陳述「創新產品」與「創育企業」兩方面理論命題：

命題 3.1：強調「非慈善機構」與「創造新產業」的組織本質，促使社會企業必須發掘能滿足邊際市場需求的「社會產品」創新。

命題 3.2：強調「永續經營」、「創新平臺」的經營任務定位，促使社會企業必須強調經營技能與系統的「經營力創新」。

二、社會企業創業模式

根據 Dees（1998）的研究，認為社會創業家是在社會部門中的變革代理人，為了扮演好這項角色，Dees 認為其必須投身於持續的創新、調適與學習的過程中，個案公司背景資料顯示創業團隊對於如何滿足社會需求的公益服務領域，並未具備機構經營的經驗，創業團隊雖對於整合經營資源與企業績效評估雖具備充分能耐，但對於商業智能運用於公益範疇之管理創新

能力仍有待開發。因此個案公司在創業過程中需面對社會創新能耐補實與管理科技運用等兩項議題。

　　由個案例證顯示該公司以舉辦創業競賽及徵求投案方式來彌補公益需求認知的不足，繼以投注創業資源，並形成夥伴關係的方式，以促成社會價值實現，此為個案公司採取之社會創新途徑。個案公司於創業初期首先促進社會參與，繼而匯聚專業志工投入資源，包含案件評估、經營諮詢等。進而以創業投資評估程序進行投資和作對象篩選，本研究認為個案公司的創業過程係以企業能耐投注於社會創業的管理創新運用。綜上所述，個案公司的經營模式可區分為社會創新途徑與管理創新運用兩項主軸進行分析。經過創業競賽活動經驗，及與各類型提案者的接觸學習，個案企業對於上述兩項模組內涵均有所調整（詳如圖二）。

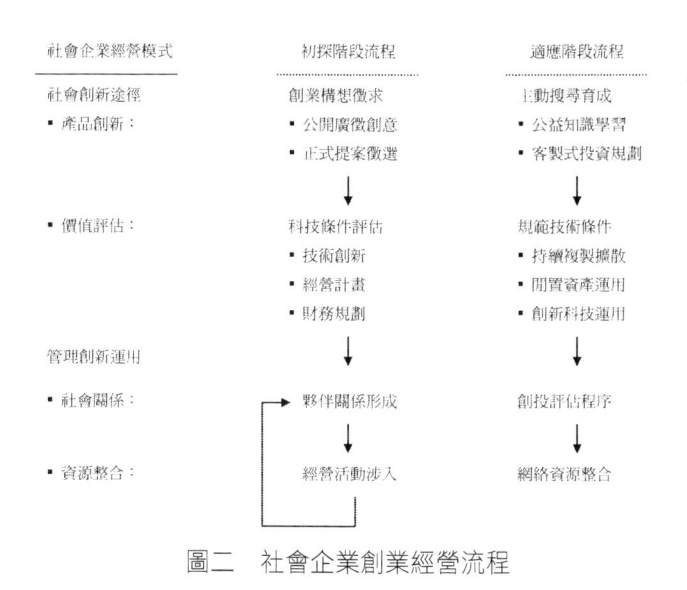

社會企業經營模式	初探階段流程	適應階段流程
社會創新途徑	創業構想徵求	主動搜尋育成
■ 產品創新：	■ 公開廣徵創意 ■ 正式提案徵選	■ 公益知識學習 ■ 客製式投資規劃
■ 價值評估：	科技條件評估 ■ 技術創新 ■ 經營計畫 ■ 財務規劃	規範技術條件 ■ 持續複製擴散 ■ 閒置資產運用 ■ 創新科技運用
管理創新運用		
■ 社會關係：	夥伴關係形成	創投評估程序
■ 資源整合：	經營活動涉入	網絡資源整合

圖二　社會企業創業經營流程

(一)社會創新途徑

企業基因個案公司之社會創新途徑由「產品創新」與「價值評估」兩項元素所構成,前者在創業過程中,強調是發掘的過程與機制,這也是社會創投的主要任務之一。個案公司於創辦之初投入大量資源進行社會企業概念宣導,繼而邀請學者專家住持各類有關非營利組織轉型與創業管理的學習活動,其目的均在於期望由創業競賽中篩選出適當的潛力社會企業創業者。Defourny(2001)主張社會企業本質上是一種公民集體參與的型態,個案公司無論是透過創業競賽來廣徵創意,或是組織學習的交流活動,均是希望在集體參與的氛圍下,激發出公益性產品的創新。

Guclu 等人(2002)與 Austin 等人(2006)均認為公益服務機會不虞匱乏,甚至可能過度的複製經驗,而導致組織資源浪費,以及稀釋原先的社會影響。因此,個案公司在成功的公關活動結束之後,在兼顧公益服務的熱情氣氛下,仍必須理性的找出適當的投資對象。但最終仍無法找到適當的投資對象。經過學習與檢討,個案公司調整篩選策略調整為主動接觸目標與個別規劃投資方案。

「價值評估」則是關於投資對象篩選的條件。創業競賽著重在科技條件的評估,包含產品或服務創新性、經營計畫完整性、財務規劃合理性,均屬於被動接受投案後才進行評估觀察的作業方式。Guclu 等人(2002)則強調社會企業由於經營指標的多元性,創業者必須事前抱持如何產生社會影響的邏輯思考,提供辨識及檢測新創事業背後的核心性預設概念。個案公司經過調整學習後,目前則具體規劃出更具前瞻性的選擇方

向,包含可持續複製擴散、利用閒置資源與科技創新運用等基本觀察指標,同時也將發展出投資前期之評估準則、與投資後期之經營協助等機制。

(二)管理創新運用

管理創新運用方面,原先是對創業競賽獲選團隊進行投資,所抱持的原則是與投資對象建立夥伴關係,不但提供創業資金,也憑恃專業背景與網絡資源來投入經營管理資源,也透過涉入投資對象之經營活動來強化夥伴關係。關於社會企業之創業資源,Austin 等人(2006)認為社會企業創業獲取資源的過程中卻是面臨更多人才招募等諸多經營資源上的限制,較一般的商業創業需要建立更寬廣的網絡關係。Mair 與 Schoen(2007)也強調社會企業於創業之初,即需要審慎的評估所需要資源,進而訂出資源策略並將其納入經營模式的一環。

個案公司原先期望經由創業競賽,經由審核程序後,憑恃著公益熱忱與經營專業,與所信任的合作態度將隨之自然產生。經過與首次投資對象之合作關係終止後,個案公司由搜尋投資對象的程序改革做起,不再以單純的創業競賽來吸引社會創業家,而是事先主動針對潛在標的之團隊特質、經營模式與產業環境等深入瞭解,後續才進行投資協議與經營輔導。將更符合專業創投的作業程序,個案公司企業背景成員也將加速對於公益社群與社會需求的瞭解。Guclu 等人(2002)也建議由社會需求的辨識過程中,辨識出可動用的社會創業資源。

針對個案公司創業初期的經營模式與適應調整方向,本研究提出關於社會企業創業經營流程的理論命題如下:

命題 4：企業為滿足邊際社會的消費需求，面對兩方面的經營挑戰，一是「社會產品創新」，一是「社會化經營創新」。

命題 4.1：社會產品創新——針對缺乏商業利益的社會需求，而政府行政資源無法顧及，與傳統非營利組織社會服務無法持續支援之邊際社會滿足的需求產品。

命題 4.2：社會化經營創新——社會價值導向的企業經營觀，以有效推動社會產品的製造與配銷。

伍、管理意涵

一、社會影響邏輯架構之重要價值

根據 Guclu 等人（2002）對社會企業創業管理的觀點，社會企業創業家應整理出本身認定之如何經由社會企業經營成果來產生的社會影響的思維邏輯，作為檢視不同發展階段的依據。社會企業的經營模式，也應該在如何產生社會影響的思維邏輯下，來進行規劃實施。Guclu 等人也強調熟悉社會問題本質與現象但對商業經營陌生的創業者而言，或許有機會以創新的觀點發現創業機會，但也必須注意對於市場的評估應超越個人的經驗與感受。因此，對於任何背景的社會企業創業團隊而言，創業之初即建構出清楚的社會影響邏輯，將是社會企業創業過程的重要指引方針。

二、創業過程中的模組整合

本研究認為更重要的管理意涵是在社會企業創業過程中，如何根據創業者既有的條件背景、資源網絡與外部經營環境

下,發揮融合社會創新與管理創新的效果。根據 Austin 等人(2006)的研究,社會企業通常沒有足夠的資金以驅動市場機制,需要防止公益創業家僅重視出資者而忽略其所照顧或服務對象的需求。此時在企業資源運用過程中,外部需面對市場競爭,內部需注重資源利用效率與成本控制,創業者可能因為市場競爭壓力,或是利害關係人要求,而致使管理創新凌駕社會創新中的基本信念。

管理創新模組中所需的知識技能,即使為完全具備也相對容易取得,但在社會創新方面,Austin 等人(2006)指出社會公益創業的機會不虞匱乏,但是需要注意的是,成功的社會公益創業有時需抗拒過度的複製、成長反而可能導致組織資源浪費,以及稀釋原先的社會影響。因此,充滿企業基因之社會企業創業公司應注意建立篩選社會公益創意的機制,同時,也應注意新科技運用與社會公益之間的關係,Mair 與 Schoen(2007)根據社會企業經營模式的研究分析指出,策略性資源的運用應於創業之初,即納入社會企業價值鏈的一環。

三、社會背景與企業背景之跨組織學習

鄭景華(2004)的研究指出跨公司合作是夥伴間的技術互補,而創新的過程中則常常要同時投入不同的知識。早期的研究如 March 與 Simon(1958)即主張大多數的組織創新並不是來自發明,而是借用外部知識或觀念而來。社會企業必須倚賴社會創新與管理創新才得以生存的前提下,單方面背景傾向強烈的社會企業創業團隊則更需要建立跨組織的學習機制,以此作為創業所需的創新知識來源。

社會企業創業需兼顧社會目標與企業績效兩大使命，而社會目標的確立與實現方面，則應認知社會企業之所以異於傳統慈善機構，是因為在創業過程中強調社會創新的訴求。而社會企業的企業經營面向，由於必須考量服務社群特質與資源利用效率等因素，而形成績效指標多元化的現象，這方面問題則有待管理創新來克服。兩類的創新能力通常分屬不同背景創業者所擁有，如具備社會公益團體管理經驗者專擅於社會需求發掘、社會產品設計；而營利事業組織管理者則善於效率提升與產品配銷等範疇。因此有賴跨組織學習與知識管理等方式，來化解其雙方先驗知識可能形成融合上的困難。

　　Scott（2000）認為合作夥伴間缺乏信任是跨組織學習的重大障礙，同時，雙方擁有知識的內隱性與專屬性程度也將是相互學習上的挑戰之一（鄭景華，2004；Hamel, 1991; Kough & Zander, 1992; Teece, 1998）。因此，社會企業創業團隊在尋求外部資源與合作夥伴時，應以建立信任關係與認知知識特質為前提來建立跨組織學習機制。

參考書目

呂朝賢（2008）。〈社會企業與創業精神：意義與評論〉，《政治大學社會學報》，39：81-117。

劉常勇、謝如梅、陳韋廷（2007）。〈建構創業經驗與機會確認之關係架構〉，《創業管理研究》，2（3）：51-72。

鄭景華（2004）。《影響跨公司合作創新的因素之研究——融合知識基礎觀點與組織學習觀點》。國立政治大學資訊管理研究所博士論文。

Alter, K. (2004). *Social enterprise typology.* Retrieved from http://www.virtueventures.com/setypology.pdf.

Alvord, S. H., Brown, L. D., & Letts, C. W. (2004). Social entrepreneurship and social transformation: An exploratory study. *The Journal of Applied Behavioral Science*, *40*, 260-282.

Austin, J. E., Stevenson, H. H., & Wei-Skillern, J. (2006). Social and commercial entrepreneurship: Same, different, or both? *Entrepreneurship Theory and Practice*, *30*, 1-22.

Baron, R. A. (2006). Opportunity recognition as pattern recognition: How entrepreneurs "connect the dots" to identify new business opportunities. *Academy of Management Perspectives*, *20*(1), 104-119.

Boschee, J., & McClurg, J. (2003). *Toward a better understanding of social entrepreneurship: Some important distinction.* Retrieved from http://www.caledonia.org.uk/papers/social-Entrepreneurship.doc

Dees, J. G. (1998). *The meaning of "social entrepreneurship."* Retrieved from http://www.fuqua.duke.edu/centers/case.

Dees, J. G., Emerson, J., & Economy, P. (2001). *Enterprising nonprofit: A toolkit for social entrepreneurs.* New York, NY: Wiley.

Defourny, J. (2001). Introduction: From third sector to social enterprise. In C. Borzaga & J. Defourny (Eds.), *The emergence of social enterprise* (pp. 1-28). New York, NY: Routledge.

Guclu, A., Dees, J. G., & Anderson, B. B. (2002). *The process of social entrepreneurship: Creating opportunities worthy of serious pursuit.* Retrieved from http://www.caseatduke.org/documents/seprocess.pdf

Hamel, G. (1991). Competition for competence and inter-partner learning within international strategic alliances. *Strategic Management Journal, 12,* 83-103.

Kough, B., & Zander, U. (1992). Knowledge of the firm, integration capability, and the replication of technology. *Organization Science, 3,* 383-397.

Mair, J., & Marti, I. (2006). Social entrepreneurship research: A source of explanation, prediction and delight. *Journal of World Business, 41,* 36-44.

Mair, J., & Schoen, O. (2007). Successful social entrepreneurial business models in the context of developing economies: An explorative study. *International Journal of Emerging Markets, 2,* 54-68.

March, J. G., & Simon, H. A. (1958). *Organization.* New York, NY: Wiley.

McGrath, R. G., & MacMillan, I. C. (1995). Discovery-driven planning. *Harvard Business Review, 73*(4), 44-54.

Sagawa, S., & Segal, E. (2000). Common interest, common good: Creating value through business and social partnership. *California Management Review, 42*(2), 1-24.

Scott, J. E. (2000). Facilitating interorganizational learning with information technology. *Journal of Management Information System, 17*(2), 81-113.

Shane, S. (2000). Prior knowledge and the discovery of entrepreneurship opportunities. *Organization Science, 11*, 448-469.

Teece, D. J. (1998). Capturing value from knowledge assets: The new economy, markets for know-how, and intangible assets. *California Management Review, 40*(3), 55-79.

Yin, R. (1994). *Case study research: Design and methods*. Beverly Hills, CA: Sage.

The Theme of Social Entrepreneurship: Social Innovation and Management Fusion

Jer-San Hu
Professor, Department of Business Administration, Fu Jen Catholic University

Tzu-Yang Chang
Assistance Professor, Bachelor's Program in Business Administration, Fu Jen Catholic University

Abstract

The social mission, business model, and revenue creation of social enterprises merit the attention of social entities and profitable organizations which aim at a successful transformation to an innovative entity that simultaneously meets the social needs and profitability. The main purpose of this study is to focus on the business models developed by the social entrepreneurs carrying business backgrounds. Through in-depth case study we would like to explore how these people uphold the logic of social impact in developing viable strategies and managerial practices in the emerging social entities.

The results indicate that the concept of social enterprise derived from people with business background comprises of industry creation, business experience, resources integration, and technological innovation. With this concept in mind they aim at fulfilling the untapped social needs and facilitating social innovation through developing social products and nurturing social enterprises. Embedding the intent of social impact these social entrepreneurs develop entrepreneur models comprising of social innovative module and management innovative module with two of them being independently developed while mutually affected.

Keywords: social enterprise, social impact, entrepreneurship process, social innovation, management innovation

非營利組織產業化──以喜憨兒基金會為例 *

蘇國禎
財團法人喜憨兒社會福利基金會執行董事

壹、非營利組織（NPO）產業化的緣起與意涵

一、歐美與日本 NPO 產業化近況

　　社會企業（social enterprise）的理念，近年來在歐美、日本逐漸盛行，受到 NPO 管理人員的重視與推廣，相關學術研究也積極討論這種創新理念，具創業精神的 NPO 產業化（industrialization）是否能成功運用於 NPO 資源的取得及達成財務自主的理想上。

　　美國史丹福大學迪士教授（Gregory Dees）1998 年在哈佛企管評論中提出著名的「社會企業光譜」（social enterprise spectrum）（見表一），來闡釋這種兼具社會公益使命與商業經營管理的創新思維。而稍早的社會創業（social entrepreneurship）模式，也在 1990 年代末期受到 NPO 學者及實務工作者的重視，例如：1990 年代中期美國羅伯茲基金會（Roberts Enterprise Development Fund, REDF）在舊金山地區贊助遊民、殘障人士及中輟青年創造就業機會，每個方案都會評估其開創出來的企業價值與社會價值。

---

* 本篇因發表體例無須英文摘要，故維持文章原貌。

在日本則有所謂「特例子公司」的模式，日本的企業在政府《障礙者福祉法》的規定下，障礙者之工作場所需設置無障礙空間及設施，如果每個公司的辦公室和工廠都設置勢必花費不貲，因此，有些大公司就把障礙者集中起來，成立了一個子公司如日本電測（Denso 株式會社）就在愛知縣成立了這樣一個工廠，工廠設有完善的無障礙設施，作業員幾乎全是障礙者，只有少數管理者不是障礙者，生產的產品如汽車儀表板，儀表之組合等，具實際商業價值的產品，跟一般工廠一樣訂定目標，與嚴格的管理制度（見圖一、表二）。

表一　社會事業光譜

社會事業化程度		純慈善性質		純商業性質
動機、方法、目標		訴諸善心。使命導向社會價值。	兩者兼具。使命與市場並重。社會與經濟價值並重。	訴諸個人利益市場導向經濟價值。
主要利害關係人	受益人	免費。	補助價格，或服務對象有付全額、有的免費。	按市場費率付費。
	資金	捐款與補助金。	資金成本低市價，或捐款與成本比照市場行情的資金兼具。	按資本市場費率負擔。
	員工	志工。	付低於市場行情的工資，或同時有義工與支全薪的員工。	按勞動市場給薪。
	供應商	捐贈物品。	特殊折扣，或物品捐贈與全額捐款皆有。	按市價收費。

資料來源：Dees（1998）。

表二　非營利組織產業化模式分析表

	基金會	福利商店	特例子公司	公司
資金	小	<	<	大
社會使命	高	>	>	低
管理能力	弱	<	<	強
志工參與	多	>	>	少
賦稅	免稅	免所得稅	課稅	課稅

圖一　產業化模式

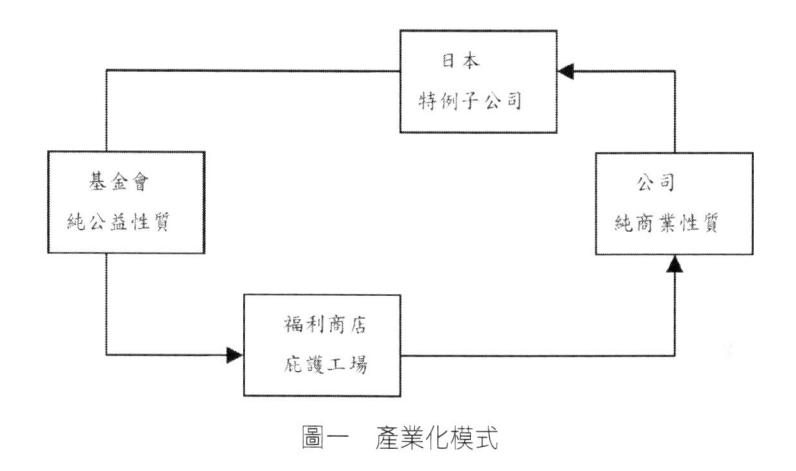

二、NPO 在臺灣的發展

NPO 的概念可以回溯到 1830 年代西方國家所提出的第三部門，而臺灣 NPO 的發展則肇因於 1987 年政府宣布廢除戒嚴，《集會遊行法》鬆綁，所以起步較西方國家落後很多，但是之後 NPO 的蓬勃發展有如雨後春筍，在短短的 16 年間，成立數以萬計的基金會與協會，全力在倡導、推展各種社會與經濟議題，解決人與人之間、人與社會間的困難，也趕上了世界的腳步。

喜馬拉雅基金會在其「臺灣 300 大基金會名錄」中整理出的分析：

> 在 2001 年臺灣有 3,014 個財團法人基金會，而在社團法人方面也有 29,496 個協會，正依其各自訂定的使命、願景、章程推動各項經濟、社會方案，

期以改善臺灣社會許許多多的困難問題（Himalaya Foundation, 2001）。

三、臺灣 NPO 產業化的緣起

隨著 NPO 的蓬勃發展，NPO 數量爆增，政府補助與民間捐贈的大餅卻無法同步擴大之下，各 NPO 團體必須在有限的資源中，爭取到維持組織持續運作之資源實屬不易。因此面臨對政府補助能力的信心降低及解決社會問題的私人公益行為減少的窘境之下，喜憨兒基金會選擇了開發「未被利用的經濟力量」──NPO 產業化替代傳統的慈悲與愛心，而以較創新的思維，來取得資源，解決問題，落實使命。在當代環境下，這也是務實主義者的作法，只是當 1997 年我們推出喜憨兒模式時，我們並不知道 NPO 產業化這個名詞，我們也不知道所謂的社會企業或社會創業家。

杜克大學富夸商學院（Duke University's Fuqua School of Business）社會企業家推廣中心主任狄斯說：「我們對社會問題需要創新的解決辦法，而社會越來越體會到，私人以企業家的方式結合商業理論、工具與相關的社會專業，是找到那些解決問題的最佳希望，這些人就是社會創業家。」

四、社會創業家（Social Entrepreneur）的意涵

迪士教授更進一步在他的近作《非營利組織企業化》（*Enterprising Nonprofits: A Toolkit for Social Entrepreneurs*）大力倡導社會創業家的意涵，他認為社會創業家具有 5 大特徵（Dees, Emerson, & Economy, 2001）：

（一）擬定可以創造社會價值的使命與目標。
（二）尋求創業機會以實踐社會公益使命。
（三）不斷創新，學習與調適。
（四）創造與槓桿使用有限資源。
（五）展現對利益關係人（Stakeholders）及成果要求的責信度。

貳、喜憨兒模式── NPO產業化臺灣經驗

一、夢想追求需要、需要激發管理、管理創造價值、價值改造生命

喜憨兒基金會是由一群心智障礙者的家長為了長期照顧憨兒，讓憨兒得到生命的尊嚴，得到生活的喜悅，以及提升憨兒生活品質，在1995年創辦的一個公益團體，而他走過的歷程就如圖二所示，只是想完成家長們的渴望與期盼，本質上100%絕對是非營利組織。只是在我們為了達成使命時，我們設計了自力更生的項目，開創喜憨兒烘焙屋，使我們在策略上走向以實際的生產銷售提供喜憨兒工作機會，也由工作中讓憨兒得到生命的尊嚴，再從自立自強的角度切入，讓所獲得的收入盈餘替代部分操之在人的捐款收入及政府補助（見圖三）。

這樣的經營體系，讓喜憨兒基金會跨足了第三部門與第二部門的領域，這是一項創新，從1997年在高雄大順店開創第一家烘焙屋以來，6年內我們已經在高雄、臺北、新竹總共推出15個工作站（含烘焙屋、複合式餐廳、烘焙工廠、社區家園），安置了2百餘位成年心智障礙者的工作，每年更提供數以千計

的諮詢協助,個案管理及喘息服務,建立了首創的公益連鎖系統,也創造了嶄新的公益品牌。

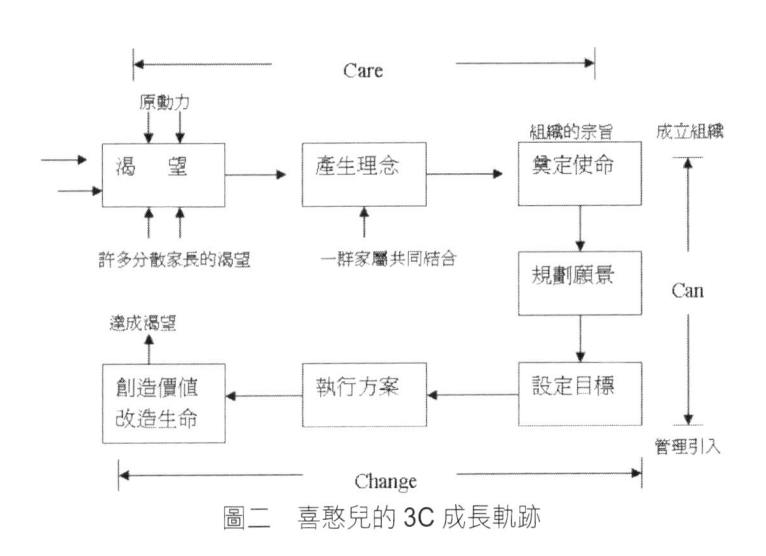

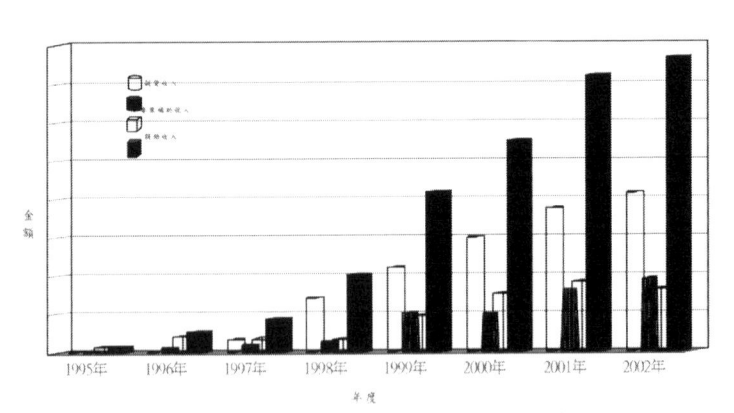

圖二 喜憨兒的 3C 成長軌跡

圖三 喜憨兒基金會 1995～2002 收入成長圖

我們歷經了1999年921大地震後，捐款流向災區的重大衝擊，也度過2000年景氣下滑的震撼，以及2001年911恐怖攻擊造成全球性的經濟恐慌與萎縮，牽動的是政府財政的困境，補助捉襟見肘，失業率的大幅攀升，民間百業趨廢、自顧不暇，捐款也急速探底。在這多事之秋與嚴苛的外在環境的打擊之下，喜憨兒基金會仍保持著穩定的年成長率逐步茁壯。

我們經常把組織的型態定義成公部門（政府部門）、私部門（企業部門）及第三部門（社會部門），在其功能與本質上確實劃分得很清楚，然而，構成組織最重要的基本要素──「人」，以捐贈者、追隨者、家長的身分出現在第三部門，卻同時會以股東、僱主、僱員的角色出現在第二部門，甚至以官員、公務員的態勢出現在第一部門。人就是這樣很自由的穿梭在各部門之間，再說，各部門共同解決問題的方法與工具，也只有一套相同的管理系統，協助處理問題的基礎設施，如電腦化同樣地運用在三個部門裡，從這一個觀點切入，三個部門的範疇間並沒有很明顯的界限。所以，企業化運用在公益性的非營利組織上是很自然的一件事，只是要掌握住非營利組織的2個原則：

（一）不得分配盈餘的限制。
（二）利益不得歸自然人的限制。

二、建構第三部門的管理體系

管理大師彼得‧杜拉克（Peter Drucker）曾說過：「非營利組織比營利組織更需要管理」（Drucker, 1990／余佩珊譯，1994）。以往的非營利組織經常是接受多少捐助，就做多少事，

沒有什麼競爭壓力,也沒有效率的概念,因此管理制度引入第三部門是絕對必要的。喜憨兒基金會訂定出一系列的目標策略層級,從使命、願景、目標,策略規劃、及行動方案提綱挈領的由上往下推展(見圖四)。

藉著在1997年4月14日,美國花旗銀行集團(Citi-Corp)總裁Mr. Paul M. Ostergard與在臺灣花旗銀行王副總裁、蕭經理參觀訪問初開幕不久的喜憨兒烘焙屋時,利用製作簡報的機會,整理出喜憨兒基金會的一些組織觀念,以供組織內企劃、執行的所有工作同仁及會員家長們,都能瞭解到組織存在的理由,日後發展的方向及我們經營的理念。

(一)我們的使命:以愛與關懷化解障礙,啟發憨兒的潛能回歸社會主流,並享有生命的尊嚴與喜悅。簡言之「改造憨兒生命」。

(二)我們的願景:心智障礙者的終生教育及在社區中獲得終生照顧。

(三)我們的經營理念:

1. 愛心:心智障礙只是生命裡一部分的殘缺,用父母、社會及政府的愛心,關懷與支持,必可化解所有的障礙。

2. 專業:藉由專業的職業復健及專業的工作指導,改善憨兒的智能與體能,提升工作能力,倡導自力更生,融入社會服務。

3. 人性化:以人性為出發點,使心智障礙者能獲得正常化的回歸主流,能受到社區化的關愛,反對缺乏愛心的集中式、孤立化的管教。

```
        ╱╲
       ╱宗旨╲
      ╱或使命╲
     ╱──────╲
    ╱  願 景  ╲
   ╱──────────╲
  ╱   目 標    ╲
 ╱──────────────╲
╱   策 略 規 劃   ╲
────────────────
   行 動 方 案
```

圖四　目標策略的層級

註：使命（mission）：組織存在的理由；願景（vision）：組織發展的方向；目標（objectives）：組織追求的明確成果；策略（strategy）：達標的不同選擇；行動方案（action plan）：達標的最佳執行方法。

　　此外，我們也將管理 5 大功能：生產、銷售、研發、人資及財務架構在喜憨兒基金會的社會福利部門及事業部門上，期使基金會的運作穩健，更能永續經營。

　　第二部門常用的品管概念，目標管理，績效評核及客戶滿意度調查等，在喜憨兒基金會的經營管理上隨處可見，我們追求的就是品質、效率與創新。

　　當花旗銀行集團總裁 Mr. Paul M. Ostergard 來訪的時候，喜憨兒基金會成立不滿 2 年，還沒沒無聞，第一家喜憨兒烘焙屋也才成立 2 個月，當他看到我們的簡報能將第二部門常用到的簡報手法，有系統的將組織從使命的定義、願景的規劃、目標的訂定、策略的運用到行動方案的推展有條不紊的呈現在

Power Point 上,他很訝異,因為他在其他受訪單位中看不到這一些,也因此,花旗銀行選擇了剛成立不到 2 年的喜憨兒基金會作為花旗長期的公益夥伴,傾花旗銀行之力,為喜憨兒發行贊助比例千分之 3.5,全國最高的喜憨兒公益認同卡。因為 Mr. Paul M. Ostergard 看到了喜憨兒基金會融合了第二部門與第三部門的管理精髓,他也看到喜憨兒基金會的未來。

三、變遷環境下的 3C 策略

價值的提升如圖五的價值供給金字塔,能給予憨兒的從一般物質往上提升至產品、服務、體驗,到最上層的轉變,這個價值才是最高頂點。2002 年得到外交部 NPO 赴海外考察的贊助,花了 2 個多月時間,到美國考察加州的心智障礙者的福利制度與設施,訪問了 20 餘單位,包括 NPO 機構、政府單位、學校、家長團體、協會、媒體等,看到了美國政府對心智障礙者無微不至的照顧與服務,美國政府每年花費約比臺灣多出 43 倍的金錢在照顧心智障礙者,為他們買服務,但是當他們聽到喜憨兒自力更生的作法,每個受訪者都讚歎不已,都認為心智障礙者在美國受到很好的照顧,但是並沒有得到社會應有的尊重,如果從價值金字塔來看,他們只做到第三階的服務,而臺灣的喜憨兒已達到最高階的轉變。

喜憨兒成長的軌跡與歷程,如圖二所示,可分成 care、can、change 三階段。是由家長的渴望或夢想做為原動力,為關懷照顧(care)自己的憨兒,一起來照顧大家的憨兒而結合在一起,激發出共同的理念,並進而奠定改造憨兒的神聖使命,這一階段就是關懷與照顧(care)的範疇。進一步,我們有能

力（can）來成立組織，強化使命，規劃願景，設定目標，引入管理制度來做好規劃這一階段就要靠專業人才，也就是有能力（can）來完成這一段的工作規劃。最後，從設定目標到執行方案的落實直到完成創造價值，改造生命，這階段真正要走的就是一個巨大的改變（change），徹底的改造，也因此達成了最初的渴望與夢想。

整個過程實際上就是照顧（care）、能力（can）、改變（change）的一連貫的成長軌跡與歷程。改變是我們最終的宿命，而歷程中我們也是在變化莫測的環境中，為憨兒走出一條康莊大道。畢竟我們正處於管理大師彼得・杜拉克所稱的「巨變的時代」（Drucker, 1995／周文祥、慕心譯，1998）。

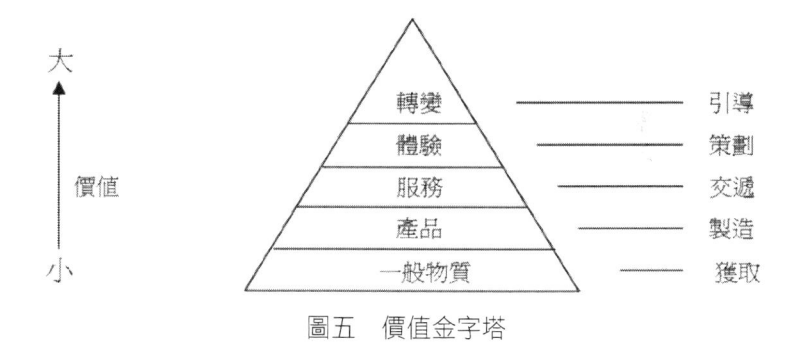

圖五　價值金字塔

（一）Care（關懷照顧）

當初家長們殷切的渴望政府、社會能助一臂之力，解決憨兒日後就學、就養、就業的種種問題，而外來的救助總是緩不濟急，姍姍來遲，這股殷切的渴望於是變成了一股澎湃的原動

力，使這群原本分散的家長自力救濟，凝聚在一起，激發出共同理念，奠定了為憨兒的尊嚴與喜悅一起奮鬥和努力的使命。這一階段的發展源自家長的關懷與照顧，能深入問題核心，徹底思考挖掘問題，並尋求解決的途徑。

（二）Can（能力）

為了實現使命，推展理念，必須成立組織規劃進一步的願景，為憨兒策劃出終身教育，終身照顧的發展方向，並設立目標去實現，這一階段則有賴更有能力，更專業的人士來成立組織，引入管理制度，才能達到規劃的效能及目標。

（三）Change（改變）

從目標設定之後必須透過各種行動方案去努力推展，克服所有困難，排除各種障礙，來達成改造生命，創造價值的最終使命，由於喜憨兒自力更生，創造出社會價值，自然獲得社會的肯定與接納，融入社會主流，結果不但改變了憨兒的自我形象，也改變了社會的價值觀，不再鄙視、排拒這群挑戰命運的小勇士，反而以無比的愛心擁抱喜憨兒。

四、自力更生，自助者天助

當初成立喜憨兒基金會時，我們覺得雖經營的是非營利事業，但總應該有些項目是要能自我掌握的，不能凡事靠著外界的資助。因此我們在策略上有了事業部，也就是開辦了喜憨兒烘焙屋與餐廳的業務，一方面擴大憨兒們的工作領域，一方面增進其與社會大眾溝通交流的機會，期能社區化且回歸社會主流，另一方面也是希望自力更生，自立自強。只有自力更生，主動積極才能在與上帝下棋的局勢中，得到上天的幫助，也因

此我們在風雨飄渺中能安然渡過，一步一腳印的留下喜憨兒努力的足跡。

（一）社團法人的家長協會蛻變財團法人的基金會

1992 年我們成立了社團法人高雄市智障者福利促進會（在 2001 年已經去類別化改名為社團法人調色板協會），為了擴大服務爭取更多的資源支持，在 1995 年募集基金新臺幣 500 萬元，成立財團法人喜憨兒文教基金會。

（二）憨兒角色轉換的挑戰

1997 年為推展自力更生的照顧理念，成立第一家喜憨兒烘焙屋，也改造了憨兒的生命角色。

1. 從社會的負擔，轉變成社會價值的創造者。

2. 從被服務者變成服務大眾的服務者。

3. 從負面、消極、悲觀、病態轉換成正面、積極、樂觀、健康活潑的孩子。

（三）打破傳統，逆向操作

由於憨兒自立自強的理念創新，1997 年即獲得世界級菁英企業花旗銀行的肯定與支持，而且逆向由高雄母體的基金會往臺北發展，也得到社會更多的認同與肯定。

（四）地方性服務轉變成全國性照顧體系

2001 年為擴大服務，照顧更多的憨兒，改隸內政部成為全國性喜憨兒社會福利基金會，並同時在新竹地區成立照顧中心及喜憨兒烘焙屋、餐廳及烘焙工場。

（五）開創 NPO 連鎖服務的範疇

目前全國有 20 家喜憨兒烘焙屋及餐廳，已成為全國連鎖的自力更生服務體系，並設有一處社區家園，提供憨兒住宿服務，一打擊樂團與一劇團，提供憨兒休閒娛樂及延伸才藝觸角。

參、喜憨兒基金會產業化之經營態式

喜憨兒基金會憑藉著新典範、新價值，以及核心能力 3 種經營模式，在多元化變異的環境裡追求卓越，開啓喜憨兒未來之門。

一、典範轉移（Paradigm Shift）

> 典範是一套規則或規定，它界定了人們思考及行為的疆界，並指出如何在這領域裡獲得成功。而典範轉移就是一種新規則、新觀念、新賽局的開始，它明確指出環境變遷的方向與路徑（Barker, 1993／徐聯恩，1998：27）。

喜憨兒基金會為增進憨兒福祉，在社會變遷的情境中，全心全意的照顧喜憨兒，而訂定了為喜憨兒改造生命、創造生命喜悅的使命；終生教育、終生照顧的全方位願景；以及愛心、專業、人性化的經營理念，在在都融入自力更生、積極進取、管理績效、回歸主流的新觀念與新原則，這些全新理念與新典範轉移的策略觀點，不謀而合。我們正隨著新典範曲線在形成、

在成長、在茁壯,藉著新典範的指引,使我們不致在變局中迷失方向,使我們脫胎換骨,使我們昂首闊步,奔向光明璀璨的未來(詳參表三)。

二、核心能力(Core Competence)

核心能力是一個組織具備一流且出類拔萃的技能,並能長期維持優勢,可以創造嶄新的價值,以及能夠將此能力納入價

表三 公益團體典範轉移分析

策略觀	傳統模式	新典範趨勢
價值觀	接受社會救濟。 消耗社會資源。	在自立自強原則下接受協助。 創造社會價值。
效率觀	取得多少資源,做多少事。 無明確目標,無競爭壓力。 不重視效益。	需自我開創資源。 有競爭、有壓力需發揮效率。 有明確目標,講求績效。
資源觀	主要來自社會同情的捐助。 政府專案補助。	創造累積核心資源,形成優勢。 提高自力更生資源比例,餘由政府協助補足。
結構觀	私營化的小機構。 公營化的大機構。	公設民營。 小而美社區化。 回歸社會主流。
競爭觀	無須競爭。 面臨萎縮漸被淘汰。	物競天擇由競爭中求進步。 藉由支持性就業進入競爭性市場。
管理觀	缺乏管理理念。 績效概念模糊。	有競爭,在要求效益下,管理很重要。 需界定並評估績效。
互賴觀	單打獨鬥。 資源重疊浪費。	建立網路關係。 水平垂直整合。 資源資訊充分利用與分享。
環境觀	封閉性,孤立化。 大型化。 集中化。	開放型,社區化。 小型化。 人性化。
本質觀	消極悲觀。 受難是輪迴,是業障引起。 對馬斯洛需要層級無特別規劃。	積極樂觀。 健康快樂形象。 受難是常態分布。 不斷提升馬斯洛的需要層級。

值體系之中,所以核心能力是組織在未來複雜多變的社會型態中生存的基本要素,追求卓越、不斷領先,也是組織永續經營的不二法門(詳參表四)。

執全球策略優勢牛耳的麥可・波特(Michael Porter)指出創造策略優勢的兩大要素是:(一)產品差異化。(二)降低成本(Porter, 1985／李明軒、邱如美譯,1999)。而喜憨兒基金會在超競爭的環境下,無論是烘焙產品或是餐點都具有特殊的「純真」體驗,也都可創造出產品的差異化——愛心的融入,這是同一品質、同一價格的其他產品所缺乏的。另外,我們也不斷擴大營運範疇,由純烘焙轉型至烘焙餐廳,除了提供憨兒更多的工作服務之外,也能讓憨兒更直接的接觸社會大眾,服務社群,因而獲得肯定與關懷。

三、創新價值(Innovalue)

以往社會大眾對智障者的形象是相當負面、悲觀、消極、悲情,懷著的是悲憫與同情之心,看待這一群似乎毫無社會價

表四 喜憨兒基金會的核心能力

評估項目	高階洞察力	基層執行能力
出類拔萃的技術	設立烘焙屋及餐廳。 優秀的經營團隊。	提供「純真」的體驗行銷。
長期維持的優勢	喜憨兒保有純真是獨特的核心資產。 2% 人口比例也是稀有資產。	產品,服務差異化。 融入愛心,是一般商品所望塵莫及的。
創造新價值	建構使命在於:點化人生,改造生命的最高價值境界	協助喜憨兒自力更生。 創造社會價值。
可納入價值體系	轉化無形理念變成的有形產品且可納入價值鏈。	推廣憨兒自立自強理念獲社高度肯定的認同。 徹底改變心智障礙者形象。

值、沒有社會貢獻，正在消耗社會資源的邊緣人。一個嶄新自力更生的理念讓我們改變了智障者的價值觀，也改造了憨兒的生命，從被服務者轉變為服務者，我們逐漸將這一群只占人口比例 2% 的稀世珍寶精雕細琢，恢復他們「永恆純真」的一面。而我們塑造出喜憨兒的新形象，那是正面、樂觀、積極、健康與喜悅，我們也看到社會大眾抱持著肯定與關懷的心境，在牽引著一群快樂的憨兒，他們正努力認真的服務社會，回歸主流，贏回失落的生命尊嚴。如圖六，喜憨兒的價值體系是結合傳統第二部門營利體系的價值鏈與 NPO 的價值鏈，營利體系的價值鏈是由 NPO 價值鏈主活動之運作環節引出的體系，當其達成目標盈餘後，仍需回歸至 NPO 價值鏈的資源 Input，直到最後達成 NPO 價值鏈的目標，提升生命價值。

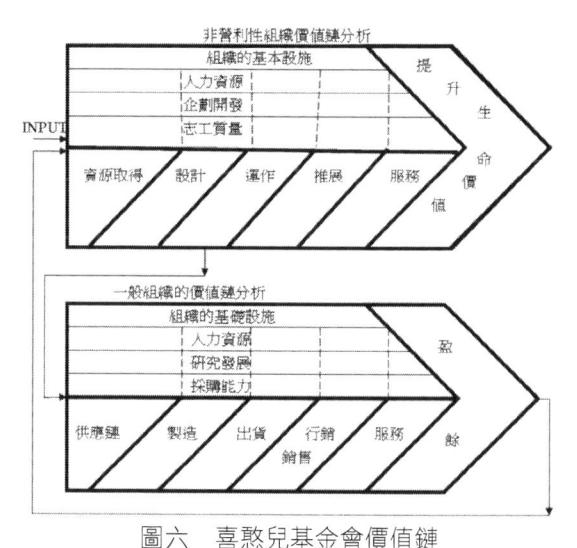

圖六　喜憨兒基金會價值鏈

資料來源：「一般組織的價值鏈分析」源自 Porter（1985／李明軒、邱如美譯，1999）的《競爭優勢》。

四、喜憨兒模式的特色

（一）社會福利事業收入占 50～60%，餘為政府補助與捐款收入（約各占 20%），所以能達到 5 倍的槓桿效益，減少社會資源負擔。

（二）以烘焙屋餐廳之不斷創新與調適，達到競爭上的優勢：你無我有，你有我優，你優我廉，你廉我轉。

（三）使命具體化、產品使命化來達成社會使命，麵包價值雖不高，但卻是社會上消費者的每日必需品，很容易切入社會大眾的家庭與個人心裡得到回響，接受肯定與包容。

（四）社區化：給他魚，不如給他釣竿教他釣魚，更重要的是要帶他到有魚的地方。學校、家裡、教養院裡都沒魚，魚在社區裡、在群眾裡、在社會裡。只有融入社區，回歸社會主流，以自立自強的方式，提供創業職訓機會才能實踐社會使命。

肆、動態的管理功能

　　喜憨兒基金會組織發展，自始奉循著使命、追隨著願景來訂定目標、規劃策略，並推動執行方案，朝向自立自強、自力更生的理念向前邁進，這是組織事業化必經之途。所以，管理上我們也一樣要透過「產、銷、人、發、財」5 大管理功能來達到我們的目標，完成我們的使命。

　　在變遷的環境裡，我們的管理功能，不能是坐在屋裡閉門造車、靜觀其變；我們應該像是在大風大浪中的船上，在起伏

不斷的波濤中,在千變萬化的變局中,當機立斷,決策運籌。所以我們管理的功能也是動態的,就是要因應變局。

一、生產——從核心能力到創造價值

喜憨兒基金會開創以自力更生的核心能力,將理念產品化,化無形的理念為有形的產品,並將產品使命化,創造社會價值,改造憨兒的生命。

二、行銷——從真情時刻到體驗行銷

憨兒的認真與純真是上帝賜予,停留在他們身上永恆的禮物,2%的稀有性,使憨兒的優勢永遠彌足珍貴。客人從第一眼的真情時刻,可發展到體驗行銷,讓客人超乎期望,永遠留下拾回純真珍貴的回憶。

三、人力資源——從組織磁場到優勢團隊

基金會的使命、願景、價值觀與理念是組織強大的磁場,綿密羅織的磁力線,吸引了志同道合的夥伴們,形成優勢專業團隊,一同為著使命開創新典範、成就改造新生命的推手。

四、研究發展——從創新典範到領先卓越

組織的研發在於開創憨兒的未來,為憨兒彩繪出絢燦的願景,因此在多元變動的環境中,必須依據新典範曲線,設計與規劃新的條件與規則,保持領先優勢,開拓卓越的遠見與願景。

五、財務——從創造資源到永續經營

喜憨兒基金會的資源有 50% 以上是靠自力更生，僅 40 餘 % 是操之在人手上的資源，財務自主性大，因此我們會走得較自在，不會侷限於太多外部環境的影響，這也是永續經營的重要原則。

伍、改變價值觀的經營績效

喜憨兒基金會經過這幾年來兢兢業業的努力經營，從無到有，從小到大，在在都是從夾縫中冒出頭，在變遷的局勢中力爭上游，我們開發的也是人跡罕至的園地，我們的果實當然也是與眾不同，我們在多元變局中開發出多項創舉，我們也在變遷的境界裡改變社會的價值觀。

一、改變社會大眾對憨兒價值觀，從耗費社會資源者，變成社會資源創造者。這種社會角色的轉變非常難能可貴。

二、改變社會對智障者負面的印象、稱呼，從傻瓜、白癡、智障者等負面形象，突然暱稱為喜憨兒，是積極、可愛、喜悅、健康，誠如陳水扁總統在 2000 年 12 月，總統官邸首度開放參觀時，向喜憨兒勉勵提到令人「敢心」（感動）的一群。

三、改變傳統 NPO 只靠募款與政府專案補助的經營方式，注入第二部門的經營管理，開創自力更生的社會企業理念，減輕社會與政府的負擔。

四、改變傳統公益組織,為善不欲人知的觀念,自創品牌、優質的服務也鞏固了喜憨兒基金會的聲譽與責信。

五、改變公益組織侷限一方的態勢,創立公益連鎖系統,目前在高雄、臺北、新竹共有 15 個工作站(烘焙屋、餐廳及烘焙工廠),並設有社區家園,一喜憨兒打擊樂團及一劇團。

所以當有些傳統非營利組織對捐款者大聲疾呼:「我們的需求在這裡」的同時,典範轉移的非營利組織卻說:「這裡呈現的是我們的成果,這是我們為社會所做的貢獻」。

當有些公益團體正千呼萬喚的說:「我們要服務 xx 人的身心障礙者,請多多贊助」的同時;喜憨兒基會輔導成功的喜憨兒則驕傲的說:「至 2007 年底,我們已經服務了 790 萬人次的消費者」。

陸、NPO 產業化的挑戰與建言
一、管理的引入是無可或缺的

管理可以改造生命,愛心只能尊重生命,1980 年代臺灣經濟起飛,創造經濟奇蹟的一批管理者經驗豐富已屆退休,是推動第三部門產業化的不二人選。

二、NPO 產業化是未來的新趨勢

產業化提供第三部門 NPO 相當務實的作法,開創就業機會,增進財務自主,減少社會資源負擔,提升人性的自我尊嚴。

三、NPO 產業化的成功關鍵因素（Key Successful Factor）

品牌行銷，優良的責信與健全的管理體系對 NPO 產業化有乘數效果（synergistic effect）是產業化的 KSF。

參考書目

余佩珊譯（1994）。《非營利機構的經營之道》。臺北，臺灣：遠流。（原書 Drucker, P. F. [1990]. *Managing the non-profit organization*. New York, NY: HarperCollins.）

李明軒、邱如美譯（1999）。《競爭優勢》。臺北，臺灣：天下遠見。（原書 Porter, M. E. [1985]. *Competitive advantage: Creating and sustaining superior performance*. New York, NY: The Free Press.）

周文祥、慕心譯（1998）。《巨變時代的管理》。臺北，臺灣：中天。（原書 Drucker, P. F. [1995]. *Managing in a time of great change*. New York, NY: Truman Talley/Dutton.）

徐聯恩譯（1998）。《未來優勢：發掘及掌握成功的新典範》。臺北，臺灣：長河。（原書 Barker, J. A. [1993]. *Future edge*. New York, NY: William Morrow.）

Dees, J. G. (1998). Enterprising nonprofits. *Harvard Business Review*, January-February, 55-67.

Dees, J. G., Emerson, J., & Economy, P. (2001). *Enterprising nonprofits: A toolkit for social entrepreneurs*. New York, NY: Wiley.

Himalaya Foundation. (2001). *Directory of 300 major foundations in Taiwan*. Taipei, Taiwan: Ximalaya.

四方七年，五語倫比——臺灣的東南亞語文媒體集團，《四方報》
Social Enterprise: *4-Way Voices**

張正
中華外籍配偶暨勞工之聲協會秘書長

　　2006年中秋節前夕，黑白印刷、薄薄16頁的越文《四方報》誕生。捧著這份自己也讀不太懂的報紙，像是捧著一個粉紅色的新生兒。我按捺不住興奮，臨時起意，把剛剛出爐的《四方報》塞滿一車，花了兩天一夜全臺巡迴，親自把報紙送到桃園、南投、臺南等地。

　　因為讀了國立暨南大學東南亞研究所，所以我知道這些地方有越南人，或者熟悉當地越南人的機構與商店。其實不只這幾處，全臺灣都是：只要有臺灣人，就有來自越南的移民與移工。其實，也不只越南人，還有泰國人、印尼人、菲律賓人、柬埔寨人，從90年代以來，經濟發展成熟的臺灣，迎來了數十萬來自東南亞的朋友，成為我們的親人或幫手。

　　只不過在此之前，我們還沒想到，他／她們也有閱讀的需求。

---
*　本篇因發表體例無須英文摘要，故維持文章原貌。

壹、Poly Voices，誕生

《四方報》的發想，來自我的老闆兼老師成露茜。成露茜是臺灣立報社社長，也是世新大學傳播學院院長，當時的她，正在進行一項國科會計畫，研究「弱勢發聲」，想瞭解在臺灣的東南亞移工如何透過媒體表達意見、建立自我認同。

不研究沒事，一研究才發現，臺灣雖然擁有高度的言論自由，平面、電子媒體數量爆炸，但是，卻獨漏東南亞移民移工。

成露茜寫下筆記：

> 弱勢為什麼要發聲？⋯⋯因與他者有往來，受他者的作用而必須回應，在這個互動的過程中建構弱勢群體的認同。但不是立即功能性的發聲——爭取什麼，而是日常生活中的發聲。
>
> 佛雷勒（Paulo Freire）堅持，「讓被壓迫者發展自己的語言詞彙去述說世界」是一個解放的基本條件。臺灣許多針對外勞的節目和族群媒體，幾乎沒有符合佛氏所揭示的功能：塑造一個對話的機制以讓外勞真實理解所處的現實，開始自覺（conscientization）的過程，從而產生有意義的社會變革。
>
> 外勞總被認為是教育的對象，鮮少是本地人的教育者。

四方七年，五語倫比——臺灣的東南亞語文媒體集團，《四方報》

　　雖然臺灣的 SNG 車密度世界之冠，各式媒體眾聲喧嘩，但是，欠缺專為東南亞移民移工服務的媒體，遑論提供管道讓他／她們自主發聲。然而，這樣的媒體有沒有需要呢？如果有需要，何不自己辦一個？

　　於是成露茜糾集了廖雲章、丘德真、和我，商量著以《臺灣立報》為基礎，辦一份針對東南亞移民移工的刊物。廖雲章是《臺灣立報》副總編輯兼世新大學新聞系講師，丘德真是《破報》前主編（《破報》為臺灣立報報系刊物之一，針對年輕人發行之都會免費週報），熱衷泰國文化，會一點泰文。當時的我，是國立暨南大學東南亞研究所的研究生兼「留職停薪」的《立報》副總編輯，剛剛從越南短期遊學返臺，學了一點點越南文。

　　這個念頭，在四人的密集討論下成形，定名為「Poly Voices《破立之聲》：東南亞文字定期刊物出版計畫」。之所以稱為「POLY」，除了因為 POLY 有多元文化的含義，也因為其諧音為「破／立」，意味著，這是扎根於《破週報》和《臺灣立報》的新生刊物。

　　丘德真擬訂了計畫宗旨：

> 　　有鑑於來自東南亞移住民人口急遽擴張，對臺灣而言，正是推動多元社會的大好良機。但是，除了少數 NGOs 或政府單位針對移住民發行宣傳／宣導通訊之外，目前仍未見有任何東南亞語言定期報章在臺發行。《立報》／《破報》向來是臺灣最具有批判性的新聞刊物，規劃東南亞語言版面，提供

> 移住民人口閱讀素材，以及與主流社會的溝通平臺，
> 既能促動移住民與主流社會的相互瞭解，更重要的
> 是能構造多元文化景觀，同時探索在多元社會中，
> 另類媒體進一步革新傳統主流媒體的可能性。

終於，以臺灣立報社現有的場地設備，在不另外支出人事費用的拮据情況下，臺灣第一份泰文刊物《พลังใหม่ 新能量報》與越文刊物《Bốn Phương 四方報》，於 2006 年 9 月分別出刊。

《新能量報》因為主編丘德真在半年後出國而暫停，不過 2008 年 4 月時，略有小成的越文《四方報》加碼發行泰文版。而快速成長的越文《四方報》，也如願在 2009 年於全臺 OK 便利商店上架（2010 年 5 月，於全臺萊爾富超商上架。2012 年初，於全臺 500 間 7-Eleven 上架）。

創辦人成露茜雖然於 2010 年初辭世，但是 POLY 計畫的腳步沒有停下。成露茜胞姐成嘉玲繼任發行人、原報社顧問魏瀚接任社長，我找了包括外省臺灣人協會前秘書長黃洛斐等更多志同道合的臺籍幹部、以及通曉其他東南亞語文的編譯人員加入，在透過社會發展文教基金會爭取到聯合勸募、勞委會多元就業方案、內政部外籍配偶照顧輔導基金等多個公私部門的經費支援後，我們於 2011 年 5 月合力執行「五語倫比」計畫：同步發行越文、泰文、印尼文、菲律賓文、柬埔寨文等 5 種文字的月刊。

至此，《臺灣立報》社旗下的《四方報》，發展為臺灣最完整的東南亞語文媒體集團，定期出版數萬份臺灣人看不懂的

報刊,透過便利商店、透過郵政系統、透過東南亞小店,分送到臺灣的四方,安慰來自四方的異鄉人。

貳、來自四方的財務與人力

在平面刊物每況愈下的年代,常常有人對《四方報》的財務狀況感到疑惑。

《四方報》隸屬於臺灣立報社,而臺灣立報社又屬於世新大學。2006年,在世新大學傳播學院院長、臺灣立報社社長成露茜的支持下,《四方報》以極低的成本上路,報社內的會計、總務、印刷廠、電腦中心各單位受命協助,編輯部人員則是使用辦公室裡的閒置空間與電腦設備,包括我在內的人力,都是無給職志工。

大約在半年之後,訂戶與廣告客戶穩定上升,而伊甸基金會、族群和諧基金、聯合勸募、臺北市社區銀髮族服務協會等公益性組織的贊助陸續到位,編輯部人員才開始支領薪水、增添人手,例如邀請原本義務擔任越文志工的阮舒婷正式上班。

七年來,《四方報》勉強維持著收支平衡的狀態。賣報收入約占兩成,廣告收入約占四成,另外四成,則是向各公私立單位申請的補助、獎項,以及支持者的捐款。支出方面,人事、印刷、發行等費用,與一般媒體無異,唯獨場地、設備、以及財務總務人事等行政作業,因為隸屬於《臺灣立報》,所以省下大筆開支。

但也因為《四方報》是世新大學旗下、《臺灣立報》社旗下的一個「單位」,並非獨立法人,所以有些例如「天使投資」

的外部資源，始終不得其門而入。而大多數的補助、贊助，則幸虧有創辦人成露茜生前創辦的社會發展文教基金會協助，才得以輾轉挹注《四方報》的發展。

我在擔任《四方報》總編輯期間（2013年8月離職，改任顧問），另一個最常被問到的問題是：你會越南文／泰文／印尼文／菲律賓文／柬埔寨文嗎？

當然不。即使曾經在越南待過四個月，越南文是我「最流利」的東南亞語文，程度也恐怕不到幼稚園。至於其他語種，即使都分別、陸續在臺灣學了幾個月，但是沒常用，現在只記得「你好、謝謝、吃飯、再見」幾個單字。

這恐怕也是《四方報》與其他媒體內部運作最大的不同。總編輯與及部分幹部，並不熟悉刊物內的語言文字。運作時的確有所障礙，但並非不能克服：包括配偶、學生在內，臺灣有很多來自東南亞的朋友呀！

我們邀請許多結婚來臺的東南亞配偶來上班，邀請在臺求學的東南亞學生來幫忙。移工（外籍勞工）囿於身分不能兼職報社工作，但他／她們是《四方報》最忠實的讀者。創報7年來，1萬8千多封讀者來信，超過九成是由移工親筆書寫。

是的，1萬8千多封母語來信（不是帳單或者廣告DM喔）。編輯部將這些信件一頁一頁掃描存檔，實體信件按日期歸類存放，也將部分內容刊登於報端。這些來信，是異鄉人的心情，是臺灣的歷史，也是《四方報》後續多項活動的寶庫。

參、《逃》、《離》、《茫》、移民移工文學獎

草雲,是我從創刊初始便認識越南幫傭。她曾在越南擔任記者,文筆極佳,知道有《四方報》之後,便時常投稿,我們也見過幾次面。

《四方報》創刊約一年,因為原本的雇主不願續聘她,草雲問我可不可以幫忙找工作。我說沒辦法呀,這要找仲介來辦。草雲再次跟我聯絡時,她已經逃跑了。

草雲寫了一篇很長的故事,生動又仔細地描述她為什麼逃跑、逃跑後找新工作的波折,以及躲避警察追捕的驚險遭遇。在翻譯成中文之後,我讀得很心酸。我幫不上忙,我無能為力,也迫使我開始思考逃跑外勞的議題。

具體立即能做的,就是在下一期《四方報》上刊出她的作品,同時以「你在哪裡?為什麼非逃不可?」為題徵稿。逃逸外勞數以萬計,每個人都有滿腹心酸,稿件源源不絕,形成常態性的版面「逃」。我們選擇站在與主流媒體論述之對立面,解讀並聲援逃逸外勞,讓他們現身說法,企圖突顯出因法規與政策缺失,造成移工為求生存、不得不逃跑的結構性問題。

事實上,「逃」這個版,也成為許多讀者最喜歡的版面。在汪倩如(2010:107)的論文中,記錄了兩位越南籍看護工的反應,之一:

> 阿清:最重要的就是看這個!對阿,我們就是翻到報紙有目錄的地方,(一邊翻到目錄指給筆者看)就是看有逃跑的在幾號、第幾頁,我們就開始

先看這些。(持續翻報紙)有沒有,第一個就翻這邊,就看在哪裡在哪裡,就先找這邊來看。可是我們不會從頭翻到尾,就是看目錄的地方,翻開來找。這裡就是有逃跑的嘛,我都會先看這邊,逃跑看完了,我再慢慢看,看到後來就是,看完了,才看到不喜歡看的。

之二:

阿水:我拿報紙就先翻到這邊(翻出目錄,指著「逃」那一版)

研究者(汪倩如):你說逃跑的故事喔?

阿水:我很喜歡看,都是有問題才會逃跑的,不然一般是不會想逃跑的。

研究者(汪倩如):為什麼特別喜歡看?

阿水:比如說我們工作很辛苦,看報紙就知道但別人工作比我們辛苦的多,安慰自己。我很佩服那些跑出來的人。

到了 2012 年 5 月 1 日國際勞動節,《四方報》與時報出版社合作,將部分文章集結出版《逃:我們的寶島,他們的牢》,也同時發行越文版 *Chạy trốn – Năm tháng lưu vong trên Đảo ngọc*,並在年底獲得「2012 開卷好書獎」之「評審特別推薦」。擔任評審的陽明大學人文與社會科學院助理教授黃桂瑩,給了如下評語:「臺灣社會長期倚賴外勞抒解勞動問題,但冷

漠目光使其成為不被看見的隱形人。本書讓外勞為自己發聲，訴說生存的艱辛處境，映照出自詡文明的寶島中無所不在的歧視與偏見，令人動容且有愧」（黃桂瑩，2012年12月29日）。

在順利發行《逃》的隔年（2013）三八國際婦女節，我們挑戰更尖銳的題目：「離婚外配」。

「離婚」是一直以來臺灣與東南亞的跨國婚姻中，「檯面下」最夯的議題。許多臺灣人氣沖沖地指責這些跨海來臺的女性，結婚只是為了錢，拿到身分證就離婚。但是，為了錢而結婚，有何不可？只要是你情我願，只要不是暴力搶婚或惡意詐騙，何錯之有？如果臺灣女性有離婚的權利，為何東南亞外配離婚時便要被指指點點？進一步來說，為了愛情而結婚，或者，為了性、為了身分、為了傳宗接代、為了攀附權貴、為了長期飯票、為了屈服於社會壓力、為了找個免費幫傭、為了找個人陪伴，難道就比較高尚嗎？摸著良心，問問「我們」臺灣人自己，是為了什麼而結婚呢？難道沒有一絲算計？

我們再度與時報出版社合作，收錄多篇歷年來刊登於《四方報》、關於跨國婚姻的第一手記錄。有些是記者或志工的採訪側寫，有些是親身經歷跨國婚姻者以原文投稿再翻譯成中文，集結出版了《離：我們的買賣，她們的一生》。

原本還打算針對新移民子女的成長經歷，再出一本《茫：我們的界線，他們的眼淚》，不過目前計畫暫時擱置。

雖然擱置了《茫》，卻有更大的計畫正在進行。來自出版界的《四方報》志工林秀貞、黃湯姆，在《逃》和《離》兩本書的基礎上，拉著我和於廖雲章籌辦「移民工文學獎」。

移民工文學獎,顧名思義,主體是指外勞、外傭、外配族群為主體,所生產出來的文學。我們邀請了文壇諸多重量級人物,希望為移民工成立一個更具延展性的文學獎項,讓他們得以藉由書寫,替自己留下歷史;透過文字創作表達兩個故鄉(外籍配偶)、雙重血緣(新住民二代)、與異地漂流(外籍移工)的文學風貌。如果順利,「移民工文學獎」將在 2014 年首度辦理。

肆、文字之外的文化行動

《四方報》的企圖,並非只是與「圈內人」相互安慰。我認為,要讓在臺灣的東南亞異鄉人過得好,決定權還是在臺灣主流社會。

除了穩定發行 5 種語文版本的《四方報》,以及將大量讀者投書整理出版之外,我們也與不同外部資源合作,進行各式各樣的文化行動,對主流社會發聲,促成社會制度、社會意識的改變。

一、豔驚四方

經營最久的,是「豔驚四方」的一系列畫作展出。這些畫作同樣來自讀者的投稿,雛形是 2009 年底於圖片網站 flickr 開闢的「四方藝廊」。2011 年 7 月,我們將部分畫作以實體的形式,以「豔驚四方:臺灣異鄉人創作展」為名,於雲林獨立書店「虎尾厝沙龍」首展。此後,應邀至全臺各地巡迴展出,希望透過畫作,讓臺灣社會瞭解移民移工的心聲。

二、外婆橋計畫

2011年7月,《四方報》與誠致教育基金會方新舟董事長共同籌畫,誠致教育基金會全額出資的第一屆「外婆橋計畫」成行。時至2013年,已陸續出團5組。每一個團隊的組成,都是臺灣的國小老師、東南亞新移民、加上該新移民的子女,他們在暑假期間,回到東南亞的「外婆家」長住20天。

針對不同的身分,我們有不同的期待:

期待臺灣老師在這次的旅程中,親身理解東南亞的庶民生活,深刻體會語言不通的困境。返臺之後,將親身經驗融入教學,也分享給其他老師和學生。

期待新移民子女因為老師同行,更加認同媽媽的文化。也希望新移民子女看到「媽媽好厲害」的一面,因為只有媽媽通雙語,旅程中的一切溝通安排都得靠她。

對於新移民媽媽,最直接的部分,即使協助她重回久違的故鄉。所以補助的對象,多半是家境不寬裕、不能隨時返鄉的新移民。同時,我們也期待在這一趟帶著老師與孩子回鄉的過程中,建立起新移民的自信,未來繼續扮演「文化大使」的角色。

三、五語+N學堂

曾經是《臺灣立報》工讀生的李三財,經營維多莉亞韓語補習班事業有成,回頭找我這個老長官,希望有所回饋。2012年10月,《四方報》與李三財成立的「華僑陳就娣女士紀念中心」合作,由紀念中心提供場地、支付講師鐘點費,《四方報》提供師資與協助宣傳,開辦「五語+N學堂」,免費教授越文、

泰文、印尼文、菲律賓文、柬埔寨文、緬甸文、馬來文等七種語言。

此一免費學堂的目標有兩方面。一是藉由語言學習，打開一扇讓臺灣民眾接觸東南亞的窗。二是訓練一批有膽子站在臺前，教授東南亞語言及文化的師資。

「五語＋N學堂」一年之後因為教室租約到期，暫時結束。不過許多同學自行組織，籌措費用，繼續延請原本的東南亞語言老師私下開班，李三財也慨然允諾免費提供其他上課場地。

四、青年田野計畫

2013年與民主基金會合作的「青年田野」計畫，緣起於一些年輕學生的主動請纓。他們或是對於東南亞文化好奇，或是想替《四方報》盡一份力，所以，我們希望有組織地提供更多資源、東南亞知識、以及採寫技巧，鼓勵更多善良、熱心、有正義感的年輕學子站出來，與東南亞異鄉人交朋友。

包括原本的《四方報》年輕志工在內，我們招募了十餘位臺北地區的大學生。任務很簡單，就是去和生活周遭的某一位、或者某一處的東南亞移民移工交朋友，真正地認識她／他們。然後隔週聚會，交流心得，三個月後寫出一篇不拘形式的田野紀錄。主體計畫結束之後，則在全臺各地與大專院校合作，舉行分享會，希望鼓勵更多年輕人就近、就本身能力所及，隨時展開田野。

五、臺灣第一個全東南亞語電視節目：唱四方

從 2012 年開始，每個禮拜天，我和《四方報》越文主編阮舒婷在中廣主持現場越語廣播。內容除了新聞與訪問之外，最夯的單元，是最後 20 分鐘的 call in。每週，我們依據時事設計 call in 主題，有地震時談地震，媽祖繞境時談臺越兩地的廟會文化。

不過老實說，設計 call in 主題有點多餘。因為這個單元的片頭音樂結束之後，不需要公布 call in 電話號碼，聽眾就撥電話進來了。還來不及問她或他對有啥意見，越南聽眾就會說：「我要唱歌！」

沒有配樂，清唱，送給家人或朋友。歌聲通常不壞，有的唱流行歌曲，有的唱越南民謠，也有人唱自創詞曲，甚至請朋友在一旁彈吉他配樂。

在臺灣的東南亞移民移工，並非毫無公開唱歌的機會。除了假日人滿為患的東南亞卡拉 OK 小店，各縣市舉辦的東南亞活動中，她／他們都有機會一展歌喉。只是，現場活動畢竟僅是一時一地的歌聲，但廣播不一樣。歌聲乘著電波，傳送給想像中不特定的更多人聽到，而透過廣播聽到母語歌曲的異鄉人，是不是也同時想像著，有不特定的許多人和自己一樣，正在聽。唱好唱壞無所謂，五音不全更有特色，就像 call in 到賣藥電臺唱老歌的臺灣大叔大嬸，開心就好。重點是，「我們正在一起聽」，有點「千里共嬋娟」的味道。

母語刊物讓異鄉人「一起看」，母語廣播讓異鄉人「一起聽」。如果要讓他們一起「邊看邊聽」，該怎麼做？答案是電視。

於是在《四方報》已經創辦 7 年之後，我動了進軍電視的念頭。臺灣的電視圈，如同 7 年前的臺灣平面媒體圈一般，即使頻道過百，卻沒有任何一個以東南亞語言發音、專為東南亞移民移工而做的節目。

2013 年，我和妻子廖雲章、有電視經驗與人脈的外籍勞動者協會理事長徐瑞希，加上具有左派意識的辣四喜影像工作室，反覆討論爭辯，一個以素人歌唱為主體、但是並不舉辦比賽的電視節目出爐。

因為移民移工來攝影棚不方便，所以我們主動出擊，在街頭錄影。

因為在街頭定點架設舞臺勞神費事，所以乾脆不要場地，我們扛著攝影機，機動找歌手。

因為東南亞歌曲的版權很麻煩，所以乾脆清唱。然後，錄起來，找個頻道每週定期播出。

2013 年 7 月 7 日星期天，「唱四方」在臺灣綜合臺首播，後續並在各大都會的有線電視公用頻道播出。即使並未在主流社會激起波瀾，但卻是臺灣電視史上劃時代的一天：這一天，臺灣的電視頻道裡，有一個以東南亞語言發音的節目了！這是零與一的差別，這是東南亞移民移工的「獻聲」與「現身」儀式。異鄉人在島嶼的歌聲藉此傳頌四方，而散居島嶼四方的異鄉人，也將透過電視，千里共嬋娟。

伍、關於社會企業

坦白說，我個人在《四方報》創刊之初，尚未聽聞「社會企業」（Social Enterprise）這個詞。不過一路走來，《四方報》與「社會企業」的確諸多若合符節。

社會企業有個朗朗上口的短定義：「運用商業模式，實現社會目的。」也就是說，「商業模式」是手段，解決社會上某一種問題，才是最初與最終的「目的」。

《四方報》的社會目的，在於以定期母語刊物的形式，提供新移民／工必要資訊及發聲管道，穩定其情緒，協助其瞭解臺灣社會，繼而期望凝聚力量，爭取應有的權利。另一方面，也希望以這份持續發行的刊物，逼使主流社會看見少數族群的存在，進而促進溝通、創造連結。而以《四方報》為核心發展出的林林總總，包括電視歌唱節目「唱四方」，也都是圍繞著同樣的社會目的。

可以這樣說，《四方報》本身即是為了「社會目的」而創辦、而存在，符合社會企業最根本的要求。至於《四方報》算不算運用了「商業模式」？多多少少。我們接受訂閱、也零售也批發，不同語文版本有不同的策略與通路。我們歡迎廣告，並且依據不同語文版本的數量及熱門程度定價。與自給自足的「標準」社會企業最大的不同是，《四方報》還接受公私部門的經費補助，並主動爭取各類獎項獎金。

不過在我看來，無論是賣報紙、賣廣告、接受補助、或者爭取獎項，都是為了「實現社會目的」而不需避諱的途徑。究竟是不是運用了「商業模式」，無須在意。

若硬要給個定義,在「社會企業」和一般營利事業之間畫出界線,我認為最關鍵的差異在於,該組織是不是「為了出資者或所有者謀取經濟利益」?究竟是「為了做好事所以努力賺錢」、還是「為了賺錢所以努力做好事」?無奈,這樣的判別標準很隱微很唯心很難查證,像是鞋子合不合腳,只有自己知道。

另外,「永續經營」也常被認為是社會企業的指標之一,這點我不同意。

如果「實現社會目的」是社會企業存在的根本意義,萬一「目的」已經達成,何須永續經營?又萬一,該社會企業無法達成該「目的」,就更不須經營、沒有永續的理由了。

陸、不是家電是家人,不是問題是答案,不是阻力是助力

《四方報》到底算不算社會企業?留待相關學者專家定義。我只希望,原居於臺灣的「我們」,在對待新來的東南亞移民移工時,別把她／他們當成插電就能啟動的家電,而能認知到,她／他們與我們一樣,是有血有肉、有愛有恨、會閱讀會書寫會看電視的家人。

我也希望「我們」認清,每一位「她／他們」,都是被邀請到臺灣來解決臺灣現有問題的「答案」。臺灣的男性想要娶妻、臺灣的工廠沒人上班、臺灣的老人病人沒人照顧,如果沒有她／他們,難以想像現在的臺灣該怎麼繼續運作下去。

更長遠一點看,這些來自東南亞的朋友,絕不是遲滯臺灣

發展的阻力,而是助力。她╱他們也許手頭不寬裕,但是每個人都勇敢、健康、懷著夢想飄洋過海到臺灣,而且擁有臺灣人所缺乏的「文化資產」,也就是對於東南亞的理解,以及與東南亞母國切不斷的血緣關係。如果臺灣能夠提供舞臺,我相信,她╱他們的人脈可以幫助臺灣走向世界,她╱他們的能力可以讓臺灣更多元更強壯。

最後,願臺灣這座島上來自四方的朋友,都能愉快安穩地共同生活。

參考書目

汪倩如(2010)。《日久故鄉在他鄉」──移工╱民媒體《四方報》的產製與閱讀》。國立臺灣大學新聞研究所碩士論文。

黃桂瑩(2012年12月29日)。〈逃:我們的寶島,他們的牢──評審特別推薦〉。取自 http://blog.chinatimes.com/openbook/archive/2012/12/29/4986700.html

附錄一　《四方報》概況（2013 年）

越文《四方報》：2006 年 9 月創刊，每月出刊，約 2 萬份，於 7-11、OK 超商零售。

泰文《四方報》：2008 年 4 月創刊，雙月出刊，約 5 千份。

印尼文《四方報》：2011 年 5 月創刊，雙月出刊，約 3 千份。

菲律賓文《四方報》：2011 年 5 月創刊，雙月出刊，約 3 千份。

柬埔寨文《四方報》：2011 年 5 月創刊，季刊，約 1 千份。

四方七年，五語倫比——臺灣的東南亞語文媒體集團，《四方報》

附錄二 《四方報》大事紀

2006/09 越文《四方報》試刊。

2006/12 越文《四方報》創刊。

2007/01 泰文《新能量報》停刊。

2007/02 獲得公益信託族群和諧基金補助。

2007/02《四方報》透過全臺杏一醫療門市贈閱。

2007/03 獲得中華社會福利聯合勸募協會、臺北市社區銀髮族服務協會補助。

2007/09 越文《四方報》由每份 10 元調漲為每份 20 元。

2008/02 由立報印刷廠轉至蘋果日報印刷廠印製。

2008/04 泰文《四方報》創刊。

2008/09 協辦大大樹音樂圖像之 2008 流浪者音樂節。

2009/01 於全臺 OK 便利商店販售。

2009/01 與大大樹音樂圖像共同主辦碧潭音樂節。

2009/02 協助臺灣第一部描寫移工的電影《歧路天堂》之翻譯與宣傳。

2009/03 邀請越南歌手來臺，舉辦四方之聲巡迴音樂節。

2009/06 於 AMAZON 網路書店上架販售。

2009/08 開辦簡訊／便利商店之訂報、留言系統。

2009/12 號召讀者參與 2009 移工大遊行。

2009/12 越文《四方報》於全臺全虹電信門市上架銷售。

2009/12 於圖片網站 flickr 開闢「四方藝廊」,將讀者來函中的數百張讀者手繪圖片上傳網站。

2010/01 泰文《四方報》於全臺全虹電信門市上架銷售。

2010/01 發行人成露茜過世。

2010/05 越文《四方報》於萊爾富便利商店（Hi-Life）上架銷售。

2010/08 參與世新大學夏曉鵑教授主持之國科會數位典藏多元推廣應用計畫。

2010/12 越文版及泰文版於長榮航空飛越南、泰國班機上贈閱。

2010/12 舉辦一連 4 場越界書寫、望向東南亞系列座談。

2010/12 自辦全臺首次「越南勞工在臺生活滿意度」電訪調查。

2011/05 「五語倫比」計畫：開辦越南、泰國、印尼、菲律賓、柬埔寨等 5 份《四方報新移民專刊》。

2011/07 加入國際移民聯盟（International Migrants Alliance）。

2011/07 「豔驚四方：臺灣異鄉人創作展」於雲林虎尾厝沙龍首展。

2011/07 執行「外婆橋計畫」,集合新北市興南國小教師、越南外配、子女兩名返越 20 天。

2011/10 印尼文版、菲律賓文版、柬埔寨文版於長榮航空飛該國班機贈閱。

2011/11 獲頒卓越新聞獎基金會 2011 年社會公器獎。

2011/12 總編輯張正獲頒經理人月刊 2011 年年度 100MVP（最有價值經理人）。

2012/02 越文《四方報》於全臺 500 家 7-Eleven 便利商店上架銷售。

2012/04 總編輯張正獲得 KEEP WALKING 夢想資助計畫。

2012/04 編譯首部逃跑外勞作品集《逃：我們的寶島，他們的牢》，越文版 *Chạy trốn – Năm tháng lưu vong trên Đảo ngọc*。

2012/10 與華僑陳就娣女士紀念中心合作開辦「五語＋N 學堂」，免費教授越南、泰國、印尼、菲律賓、柬埔寨、緬甸等 6 國語言。

2012/10 獲頒勞委會「多元就業金旭獎」之最佳行銷推廣獎。

2012/12《逃：我們的寶島，他們的牢》獲得《中國時報》開卷版的「2012 開卷好書獎」之「評審特別推薦」。

2012/12 四方報泰文主編林周熙，獲選為國民黨青年團「新移民青年大使」。

2013/01《新移民工友善社會的最後一哩》獲得信義房屋之「社區一家幸福行動計畫」首獎。

2013/02 與國民黨青年團合作,於國民黨中央黨部大樓舉辦「新移民・心印象」畫展。

2013/02 與民進黨臺北市市黨部合作,於臺北捷運忠孝復興站北側藝文廊舉辦「遇見心故鄉」畫展。

2013/03 編譯臺越跨國婚姻作品集《離:我們的買賣,她們的一生》,時報出版社出版。

2013/06 與民主基金會合作,執行青年田野計畫。

2013/07「唱四方」於臺灣綜合臺開播,並於各地有線電視公用頻道播出。

低調展露的勝利之光——勝利潛能中心 *

新台灣人文教基金會

　　1964 年，一對來自挪威的年輕醫師——畢嘉士夫婦到山地進行醫療服務時，看見了一群在灰土中爬行的孩子，他們的心無法忍受寶貴的生命被忽略，甚至被放棄。由於當時的醫療不注重高危險群新生兒的篩選與診斷，因此，常常延誤發展障礙或遲緩兒童的早期療育。若沒有接受早期療育，通常就沒有很好的適應能力可以處理在生活、教育及就業上的問題。於是畢嘉士夫婦便創立了全臺灣第一所小兒麻痺兒童之家也就是「財團法人屏東基督教勝利之家」的前身。在沒有錢、沒有人的情況下，畢大夫用他自己微薄的薪水開始了這樣的工作。在他的信仰中，他看中每一個小生命，他所執著的是每個孩子生命的價值要被肯定，生命的尊嚴要被尊重，生命的潛能要得到發揮。所有進出過勝利之家的成員，都抱持著：「給他們機會，不論要付多大的代價」的執著，並以「與服務使用者共同經驗尊嚴的恢復、潛能的甦醒，以及服務品質的提升」為肩負的重大使命。

　　張英樹出生於畢嘉士夫婦創立小兒麻痺兒童之家那一年，時間點就在臺灣小兒麻痺大流行時期的末端，周歲前後染病造成雙腿不良於行。但因從小在觀念上就被灌輸：「你和別人沒

---

* 本篇因發表體例無須英文摘要，故維持文章原貌。

什麼不一樣」，一路依照社會期待的軌道前進，過程還算順遂，高中畢業後考取輔仁大學數學系，擁有資訊工程專業。也因為從小在一般學校體系求學，鮮少遇到與他身體狀況類似的同儕。

堅信耶穌基督的張英樹在大學時期利用課餘時間加入才剛創辦不久的「伊甸基金會」擔任義工，協助提供身心障礙朋友各項社會福利服務，並傳達基督救贖的訊息，張英樹主要負責黏貼捐款劃撥單的工作。

某次參加伊甸基金會舉辦的「大山大海營隊」，在5天4夜中橫健行活動中，張英樹第一次看到那麼多身障者共同出遊，而且各個年齡層都有，內心感到非常震撼。隔年的墾丁大海浮潛活動，更讓張英樹相信身殘人士與一般人沒有什麼差別，除了身上的障礙造成生活上的不便以外，一般人能做的事情，身障人士幾乎都能辦到。

大學畢業後，張英樹在臺北的證券期貨交易中心的資訊部門找到一份工作，在股市飛漲的年代，張英樹的收入和福利各方面都還頗優渥。證券中心的工作並沒有維持很久，張英樹發現自己的志趣和現有的工作不合，便勇敢辭去人人稱羨的工作，南下到「屏東基督教勝利之家」服務，幫助那些和他有類似經驗的小兒麻痺症患者。

勝利之家的工作讓張英樹可以發揮自己的學習專長，為身障孩子們編寫輔助學習的電腦程式，進而參與身障就業服務的設計工作，他以「職業訓練」的方式，協助這些身障孩童面對離開學校後未知的人生浪潮，拓展生命版圖，創造屬於自己的就業機會。

西元90年代初期，張英樹開辦電腦學習班，教導身障者學

習倉頡打字,並帶著他們南征北討四處征戰,屢屢在比賽中獲得佳績。許多學員因為學會打字,擁有一技之長,出社會能夠順利銜接,成功找到工作,學員的就業潛力得到發掘。張英樹的努力獲得初步成功,卻也很快就面臨嚴峻的挑戰,90年代中期之後,個人電腦開始普及,電腦打字幾乎成為時下年輕人的必備技能,會打字的身障族群在就業市場上不再享有優勢,張英樹只能另外想辦法為夥伴們找尋出路,他決定離開南臺灣,回到資源相對豐富臺北重新開始。

1999年,張英樹於臺北市政府社會局立案成立「臺北市私立勝利身心障礙潛能發展中心」,2000年,改登記立案為「財團法人臺北市私立勝利身心障礙潛能中心」。張英樹希望將多年累積的經驗與心得開始服務北部的身心障礙者,透過系列戶外古蹟導覽活動、知性演講分享、各類福利諮詢、心理諮商、職種設計開發、技能訓練、就業服務與遠距居家學習等模式的提供,能夠給予身心障礙者一個適切妥善的服務網路,讓身障能夠肯定自我,並提升自我的價值觀與成就感。

鍵檔中心是勝利潛能中心的第一個事業體,主要承接需要打字技能的業務,並將排版、文書編輯列入服務類目,不料卻因為當時軟體技術不甚發達、缺乏市場等因素,才剛成立就面臨虧損。張英樹調整經營策略,以服務「金字塔最頂端客群」為目標,開始承接將銀行信用卡、手機手寫申請資訊輸入電腦建檔的工作。然而,此類市場嚴格講求正確率,這對相對先天條件較不靈活、學習較慢的身障者來說,可說是面臨極大挑戰。降低錯誤率和加快打字速度是張英樹要解決的第一道難題。

為了讓鍵檔中心更有市場競爭性,他以3人一組的綜合

障別方式，截長補短以減少錯誤率。客戶需要鍵檔的資料送到中心之後，分別由兩位學員重複打字，配合張英樹撰寫的防錯程式進行比對，再由第三人把關最後一道防線，鍵檔中心以「勤能補拙」方式，將錯誤率降到最低，打字準確度高達99.9995%，獲得客戶的高度肯定。成效很快就顯現出來，勝利資料鍵檔中心第一年的淨利就有上百萬，打平設備、場地與人力等所有支出，第一個事業體的成功，開啟後面更多事業體的可能性。

隔年，張英樹再接再厲，擴大服務的對象，設計了1,800個小時的E-Learning「居家學習網」，在那個撥接上網過渡銜接寬頻網路的年代，張英樹這項投資十分大膽。從開發軟體、課程規劃、學習督促、作業繳交、進度控管到整體教學機制等，全數電子系統化，真正落實遠距學習的具體意義，使整個學習更具機動性。張英樹為那些長期待在家中，缺乏社會關注的殘障者，開創一個學習機會，可以不受環境的限制，居家學習電腦的專業技能，讓他們有機會重新與社會連結。勝利以多樣化課程，期待能建構一個殘障者的SOHO族群，透過居家職訓的學習模式，再進一步發展居家就業的模式，為重度的身心障礙者，開創另一種生活的契機。勝利積極的開創居家服務模式，目的是希望真正落實開發重度障礙者的就業潛能，彌補社會對他們所提供服務的不足。

部分接受過完整訓練的重度障礙者加入張英樹在2002年創立的「V-Design視覺設計中心」，有些人專長是平面美術編排，有人精心專研電腦動畫，也有網頁製作高手。設計中心承接書籍編排、文宣品設計、導覽手冊等眾多樣式的出版品，部

分作品設置榮獲國家出版獎，V-Design 視覺設計中心不只創造了重度障礙者的就業機會，也讓重度障礙者在工作中獲得高度的成就感。

張英樹對重度障礙者特別關心，因為這個族群最容易被忽略，得到的就業關注最少，主因在於難度偏高，不容易找到切入點，非營利組織不容易對這個族群開展就業服務。勝利的核心價值之一就是「多元」，因此不做單一障別和職種，張英樹所領導的勝利針對各種身心障礙者的特性去培養他們技能、找尋適合他們的職業類別，再將不同障別的學員組成團隊，以互相合作、截長補短的方式，提高整體工作效能。

張英樹認為「要有好品質，才有好收入；有了好收入，才能提供好福利」，一般社福機構或非營利組織的收入都來自政府與民間機關或是獨立捐款人，為了避免外界誤解，也怕預算控制不良，只好樽節支出，把許多心力虛擲在內部成本管控上。張英樹所領導的勝利潛能中心則是站在「為身心障礙員工創造最大福利」的角度來思考，積極創新以拉近與市場之間的距離。勝利更致力於突破過去身心障礙者只能從事零售、按摩、賣麵包等工作的刻板印象，不斷開發身心障礙者的新職種。

商業環境就是一個競爭激烈戰場，勝利在成立之初，雖然有來自臺北市政府、勞委會職訓局的補助，但多為水電雜費與房租等開銷，人力成本的支出還是得培養自己的競爭力及專業，否則光靠政府補助，自身沒有創新的作為，很難跟其他同類型的營利企業競爭。勝利潛能中心就像一座城堡，身心障礙者是城堡內的居民，要保護居民，城堡就必需夠堅固，構成堅固城牆的要素，因此勝利本身必須要建立在專業訓練、技術門

檻、科技運用、對市場的瞭解，以及身心障礙者本身的特質考量提供專業的財務、業務和服務。

張英樹以他的資訊專長在 IT 服務業幫身障者開發了一條道路，卻不以眼前的現況為滿足，某次參觀一場農藝展，腦中興起做蘭花組織培養的念頭。2003 年，有別於一般庇護工場多從事代工性質的工作，勝利決定投入高科技的植物生化培育領域，培育蘭花種苗轉售。蘭花組織培育相較於代工性質的工作有明顯較高的附加價值，勝利除了積極開發蘭花組織培育的職種，創造更多的就業機會給身心障礙者以外，更期盼能藉此高附加價值提供身心障礙者與市場相比較佳的福利。蘭花組織培育工作需要長期的訓練，且屬高技術密集度工作，可取代性相對較低，更有利於保障身心障礙者的工作機會。

除了培育組織代工以外，勝利蘭花瓶苗組織培養生產中心也利用創意加值，開發蘭花組織培育的植種，自創之瓶中蘭產品品牌 Baby Green，以組培基礎植株作成的裝飾品。Baby Green 是經過無菌狀態處理的瓶苗，以玻璃瓶底部的足夠養分培養基供給幼苗生長所需，照顧者無需費心灌溉、施肥、翻土，也不必擔心忘記澆水，更省去種植過程可能招致的蚊蟲滋生，只須供應適度的光照，蘭花幼苗自然可在瓶中成長，讓現代都會人都可以在生活中品味生態之美。

張英樹讓身障者投入蘭花組織培養領域，除了破除一般人「不可能」的印象外，更重要的是讓「不完美的生命開出最美麗的花朵」。張英樹總是認為：「世界上有很多很難的事，但也沒什麼不可能的事」。

當勝利潛能開發中心的事業體逐漸茁壯之時，張英樹意識

到，要能夠有效的幫助身障者，光靠自己的力量絕對無法應付，而且容易被限制在特定的框架內，無法創新突破，更無法達到多元發展的目的。蘭花組織培養中心創辦初期，對蘭花培植產業所知有限的張英樹，因為有國立臺灣大學園藝系李永毅等人的協助，技術與業務才能有突破發展。因此在勝利要服務更多身障者而必須擴大事業版圖時，向外界尋求合作是必走之路。

2008年，勝利開始投入琉璃手工製品的設計與生產，全力投入手製琉璃工藝的場域，為了降低身障者在工作中必須承擔的風險，同時顧及資金門檻，以及環境舒適度等問題，勝利手工琉璃捨棄技法繁複的脫蠟鑄造法，改以融合與冷工的方式，從切割、灑粉、拉絲、膠合、研磨、拋光、窯燒，身障者在專業設計師的帶領下，他們的專注神情與全心全意的付出，以750度的絕對高溫淬練，打造出一個個剔透晶瑩，動人璀璨的琉璃作品。

臺灣的蘭花市場早已存在多年，勝利銷售蘭花的通路相對容易，但在臺灣文創產業才剛起步的年代，琉璃作品的行銷管道確實是個大學問。張英樹找上了7-ELEVEN，透過「把愛找回來」愛心商品專案合作活動的經營，推出「荷包蛋琉璃盤」、「圓與緣——手工琉璃項鍊」等琉璃製品系列，品質不僅深獲消費大眾的好評，也締造銷售佳績，在業界順利打開知名度知名度。

張英樹十分重視用一般企業的經營思維來管理組織，勝利從來不排斥與企業合作，目的就是要能從合作的過程當中，獲得企業的Know-How，並調整成最適合勝利發展的模式。以客群經營為例，勝利曾經和壹咖啡有合作關係，販賣平均單價35

元的咖啡，然而營運業績卻始終不怎麼顯著。後來勝利選擇改用義大利國寶級咖啡豆伊利，價格策略也進行調整，消費的客群因而與先前完全不同，但令人振奮的是營業額雖然下降，卻反而提高了整體獲利。張英樹隨時要求自己保持對市場的高敏感度，以調整勝利事業體的經營模式。

張英樹與其他經營者的不同，在於會吸取失敗經驗，當蘭花培養中心的獲利開始下滑，張英樹從市場因素進行研究，發現有很大的因素是臺商將臺灣的培植技術出口到大陸，再將成本低廉的產品傾銷回臺灣市場，臺灣本地的蘭花產業遭受嚴重打擊之際，張英樹評估退場時間已到，經營 8 年多的蘭花培養中心畫下句點。隨時保持對市場的敏感度是張英樹堅持的經營哲學。

勝利已經陸續開發超過 10 個事業體，穩定提供就業機會給約 200 位身心障礙者，2012 年營業額超過 5 億元。事實上，勝利在成立事業體成立的第二年就開始有盈餘，每個事業體盈餘不同，有些賺得多、有些賺得少。勝利不主動向外界募款，反而結合超商、加油站、手工甜點店等庇護工場，培育身障者學習專業、走入社會。所有的營收，都立基於所販售的產品質量，而非消費者的愛心施捨。

勝利服務對象不侷限特定職別或障別，在工作場域上經常能看到夥伴彼此之間的包容與體諒，創造出如同家人一般，和諧、互助的工作環境。張英樹將勝利的客戶分為兩種：「外部客戶」為購買勝利各事業體產品或服務的消費者，「內部客戶」為勝利所雇用的身障朋友，勝利的核心理念之一就是不管是開發或經營內、外部客戶，都追求多元化。張英樹認為選對產品

就成功了一半,選對人工作是成功的另一半,所有事業體的最終目的是希望把訓練好的身心障礙者送到一般企業工作,希望這些夥伴能回歸到自己成長社區,在離家近的社區上班、生活,與社區發生關係,這才是對身障者的最大幫助。

延伸閱讀

科技農企業資訊網(n.d.)。〈建立身心障礙者的新樂園──綠色植物工場〉。取自 http://www.agribiz.tw/commend1_storypage.php?type=2&commend_id=39

胡哲生、梁瓊丹、卓秀足、吳宗昇(2013)。《我們的小幸福、小經濟:9個社會企業熱血‧追夢實戰故事》。臺北,臺灣:新自然主義。

財團法人臺北市私立勝利身心障礙潛能發展中心(n.d.)。〈網站導覽〉。取自 http://www.victory.org.tw/

張簡如閔(2013 年 7 月 1 日)。〈勝利身心障礙潛能發展中心──開創身障就業新價值〉。取自 http://www.seinsights.asia/story/257/14/1229

張瓊方(2008 年 11 月)。〈企業腦‧公益心──一種社會運動的開始〉,《臺灣光華雜誌》。取自 http://www.taiwan-panorama.com/show_issue.php?id=2008119711006c.txt&table1=1&cur_page=1&distype=text

陳宜萍（2013 年 7 月 1 日）。〈社會企業的多角化實踐——勝利身心障礙潛能發展中心〉。取自 http://www.seinsights.asia/story/250/14/1230

勝利手工琉璃（n.d.）。〈勝利手工琉璃網站〉。取自 http://glass.victory.org.tw/glass/index.htm

廖千瑩（2006 年 2 月 27 日）。〈鍵檔中心敲出自信〉。取自 http://www.libertytimes.com.tw/2006/new/feb/27/today-e7.htm

臺灣社會企業創新創業學會、輔仁大學社會企業研究中心（張英樹）（2012 年 6 月 5 日）。〈社會企業演講列車：勝利身心障礙潛能發展中心〉〔影音資料〕。取自 https://www.youtube.com/watch?v=WvHtfjbixFE

改變街頭景象的力量──《大誌雜誌》*

新台灣人文教基金會

「《大誌雜誌》,一本100!《大誌》100!」

2010年4月1日「愚人節」,臺北街頭零星出現幾個身穿橘色背心,頭戴黑色小帽,肩上背著書包的販售員,手上舉著一本封面寫著「愚人世代」的雜誌大聲叫賣。販售員多半是無家可歸的街友,或是社會弱勢者,他們拿在手上叫賣的雜誌名稱是 The Big Issue Taiwan,中文譯名為《大誌雜誌》,由大智文創公司負責發行。

The Big Issue 雜誌1991年創始於英國倫敦,由「美體小舖」(The Body Shop 創辦人安妮塔・羅迪克 Anita Roddick)之夫婿戈登・羅迪克(Gordon Roddick)與友人,曾經有過流落街頭經驗的約翰・柏德(John Bird)共同創立。雜誌內容多元,含括時事、人物、藝文資訊與社會議題,創刊至今已經陸續於英國、日本、澳洲、韓國等十幾個國家以不同版本的形式發行。與一般雜誌不同的地方在於,這份刊物是透過街友(homeless)為通路來販售。英國的 The Big Issue 由兩個部分組成,一個是以一般公司型態,負責編輯發行與配送雜誌給街頭的小販通路進行銷售,另外一個則以非營利組織的基金會形態存在,主要

---

* 本篇因發表體例無須英文摘要,故維持文章原貌。

工作是協助這些街頭小販們解決造成他們無家可歸的問題，讓他們以自立取代乞討，改變社會對街友的刻板印象，並重新取回對生活的主導權利。

The Big Issue 存在的目的在於，提供給無家可歸者和短期安置的人們一個機會，透過銷售雜誌給一般公眾來獲取合法的收入，The Big Issue 相信要幫助這群人能夠「把手舉起來，而不是把手伸出來」。為了能讓這群街友或弱勢族群步上正軌，你 The Big Issue 幫他們換上制服、配戴識別證，手持雜誌在城市的重要交通樞紐對行人進行銷售，這些人事前必須經過徵選及訓練輔導，之後再衡量自己的財務狀況與銷售能力，在出刊時以現金進行批貨，批貨成本約是公訂售價的一半，販售所得全數歸自己使用。The Big Issue 在英國已經幫助超過 2,500 個無家可歸與必須尋求短期安置的人們，雜誌每週在英國有超過 65 萬名以上的讀者。

The Big Issue 中文版即為《大誌》（The Big Issue Taiwan），由臺灣網路媒體人李取中創辦。各國 The Big Issue 的編輯事務獨立，內容各有特色，而非由英國版本翻譯授權通用，因此更能貼近各國的讀者。唯一相同之處為拆帳模式《大誌》每本訂價臺幣 100 元，其中販售員批購價 50 元，另外的 50 元則為販售員勞務所得。

臺灣版《大誌》執行長兼總編輯李取中，原是網路人，在數位世界戰果輝煌。1970 年出生的李取中，東海大學物理系畢業退伍後，因為在電腦方面的軟體專長，96、97 年那時候全球網路正在快速發展，搭上網路崛起的黃金列車順利在奇摩網站（現已改名「雅虎奇摩」）得到了第一份工作，成為奇摩創始

員工。負責規劃奇摩新聞頻道及使用介面設計。之後轉戰草創時期的和信超媒體,協助規劃寬頻入口網站。接著自己出來創業,幫人家規劃網站架構及設計,又跟朋友一起成立了樂多網,並後因應使用者風潮,樂多逐步轉型為以部落格空間為主要服務。李取中一直覺得網路很有趣,新型態的服務不斷推陳出新,可見臺灣的網路仍有許多發展空間。

但是當社交網站(例如 facebook 跟 Myspace)崛起,開發出一些新的應用服務之後,李取中開始覺得網路發展大概已經到一個賽末點了。由於樂多的主要用戶都是藝文愛好者,便創辦「樂多新文創線上誌」網站,找來 8、90 位專業寫手來供稿,其中將近一半外稿作者住在國外,提供生活文化、藝術設計等領域的全球觀點與深度評論。「樂多新文創」這個平臺版面設計與紮實內容大獲使用者好評,曾奪下華文網路世界最具代表性的「網路金手指」大獎。

2009 年有朋友詢問李取中,是否有意跨足實體雜誌出版,差不多同一個時間點,他偶然在《2535》雜誌中瞥見關於日本 *The Big Issue* 的報導,內心深受啟發:既是自己最感興趣的文化媒體,又結合了社會企業運作的模式。李取中的熱情頓時奔放起來、腦海一道靈光閃過:「有沒有可能在臺北街頭,就能買到這本雜誌?」、「我應該有足夠的能力與熱情,提供某些可能。」提供新服務的企圖心,大過獲利的動機,於是,李取中決定一鼓作氣,在紙本出版式微的年代,毅然從網路老手變身成為一名出版界新兵,走向實體發行之路。

決定要做雜誌之後,李取中深入做了一些研究,例如在雜誌的內容與型態,一般人對街友的普遍印象,臺灣大眾交通運

輸系統如高鐵、臺鐵、捷運、客運,現有社福資源等資料,李取中特別針對這些資訊做了一份企劃書,然後與英國 *The Big Issue* 進行聯繫。2009 年 11 月,李取中親自飛去英國一趟,與位於倫敦 *The Big Issue* 總部的創辦人柏德見面。李取中知道自己資源不夠多,但考量後續的推動與資源運用等問題,還是決定去英國走一趟,這樣就不必大費周章來說服別人或是解釋這是什麼樣的刊物。英國 *The Big Issue* 提供的就是一個品牌,各國的 *The Big Issue* 都是獨立組織,營運資金必須自己籌措、人力也必須自己招募。

出發前,李取中特地找來知名平面設計師聶永真做了 6 版的雜誌封面試做,柏德對其有備而來的專業架勢印象深刻,欣然同意,只說了句「Go ahead!」,要李取中放手去做。基本上取得授權不是那麼難,因為英國總部方面也知道辦街報其實真正的考驗是在後面,因為透過這樣一個特殊通路的建立確實不容易。從英國返回臺灣後,李取中立刻馬不停蹄地展開臺灣版 *The Big Issue* 的前置工作,從親友處籌募了 200 萬元的資金,做為創業成本。2010 年 1 月,李取中離開樂多,2 月份成立大智文創志業公司,4 月就發行 *The Big Issue Taiwan* 創刊號,整個過程的腳步都非常快。

因為有「樂多新文創線上誌」的創辦經驗,*The Big Issue Taiwan* 的雜誌稿件來源並沒有太大的問題,主要由特約的專業寫手來供應。就內容而言,《大誌》團隊不傾向使用其他國家的稿件,因為要去瞭解內容、翻譯等,都要耗去大量時間和人力,所以還是屬意找一些符合臺灣屬性跟定位的外稿作者來寫,除非需要一些國外明星專訪或報導,才會寫信跟國外取得授權。

內容面的問題容易解決,行銷通路則是最大的考驗。街友特殊通路的建立難度甚高,這些人長期背負著社會的敵意與嫌惡,加上群體的封閉性質,招募街友進行販售,本身就是挑戰,何況又是前所未聞的新創事業。

李取中積極洽訪位居前線的社福團體,瞭解街友狀態處境、區域分布情況、並透過相關主管機關、非營利機構與街友組織行聯繫,包括:臺北市社會局的萬華社福中心、慈善組織如「活水泉教會」、「基督教救世軍」、「基督教恩友中心」,藉由舉辦說明會的方式宣傳雜誌概念及運作方式,並同時招募販售員,有意願者可再參加第二階段的銷售技巧說明、實際狀況演練等進階課程,完成 3 天的實習後便能開始上街頭販售。

比照英國模式,正式上街販賣前,販售員需簽署並嚴格遵守行為守則,主要內容為販售時不得抽菸、不得喝酒,不跨點販賣、不能與行人發生衝突、不可將家當堆到街頭,不得兼賣雜誌以外的物品,也不能接受民眾超額付費等,這些行為守則的要求的目的是讓販售員表現出對工作本身最基本的尊重,保持與社會良好的互動。

為了降低販售員的門檻並增加意願期,《大誌》會先免費提供 10 本雜誌給新手販售員作為「創業基金」,等雜誌售出後,販賣員可以依照自己的經濟狀況、銷售情形,決定要再補多少本貨。至於每日駐點販售的時間,當天開張營業與否,或因情緒與健康因素想短暫休息數月,甚至是否繼續販賣等,端賴販售員的自由意志。街友來來去去,高流動率是全球 *The Big Issue* 共同面臨的常態。

《大誌》將大部分的營收來源設定於零售上,跟一般雜誌

靠廣告收入不太一樣,因此初期只有十幾位販售人員,對整個的營運來說真的很辛苦。另外還得考慮販售人員的狀況,每個人對勞力的付出一定有相對的預期收入,如果販售雜誌的收入無法改善他們眼前的生活,自然就不會對販售雜誌來賺取收入產生興趣。所以《大誌》必需協助販售員們能夠從販賣雜誌的過程獲得合理的酬勞,這樣的機制才能順利運轉下去。2010年4月份創刊號正式發行,零售成長速度到11、12月才算真正穩定下來,勉強收支打平。

李取中沒有把《大誌》定義在公益事業,而是以企業的角度來經營,企業的本質就是提供產品與服務給消費對象,本來就是企業的責任,不能因為是透過特殊議題或管道,就在品質及服務上有所折扣。來自社會上的支持或協助一定會有,但不能以此成為組織運作的常態,不能期待消費者每次都是依靠協助支持的心態購買,這種情況只可能會發生在一剛開始的一兩次,最終還是必須要回到產品本身或服務內容的品質來評比。

以雜誌來說,當消費者看了這次的內容覺得很喜歡,那麼他下次就會繼續購買,而非一直或刻意使用行銷公益或販賣同情的手法來推銷。相對於販售人員來說,他們也是頭頂烈日站在街頭背著雜誌、以自己的勞力販賣雜誌,50塊錢是他們的勞力所得,透過辛苦工作賺錢,不是路人的同情捐獻,而是販售員賣一本雜誌給消費者,消費者付100元,50給歸販售員所有,沒有所謂上下區別或是愛心捐獻這種關係。

雜誌發行必定有預先設定的讀者群,創辦《大誌》時,李取中讀者將鎖定在20至35歲的Y世代,這個世代的讀者在踏入社會之前,跟隨著網際網路全球化的腳步成長,獲得的資訊

在速度和質量上都遠遠超過他們的父兄輩，因此無論是自我的內心探尋或是社會概念的養成，都與過往不同。因此，《大誌》要提供不一樣的東西，為 Y 世代開啓更寬廣的世界觀。也就是說《大誌》在創刊號就標榜的，要讓臺灣的 Y 世代「大智若愚，愚而不昧」！

因為內容的設定，經常有人質疑《大誌》的社會議題性是否充足？李取中總是認為，雜誌與通路組織的存在本身就是一種社會性，所以雜誌的內容還需不需要有那麼多的社會性批判，或是販售員是否有需要再去肩負這種社會性下既定的主觀刻板印象，都是值得考量的點。社會上普遍對遊民們有一些主觀的刻板印象在，當販售員承載這種印象去販售雜誌，互動過程中可能會加重一般人對他們的不當想像，因此李取中不願讓他們背負著沈重的內容去進行販售。需要傳達給讀者的價值觀與理念已經透過販售進行，但內容、訊息的傳遞方式可以有很多種的選擇，《大誌》比較傾向讓讀者透過理解周遭或其他國家已經發生的事件，或正在醞釀改變中的議題去自我選擇。

雜誌採對半分帳共享利潤的方式經營，又要兼顧內容的豐富與多元，成本上的管控相形重要，傳統媒體人事結構太過龐大，為了因應新科技、降低成本支出，組織最適合讀者的人力結構，《大誌》雜誌廣納旅居美洲、歐洲、日本、臺灣 2、30 位各具專業背景的寫作者，以特約邀稿的方式，提供第一手觀察與國際短訊、時代趨勢、生活體驗。國際觀的訴求等時事脈動，猶如面向世界的一扇窗，藉由文化創意時代的跨界整合力，以創新養分與清新空氣涵養讀者，內容含括全球意識、商業科技、品牌設計、藝術文化評論，形塑出新世代不一樣的閱讀視角。

《大誌》從創刊多來,已經有上百位街友曾參與 TBI 販售計畫,人數持續增加中,固定販售員人數,從最初的十來位,陸續增至超過 50 位,販賣據點從一開始的大臺北都會區,延伸到桃園、臺中、高雄等大城市。過程中有人因此擺脫遊民身分,找到穩定的正職工作而回歸社會,也有人覺得實在做不來而退出。臺灣版 The Big Issue 每月發行量大約 3 萬本,銷售員每月平均銷售量約為 200 本左右,但其中也有幾位銷售員的每月銷售量在衝破 600 本,月營收可達 3 萬元以上。

　　李取中最先開始的期望是希望這本在英國發行已有 20 年以上歷史的刊物,能同樣成功的以社會企業的模式在臺灣推行,他更期望所有有意願工作的街友或社會弱勢的人們,都能夠找到一個自營生計的機會,《大誌》只是提供一個選擇的機會藉由雜誌的販售,讓這些社會上處於弱勢的族群重建個人的信心與尊嚴,進而重新取回生活的主控權。

延伸閱讀

大智文創(n.d.)。〈The Big Issue〉。取自 http://www.bigissue.tw/

王婉嘉(2011)。〈愚人世代的街頭雜誌——李取中與《The Big Issue》〉。取自 http://www.taiwanpanorama.com.tw/show_issue.php?id=201170007048c.txt&cur_page=1&table=1&distype=&h1=%E5%A4%A7%E7%9C%BE%E5%82%B3%E6%92%AD&h2=%E9%9B%9C%C8%AA%8C&search=&height=&type=&scope=&order=&keyword=&lstPage=&num=&year=2011&month=07

奇想（2012 年 11 月 8 日）。〈*The Big Issue* 大誌雜誌主編李取中先生（專訪）〉。取自 http://store.gixia-group.com/design/infos-data355-8.html

邱韻芹（2013 年 7 月 9 日）。〈大誌雜誌是怎樣煉成的──英國創辦人分享〉。取自 http://www.seinsights.asia/story/257/14/1223

胡哲生、梁瓊丹、卓秀足、吳宗昇（2013）。《我們的小幸福、小經濟：9 個社會企業的熱血‧追夢實戰故事》。臺北，臺灣：新自然主義。

臺灣社會企業創新創業學會、輔仁大學社會企業研究中心（李取中）（2012 年 2 月 7 日）。〈社會企業演講列車：大誌雜誌〉〔影音資料〕。取自 https://www.youtube.com/watch?v=OxMCSqBueNA

劉家儀（2010 年 11 月 11 日）。〈《大誌雜誌》幫助街友自立更生〉。取自 http://www.vita.tw/2010/11/blog-post_10.html#.UnxHMHBmh8E

附錄 「公益公司法」草案

陳一強等[*]

壹、「公益公司法」草案緣起

一、摘要

為什麼台灣需要「公益公司法」？

當前障礙	立法目的	預期效益
1. 現行公司組織以營利為目的，與創業初衷不符，無法激發創新潛力及形成生態系統	1. 引領創業趨勢、發揮群聚效應及產業連鎖效果	1. 引發創業風潮、創造就業機會
2. 採用現行公司組織難不利動員社會資本	2. 建立法制責信、導入民間的資源與資本	2. 導入民間資本、減少依賴政府
3. 採用現行公司組織無法吸引新公益資本		3. 善用社會資本、發展為巧實力
4. 採用現行公司組織無法延續創業家初衷		
5. 採用現行公司組織難以持續及擴大對社會之影響力		
6. 保留盈餘須課稅不利於公益公司營運資金之充實		
7. 財團法人不被准許投資設立公益公司		

二、立法目的

若非營利組織與營利公司畫就了以公益與私利二極端之光

---

[*] 本文由活水社企投資開發公司陳一強先生提供，與志工在協合國際法律事務所吳必然律師指導下完成。

譜，而「社會企業」（social enterprise）[1]居於其中，則「公益公司」可謂介於非營利組織與營利公司之間，在「社會企業」光譜中的一個嶄新選項。「公益公司」較之非營利組織與營利公司，並不存孰優孰劣的問題，亦非以其取代非營利組織或營利公司，而是結合「公益」與「營利」之中介定位，提供了臺灣更多社會創新與創業的可能性。推動「公益公司」法案的目的主要有二：

（一）引領創業趨勢、發揮群聚效應及產業連鎖效果

公益公司與一般公司之最大差異在於，一般公司係以營利為主要目的，並以極大化股東權益為依歸，而公益公司雖按一般公司獲利模式經營，卻以公益目的之達成為其主要宗旨，考慮的則是相關利益關係人的權益。基於公益公司前開特性，其提供了有志者一更有效獲利、永續經營並大幅回饋社會之契機，不但可以引領有志青年或專業人士更積極投入社會創新、帶動社會創業的風潮，基於對「公益形象」認可之公司間合作及產業連鎖效果，更可發揮社群與群聚的效應，形成社會創新與創業的生態系統、生生不息。此外，以公開透明之財務報告及公益報告，結合其明確之公益定位，「公益公司」本身即創設了一鮮明之品牌形象，而使創業成功可能較之一般定位不明之公司更形提高，有利於公益績效創造能力之發揮。

---

[1] 普遍被接受的「社會企業」定義：舉凡以解決社會或環境問題為使命（包括市場或政府失靈），實行市場策略、導入企業經營，有營收、能盈餘（不依賴捐贈或同情心），其盈餘主要用來投資社會企業本身、解決社會或環境問題（非為出資人或所有者謀取最大的利益）均可稱之，不論是以何種組織形態存在。

（二）建立法制責信、導入民間的資源與資本

「公益公司」可以健全相關治理機制、提升營運透明度，降低掛羊頭賣狗肉或劣幣驅逐良幣的風險，以吸引新的民間資本投入。新的民間資本能提供公益公司第一桶的種子基金、有別於傳統常年性的捐款，藉由財務自主的營運模式解決社會問題，即以投資公司的方式促進公益，但不求極大化股東的權益及分紅。「公益公司」不但提供民間投資者新的投資機會，也降低了公益對於政府補助的依賴。

前開「公益公司」基於公益定位而較之一般公司更得以鼓勵創業及創業成功之可能，以及基於公司地位而較一般非營利組織更得以導入民間資本、財務自主及有效動員人力資本之效果，在在皆基於其必須有明確法律地位之前提；因此，必也正名乎，名正言順以致事成，方能導引創業方向、加快創新速度、革新社會力量。

三、國外趨勢

近年來，先進國家紛紛以類似的法案鼓勵以商業模式解決社會或環境的問題。例如，英國早於 2005 年即已立法准許 CIC（community interest company）新型態公司之設立（約 6,000 家），美國各州政府亦於 2009 年起陸續通過 Low Profit Limited Liability Company（L3C）及 Benefit Corporation（共約 1,200 家）法案。亞洲則以南韓最積極，2007 年即制定了 Social Enterprise Promotion Act（SEPA）（約 700 家）。前開法案部分為既有公司法下增訂之專章，部分則為新設立之專法，立法形式或有不同，惟皆提供了新創公益事業者一個以公司形態經營社會企業

的明確法律架構,而使「公益公司」之設立及存續能被認同、營運模式可為遵循及經營規模更易於擴展。

四、當前障礙

在臺灣,若社會創業家希望以公益公司的形態推動社會創新,將會遭遇以下 7 大障礙或困難:

(一)現行公司組織以營利為目的,與創業初衷不符,無法激發創新潛力及形成生態系統

現行公司組織形態以營利為目的,優先考慮股東利益的最大化,但是「公益公司」以公益為目的、營利為手段,並通盤考慮利益關係人的權益。基於「公益公司」之目的與現行公司組織形態之不同,若不儘快予以正名,將導致投身公益之創業者在面對市場、客戶、員工,以及投資者時,需要付出更多行銷、溝通、募資、求才的成本。

(二)採用現行公司組織將不利動員社會資本(如志工等)

採用現行公司組織形態推動公益,經常性受質疑為掛羊頭賣狗肉、劣幣驅逐良幣,而受誤解為假借公益之名、行獲取私利之實,難以獲取社會應有的認同,對所營事業之公益性質需不斷解釋,形成社會創新的阻力。

(三)採用現行公司組織無法吸引新公益資本

採用現行公司組織,將無法有效引進公益性投資人的資金:投資人可能卻步,因政府對於公益公司並無規範與監管,增加

了投資人的風險，亦無法有效引進專業人士（如專業經理人）的投入。

（四）採用現行公司組織無法延續創業家初衷

採用現行公司組織推動公益，一旦被一般營利公司併購，或有志公益的管理者遭到替換，原先創業者之公益理念皆將難以延續。此外，縱使公司管理階層作成公益相關決策，若因此減少股東分紅額度或減少公司獲利能力，而遭股東會依法撤銷該等管理或決策者，亦同樣難以達成公益目的。[2]

（五）採用現行公司組織難以持續及擴大對社會之影響力

一般公司縱使踐行企業社會責任（CSR），其亦多為小型且短期之間歇性計畫，除欠缺明確及公平之評鑑機制外，更無法創造穩定且足夠之社會影響力。

（六）保留盈餘須課稅不利於公益公司營運資金之充實

現行法律規範保留盈餘須課稅，此不利於「公益公司」僅分配部分盈餘而保留多數盈餘以充實營運資金、健全公司資本與體質的做法。

---

[2] 蓋公益社團法人或者以公司型態經營社會企業者，雖多有先例，然而社會企業較之一般公司更注重公益與理想，相較於一般公司完全根據「成本與利益分析」（cost-benefit analysis）之決策經營下，因遵循法規之成本較高或力促公益而使營收或利潤較低，而造成股東與經營者間之糾紛。於此情形下，懷具理想的公司經營者通常可能遭替換，而不易繼續保持社會企業之宗旨與理想。

（七）財團法人不被准許投資設立公益公司

採用現行公司組織無法引進非營利組織的資金，非營利組織也難以直接設立與其宗旨一致的「公益公司」。雖然公司法及相關法規未禁止非營利組織投資設立公司，但目的事業主管機關並無一致的做法，且態度趨近保守。即使得以投資設立，卻無一致的規範與監管機制。

五、預期效應

即使在沒有政府補助或租稅減免的前提之下，若經妥善立法及配套管理，「公益公司」可以發揮下列3大預期效應：

（一）引發創業風潮、創造就業機會

「公益公司」可以引發有志青年專業人士投入社會創業與創新領域的風潮，進而創造更多的就業機會。

（二）導入民間資本、減少依賴政府

「公益公司」可以藉著健全的治理機制與透明的營運資訊，有效導入民間資本，減少對政府的依賴。

（三）善用社會資本、發展為巧實力

「公益公司」可以凝聚臺灣的社會資本與公民力量，發展社會創新與創業的能力，成為臺灣的巧實力（smart power）。

基於以上理由，在一群志工（包括社會創業者、創業投資、投資銀行、管理顧問、會計審計等具實際社企經營與投資經驗人士）的協助之下，協合國際法律事務所（LCS）草擬了臺灣第一份「公益公司法」草案（如附件）。希望藉此拋磚引玉，

引發迴響,以達到鼓勵新創公益事業,確立公益公司之監理機制並促進公共利益的立法宗旨。

貳、「公益公司法」草案說明

為鼓勵營利事業從事公益行為,從而達成為公益事業創造循環金流與永續經營之目的,以求開創以公益為最終目的之營利事業新局,[3] 爰擬具本「公益公司法」草案。本法要點如下:

一、本法適用對象為以股份有限公司型態設立之社會企業(草案第五條):公益公司之本質仍為一般公司,僅係就公司目的及負責人善良管理人義務範圍為特別規定而已,故無創設新法人格種類之必要。[4] 基於公益公司除公益目的外,尚有募集資金、邀集外部投資人及專業經理人等資合性公司之性質,爰規定公益公司之種類應以股份有限公司為限。

二、公益公司應以公益之促進為公司營運之主要宗旨(草案第四條):公益公司應設有明確之公益目的,且公司之決策應以公司章程所載公益目的及對利害關係人之影響為首要

---

[3] 較之一般非營利組織及公益社團法人,兼以營利與公益為目的之公司仍有其區別,而有其創設之實益。蓋公益社團法人雖得以營利,惟依臺灣民法、人民團體法及相關辦法函釋,皆限制公益社團法人應以公益為其設立目的,且具嚴格之盈餘分派規範,而與公益公司法同時「以營利為目的」之事業性質,有所扞格之處。

[4] 此外,「社會企業」亦不適合以「業務種類」處理,原因在於公益作為業務種類,其執業型態定義之困難,以及公益公司特設之盈餘分配限制及負責人責任,難以僅藉由特許業務之許可制度併同規範;加之若開放公司自由選擇其業務種類,而允許其於經營原有業務之同時,得兼營公益事業或兼達公益目的,則更能有效最大化公益效益。是基於前開原因,爰以「事業性質」指稱本法下公益公司之特色與經營模式。

考量。所稱利害關係人,並不以法律上利害關係為限,而及於公益目的影響範圍所及之事實上利害關係人;惟利害關係人並不因此有權對公益公司提出照護義務之履行或金錢給付、所失利益之損害賠償等法律上請求。

三、公益公司依獨立董事之設置及公益報告之編製與否分類規範之(草案第四條):為鼓勵現行社會企業轉型為公司型態,及考量多數社會企業之規模及公司組織,爰於本法作階段性規劃而將公益公司分作第一類與第二類,第一類公益公司較之第二類公益公司雖無庸編製及公告其公益報告及設置獨立董事,惟其若欲適用本法及它法就公益公司所訂定之稅捐優惠及獎助辦法者,仍應符合第二類公益公司之規定。

四、財團法人得依本法投資設立第二類公益公司(草案第十四條):基於公益事業非以營利為主要目的之特質,一般社會企業或公益社團通常具有資金來源短絀之困境,是為拓展公益公司之資金來源,爰參酌外國立法例,開放財團法人投資公益公司。

五、公益公司之盈餘分配及財產清算應依本法規定(草案第十七條):公益公司之員工紅利、董事、監察人及其他負責人之酬勞、盈餘、股息或紅利之分派總額,總計不得高於依公司法規定彌補虧損並提出法定盈餘公積後可分派盈餘之三分之一。且公益公司解散後,其謄餘財產屬前項不得分派之部分者,除有例外,否則應贈與其他公益公司、學校或社福財團法人,或歸屬政府所有。就此,為符合租稅公平,並另外訂定前開保留盈餘免依所得稅法第六十六條之九加徵10%營利事業所得稅之規定(草案第十八條)。

參、「公益公司法」草案內容

條文	說明
第一條 為鼓勵新創公益事業,確立公益公司之監理機制並促進公共利益,特制定本法。	本法立法目的。
第二條 公益公司之設立、管理及監督,依本法之規定;本法未規定者,依公司法及其他法律之規定。惟就本法或公司法、證券交易法及其他相關法規對同一事項之規定,與公益公司之事業性質有所牴觸者,應排除其他法規之適用。	本法為公司法之特別法。若本法有未盡事宜,應適用公司法、證券交易法或其他相關法規。
第三條 本法之主管機關為〔 〕。	公益公司之主管機關應為〔 〕。
第四條 本法所稱公益公司,謂以公益之促進為公司營運之主要宗旨,而依照本法及公司法組織、登記、成立而具有下列事業性質之公司: 一、設有明確之公益目的。 二、設有可執行之公益計畫。 三、設有可獲利之營運規劃。 四、公司之決策應以公司章程所載公益目的及對利害關係人之影響為首要考量。 五、盈餘分配及財產清算依本法規定。 公益公司類型如下: 一、第一類公益公司:公司得免申報及公告其公益報告,惟欲適用公益公司相關稅捐優惠及獎助辦法者,應符合第二類公益公司之規定。 二、第二類公益公司:公司每會計年度終了應依本法第十五條及第十六條申報及公告其公益報告,並應依本法第十一條設置獨立董事。 本法所稱利害關係人,係指公司章程所載之公益目的所得特定之預定受益人。 本法所稱公益目的,應包括以下任一目的: 一、為兒少、原住民、低收入戶、中高齡者、身心障礙者、長期失業者或其他有扶助必要者之產品或服務之提供。 二、為特定族群或特定區域就業機會之創造。 三、長期照護或其他醫病照顧之服務提供。 四、被害人保護或其他法律扶助之提供。	一、本法名詞定義。 二、公司及公司負責人決策之作成應考量是否得以達成公司章程所載之公益目的,及對於利害關係人之影響。 三、所有類型之公益公司皆應具備本條第一項所列事項。 四、第一類公益公司若不欲適用本法及相關法規之稅捐優惠及獎勵辦法者,得免申報及公告其公益報告,惟欲適用相關稅捐優惠及獎勵辦法者,應於申請適用前一會計年度起,於每會計年度終了申報及公告其公益報告。 五、所稱利害關係人(stakeholders),係指依公司章程所載之公益目的,客觀得以預見之預定受益人。因該預定受益人與公司並不必然具備法律上利害關係,而僅具備潛在之事實上利害關係,故與臺灣法

條文	說明
五、環境保護。 六、人權促進。 七、藝術、文化、科學、教育、知識或專門職業技術之保存及創新。 八、協助非營利事業創新發展。 九、對其他公益公司之投資及資金之募集或融通。 十、其他一般社會通念認定之具體公益之實現。	規所謂「利害關係人」有別，惟為理解方便，於此仍以利害關係人稱之。[5] 六、本條第四項所列公益目的，僅例示而非列舉，相關認定標準仍應由主管機關個案酌定。
第五條 公益公司之組織，以股份有限公司為限。 公開發行及掛牌交易之公益公司，應以第二類公益公司為限。	按公益公司設立之目的，包含募集大眾資金及吸引專業經理人等資合性公司之性質，爰規定公益公司之種類應限於公司法下股份有限公司。
第六條 非公益公司，不得使用公益公司之名稱或易於使人誤認其為公益公司之名稱。	所稱公益公司之名稱，係指於公司特取名稱後、公司種類前冠以「公益」、「公益企業」或相似之字樣，而得為大眾辨識為本法公益公司之公司名稱。例如「某某公益股份有限公司」或「某某公益企業股份有限公司」。
第七條 公益公司之章程，除公司法及他法規定之事項外，並應載明下列事項： 一、明確之公益目的，且以該公益目的為公司營運宗旨。 二、公司之決策應以公司章程所載公益目的及對利害關係人之影響為考量。 三、盈餘分派及財產清算之比例或標準。 四、公益報告編列、申報及公告之規定。 五、依法應設置獨立董事者，其獨立董事之人數及設置辦法。	公益公司基於其事業性質之設立目的、公司治理及監管需求，除公司法第一二九條及第一三零條規定之應記載事項外，尚應記載本條所列事項。

---

[5] 參照美國公益公司法（Benefit Corporation）之各州立法例，皆規定公司負責人作成決策時應審酌包含股東在內之利害關係人之利益，而為公益公司法兼顧公共利益之最大表徵之一。如美國紐約州公司法§1707（Standard of conduct for directors and officers），該條所稱「stakeholder」係為與公司有利害關係的所有群體，包括普通股股東、特別股股東、債權人、員工、供應商、消費者，甚至公司所在地的社區。

條文	說明
第八條 申請設立公益公司者,其申請書件應載明公司公益目的及預定實施之公益計畫。申請設立第二類公益公司者應併附可獲利之營運規劃。 　　主管機關為前項許可時,應由主管機關或其委託非以營利為目的之專業認證機構審酌公司公益目的及公益計畫與營運規劃之妥適性及可行性。 　　主管機關為第一項許可前,如認必要,得要求申請人向目的事業主管機關報備,而由主管機關於受理申請人第一項申請後一個月內轉送相關文件與目的事業主管機關;倘該目的事業主管機關未於受理開啟轉送文件後一個月內表達反對意見者,主管機關得逕為第一項之許可或否准。 　　申請人之業務範圍及公益計畫有違公司章程所載公益目的及本法宗旨者,主管機關為第一項之許可時,應限期命其調整。 　　否准公益公司設立及變更登記之通知書,應載明理由及申請人不服之救濟程序。 　　公益公司之登記事項及其變更辦法,由主管機關另定之。所稱辦法,包括申請人、申請書表、申請方式、申請期限及其他相關事項。	一、公益公司申請設立之程序、登記事項及其變更應由主管機關定之,除公益公司特別事項外,原則應比照公司法、公司之登記及認許辦法及相關法規辦理。 二、公司於公司登記及公司章程所載之公益目的是否確實切合公共利益,及其目的之可行性、妥適性,皆應由主管機關於審查設立登記或變更登記時,個案審查之。 三、主管機關為本條許可之授益處分時,得併附負擔或條件,而於公司之業務範圍及公益計畫有違公司章程所載公益目的及本法宗旨時,命申請人為合理調整。
第九條 公益公司設立後,對於第八條申報之事項擬予變更者,應報經主管機關許可,並辦理公司變更登記。	公益公司原申報之事項若有變更,應報請主管機關許可並辦理變更登記。
第十條 既存公司得依第八條規定經主管機關許可後,變更登記為公益公司,並於章程載明其為公益公司之事業性質及公益目的。 　　前項事業性質之變更應經董事會決議及代表已發行股份總數三分之二以上股東出席,以出席股東表決權二分之一以上同意行之。 　　股東於股東會為第一項決議前,已以書面通知公司反對該項行為之意思表示,並於股東會已為反對者,得請求公司以當時公平價格,收買其所有之股份。但股東會為第一項決議同時決議解散時,不在此限。	一、非公益公司之公司欲變更其事業性質為公益公司者,應依本條規定變更其章程記載,並依本法第八條經主管機關許可後辦理公司變更登記。 二、就不同意公司變更其事業性質為公益公司之異議股東,得依本條第三項行使股份買回請求權。

條文	說明
第十一條 第二類公益公司應設置一人以上獨立董事。 　　獨立董事應於執行業務範圍內保持獨立性,不得與公司有直接或間接之利害關係。其專業資格、持股與兼職限制、獨立性之認定、提名方式及其他應遵行事項之辦法,由主管機關另定之。 　　有下列情事之一者,不得充任獨立董事,其已充任者,當然解任: 一、有公司法第三十條各款情事之一。 二、依公司法第二十七條規定以政府、法人或其代表人當選。 三、違反依前項所定獨立董事之資格。 　　獨立董事因故解任,致人數不足第一項或章程規定者,應於最近一次股東會補選之。獨立董事均解任時,公司應自事實發生之日起六十日內,召開股東臨時會補選之。	一、基於第二類公益公司公益目的之執行成效與公益報告查核之必要,應強化董事之功能與獨立性,是有外部董事責成監督之需求。若為公開發行之公益公司,依證券交易法及相關法規應設置不只一名獨立董事者,除本法外亦應符合它法之規定。 二、主管機關應訂定公益公司法獨立董事設置及應遵循事項辦法。
十二條 公益公司得於中華民國境內設立從屬公司,惟該從屬公司以公益公司為限。 　　依本法第十條變更為公益公司之既存公司,其既存之從屬公司若位於中華民國境內者,應與既存公司同時依第十條申請變更許可,或由控制公司於一定期限內處分其對該從屬公司之已發行有表決權股份或資本額及直接、間接選任或指派之董事人數至不具控制與從屬關係。 　　從屬公司依前項規定變更為公益公司者,依本法第十條規定。	基於財團法人得依本法投資設立公益公司之原因,為免非公益公司藉由與公益公司之控制與從屬關係取得財團法人之資金,而有違財團法人之公益性質,爰訂定本條規定。
第十三條 公益公司投資外國事業及非公益公司之總金額,合計不得超過依第十七條第一項計算之當年度可分派盈餘之百分之〔　〕。但有特殊需要經專案核准者,不在此限。 　　公司因接受被投資公司以盈餘或公積增資配股所得之股份,不計入前項投資總額。 　　以本法第四條第四項第九款為公益目的者,不受第一項限制。	一、公益公司之轉投資應符合資本充實原則及公司法第十三條規定。 二、因目前尚未有國際通用之法定公益公司標準,故本條所稱外國事業,包含一般公司及依各國公益公司或社會企業相關法令設立之公司,以避免個案認定未合公平之情形。

附錄 「公益公司法」草案

條文	說明
第十四條 財團法人得依本法投資或設立第二類公益公司。 　　依前項被投資或設立之第二類公益公司,其公益目的應與設立或投資之財團法人之目的相符。	一、為鼓勵新創公益事業,促進財團法人投資收益並開創公益公司財務來源,並考量第二類公益公司財務狀況及公益執行狀況較第一類公益公司更為公開透明,爰訂定本條規定。 二、另依臺灣實務見解,財團法人如因投資行為而受有利益,須將該所得利益維持自身運作之用或捐予其他公益事業,方與財團法人設立之公益目的無違。
第十五條 每會計年度終了,第二類公益公司之董事會應依主管機關訂定及公告之標準編造年度公益報告並經會計師查核簽證。 　　年度公益報告、營業報告書、財務報表及盈餘分派或虧損撥補之議案應於股東常會開會三十日前交監察人查核,並於股東常會開會十日前備置於公司供股東單獨或偕同其所委託之律師或會計師隨時查閱。 　　董事會應將經監察人查核之年度公益報告及各項表冊,提出於股東常會請求承認。 　　經股東常會承認之公益報告應公告於主管機關指定之資訊申報網站,於公益報告之電子檔案完成傳輸後,即視為已依規定完成公告申報。但若公益報告載有牽涉公司營業秘密或依個人資料保護法應隱匿之事項者,公司得於公告時隱匿刪除之。 　　公益公司設置審計委員會者,本法、公司法及其他法律對於監察人之規定,於審計委員會準用之。	一、第二類公益公司除應依公司法第二二八條以下之規定編製及出具財務報告及各項表冊外,尚應依本條規定出具公益報告,並經會計師查核簽證。 二、第二類公益公司或自願受監督以享稅負及獎勵優惠之第一類公益公司,其公益報告應上傳於主管機關指定之資訊申報網站以俾利監管。 三、按公開發行公司依證券交易第三十六條第一項規定公告申報其財務報告及營運情形,是以,公開發行公益公司之公益報告應併同財務報告上傳至公開資訊觀測站。就並未公開發行但自願揭露公益報告之公益公司,及已公告於公開資訊觀測站之公開發行公益公司,主管機關得另行指定其他資訊申報網站申報及公告所有公益公司之含財務報表在內之公益報告。

345

條文	說明
第十六條 公益報告應載明下列資訊： 一、公司於該會計年度就章程所載公益目的，其公益計畫執行之方式與成效暨執行之阻礙及預訂解決方案。 二、次年度之公益計畫與執行方式。 三、持有公司在外發行百分之五以上之股東名冊。 　　前項公益報告應以該會計年度之財務報告作為其報告之一部，並經會計師查核簽證，及經董事長、經理人及會計主管簽名或蓋章，出具公益報告內容無虛偽或隱匿之聲明。	為避免一般非營利組織資訊揭露不足之情形，爰參酌美國法規訂定公益報告之編製、查核及公開之規定，並比照一般會計表冊編造及查核之程序辦理，以俾利主管機關及股東監督公益公司法公益目的之執行成效。
第十七條 公益公司之員工紅利、董事、監察人及其他負責人之酬勞、股息及股東紅利之分派總額，總計不得高於依公司法規定彌補虧損並提出法定盈餘公積後之當年度可分派盈餘三分之一。 　　當年度分派之股東紅利未達章程所訂比例時，得經股東會決議留供未來年度分派或轉為不得分派之盈餘。前述得供未來年度分派股利之累積未分配盈餘應揭露於財務報告。 　　公益公司之章程應訂明員工分紅比例及分配股票紅利之對象，包括符合一定條件之從屬公司員工。 　　公益公司解散後，除與其他公益公司合併之情形外，其賸餘財產於清償債務後，其屬第一項及第二項不得分派之盈餘者，應依比例依下列方式擇一或合併辦理： 一、贈與其他公益公司。 二、報經主管機關核定，捐贈予公、私立學校之學校法人，或辦理教育、文化、社會福利事業之財團法人。 三、歸屬於公益公司所在地之直轄市、縣（市）。 　　直轄市、縣（市）政府運用前項公益公司之賸餘財產，以辦理教育文化、社會福利事項為限。	一、為充實公司營運資本，維護公司、股東、債權人及利害關係人之權益，爰參酌英國社會企業法規定應保留一定成數之可分派盈餘作為公司公積或其他資本支出使用。 二、為免公司利用公益公司法之事業性質牟取私利，爰訂定清算時剩餘財產之分派限制。依本條第一項不得分派之盈餘，其於公司清算時，應捐贈予其他公益公司、經主管機關同意之公益財團法人或歸屬於所在地之直轄市、縣（市）。
第十八條 公益公司當年度不得分派之盈餘免加徵百分之十營利事業所得稅，不適用所得稅法第六十六條之九規定。	因應本法第十七條第一項盈餘分派之上限規定，爰訂定本條免依所得稅法第六十六條之九加徵百分之十營利事業所得稅之規定，以符租稅公平。

附錄 「公益公司法」草案

條文	說明
第十九條 主管機關應會同相關部會,協商議定公益公司之租稅優惠及相關獎勵辦法。	為鼓勵公益公司之發展,相關部會應共同協商議定公益公司之租稅優惠及相關獎勵辦法,例如放 對公益慈善團體之捐贈限額、推展初期適用較低營所稅率、對持有一定年數之股東得享投資抵減。
第二十條 第一類公益公司欲準用本法及相關法規之稅捐優惠及獎助辦法者,應於前一會計年度起,準用第二類公益公司之規定。	第一類公益公司準用第二類公益公司之規定。
第二十一條 為確保公司之健全經營,主管機關得令公益公司及其從屬公司於限期內提供相關公益報告、財務報表、交易資訊或其他有關資料。 應依前項提出文書之公益公司或其從屬公司,不得隱匿或毀損相關帳冊文件,或屆期不提報主管機關指定之資料,或提報不實、不全或未於規定期限內提報。	主管機關得依職權或依利害關係人或檢調單位之申請檢舉,調查公益公司之營運狀況,並請求公司提呈相關文書或證據,受調查之公益公司負有文書提出義務,非有正當理由,不得拒絕提出文書。
第二十二條 公益報告未合乎公益公司應達標準者,或公益公司有違反法令、章程或有礙健全經營之虞時,主管機關及目的事業主管機關除予以糾正、限期令其改善外,並得視情節之輕重,為下列處分: 一、廢止公益公司之扣抵稅額許可或投資抵減許可。 二、由公司所在地之稅捐稽徵機關追繳公司因公益公司相關法規及計畫而扣抵之稅額,及適用相關投資抵減之公益公司股東已抵減之稅額。 三、令其處分持有其他公司之股份,或令降低其對投資事業持有之已發行有表決權股份或資本額及直接、間接選任或指派之董事人數至合乎本法規定。 四、令變更登記為非公益公司。 五、其他必要之處置。 公益公司應依前項規定追繳稅額、處分持股、降低資本額或董事人數或變更登記,而未於期限內追繳、處分、降低或變更完成者,應令其進行解散及清算。	一、公益公司違反本法及相關法規之行政處分規定。 二、所稱公益公司之公益報告未合應達標準者,係指公益公司出具之公益報告並未合乎主管機關公告之編製準則,或公益報告之結果顯示該公司顯難繼續履行公司章程所載之公益目者。 三、公益公司之投資違反本法規定者,主管機關得依本條第一項第三款令公益公司於一定期間內處分所持有之股份,或令公益公司降低其對投資事業持有之已發行有表決權股份或資本額及直接、間接選任或指派之董事人數至合乎本法規定。 四、依行政執行法第二十七條規定,逾期未處分之股份,得委由第三人代為處分,或指定第三人強制代為管理至公益公司處分完畢為止;其費用並由公益公司負擔。

條文	說明
第二十三條 就公益公司之相關獎勵辦法,除本法或其他法規另有規定外,由主管機規定之。	本條授權主管機關訂定相關辦法。
第二十四條 本法自中華民國〔 〕年〔 〕月〔 〕日施行。	本法施行日之規定。

肆、「公益公司法」草案補充:開放財團法人投資及設立公益公司之緣由

查臺灣針對財團法人之相關規範,悉以公益為其設立目的,且以財團法人之支出用於與創設目的相關活動為原則,而不得作不合理之盈餘或利益分配。如「經濟部審查經濟事務財團法人設立許可及監督要點」第六條第一項第(一)款即規定:「申請設立財團法人,有下列情形之一者,依民法第五十九條規定不予許可,已許可者,依民法第三十四條規定撤銷之:(一)設立目的不合公益或不合國家經濟發展政策之需要或非關經濟事務者」。及同要點第九條第(五)款規定:「財團法人之支出,以應用於與創設目的有關之活動為原則,且不得於設立目的外以任何方式對特定人、員工或團體給予任何不合理或不合法之利益」。而財團法人欲為投資者,所受規範亦較之一般營利事業更為繁瑣,如「經濟部對經濟事務財團法人管理及監督作業規範」第六條第一項第四款,即規定財團法人若欲「投資及處分相關聯事業」者,除應經董事會決議外,尚應報請經濟部核准;復根據同作業規範第二十四條第一項第二款,財團法人欲購買公債、國庫券及定存單等法定允許項目以外之有價證券,應「提出投資計畫書及經會計師簽證之財務評估報告書」;縱經經濟部核准,亦僅得於「創立基金 20% 額度內酌予動支」,且「合計不得超過創立基金 60%」。

自前開規範可知,財團法人欲為投資行為之限制重重,除投資應符合特定規範外,其欲於臺灣實務操作下設立公司更顯有困難。如行政院 73 年臺經字第 6807 號函嚴格解釋「經濟部對經濟事務財團法人管理及監督作業規範」第六條第一項第四款規定「投資及處分相關聯事業」之事業,應限於業已成立者,而不允財團法人投資創設新事業。後於 88 年法務部法律字第 014925 號函亦重申前開函釋意旨,即認「財團法人投資設立公司以營利,與其以公益為目的之本質相牴觸」,而認財團法人透過公司形式營利僅與財團法人之本質有違,而行政院 73 年臺經字第 6807 號函嚴格解釋「經濟部對經濟事務財團法人管理及監督作業規範」第六條第一項第四款規定「投資及處分相關聯事業」之事業,應限於業已成立者,而不允財團法人投資創設新事業。後於 88 年法務部法律字第 014925 號函亦重申前開函釋意旨,而受文之內政部後亦駁回財團法人中華民國佛教慈濟慈善事業基金會擬設立股份有限公司之申請。雖法務部近年於 99 年法律字第 0999050780 號函放寬解釋,而謂「財團法人擬於大陸地區設置公司是否符合財團法人相關法令規定,端視其實質上及形式上是否以營利為目的,而與其公益目的之本質有無牴觸判斷之」,復於 98 年法律決字第 0970046841 號函謂「財團法人投資設立公司,實即透過公司形式營利,與財團法人之本質有違,惟財團法人為達成公益目的而有營業之必要,宜由各該主管機關依相關法令卓處」,而酌請內政部本於權責認定「該項營運事業是否符合基金會原設立之公益目的」,惟其仍屬個案認定,而需經由中央主管機關之核准。末查法務部 102 年法律字第 10103111050 號函,可知財團法人欲為公司發起人

者,應適用公司法第一二八條第三項規定,而限於「以其自行研發之專門技術或智慧財產權作價投資之法人」或「經目的事業主管機關認屬與其創設目的相關而予核准之法人」,而仍以財團法人不得設立公司為原則,得設立為例外,而有條件地開放。[6] 然若限制財團法人投資設立公司限於與該財團法人創設目的相關且須取得目的事業主管機關核准者,則財團法人若欲拓展資助其原創設目的外其他公益相關之營利事業,恐於法未合,其資金之運用及創設於目前法制下所受限制之多,實有設置配套方案之必要。

是以,為解決臺灣財團法人目前資金來源短絀且投資多所設限之困境,爰於本法訂定財團法人得投資設立公益公司之規定,而以被投資之目的事業即公益公司法資格之審查、公益報告等會計資訊之揭露及盈餘分派之限制,為財團法人資金創設與使用,為更徹底、長期而透明之把關。

---

[6] 法務部102年法律字第10103111050號函結論:「本案財團法人教育基金會擬以基金會經營社會企業之概念,提出與數個教育基金會、公司法人及個人共同成立文創公司,貴部如認該投資行為乃本案財團法人達成公益目的所必要,且符合公司法第128條第3項第2款或第3款之要件者,本部尊重貴部及經濟部之意見」。

國家圖書館出版品預行編目（CIP）資料

公益的活水：臺灣社會企業的理論與實踐／
鄭勝分等作 -- 初版 . -- 臺北市：新台灣人
文教基金會；新北市：Airiti Press, 2014.09
面；公分
ISBN 978-986-87320-8-7（平裝）
1. 社會企業
547.9　　　　　　　　　　　　103013877

公益的活水：臺灣社會企業的理論與實踐

主　　編／須文蔚
編輯顧問／林耀南
作　　者／鄭勝分、李衍儒、官有垣、陳金貴、秦琍琍、陳永進、胡哲生、
　　　　　張子揚、蘇國禎、張正、新台灣人文教基金會
責任編輯／簡明哲、曾文培、劉德明、邱凰華、吳承思、陳啟民
執行編輯／謝佳珊、林宛璇、陳儀如、李珉愷、陳廷昌
美術編輯／林玫秀

發 行 人／張珩
出版單位／財團法人新台灣人文教基金會＆Airiti Press Inc.
發行單位／財團法人新台灣人文教基金會
　　　　　110 台北市信義區信義路五段 150 巷 2 號 16 樓 1600 室
　　　　　Airiti Press Inc.
　　　　　234 新北市永和區成功路一段 80 號 18 樓
法律顧問／立暘法律事務所　歐宇倫律師
總 經 銷／華藝數位股份有限公司
　　　　　戶名：華藝數位股份有限公司
　　　　　銀行：國泰世華銀行　中和分行
　　　　　帳號：045039022102
　　　　　電話：(02)2926-6006　　傳真：(02)2923-5151
　　　　　服務信箱：press@airiti.com
ISBN ／ 978-986-87320-8-7
出版日期／2014 年 9 月初版
定　　價／新台幣 430 元

版權所有‧翻印必究　　Printed in Taiwan
（如有缺頁或破損，請寄回本社更換，謝謝）